中国宏观经济政策与公共选择

——政府决策的批判

岳公正 著

中国财政经济出版社

图书在版编目（CIP）数据

中国宏观经济政策与公共选择：政府决策的批判/岳公正著．—北京：中国财政经济出版社，2012.5
ISBN 978-7-5095-3641-4

Ⅰ．①中… Ⅱ．①岳… Ⅲ．①中国经济-宏观经济-经济政策-研究 Ⅳ．①F120

中国版本图书馆 CIP 数据核字（2012）第 085507 号

责任编辑：刘五书　　　　责任校对：胡永立
封面设计：朱　江　　　　版式设计：兰　波

中国财政经济出版社 出版
URL：http://www.cfeph.cn
E-mail：cfeph@cfeph.cn
（版权所有　翻印必究）
社址：北京市海淀区阜成路甲28号　邮政编码：100142
营销中心电话：88190406　北京财经书店电话：64033436　84041336
涿州市新华印刷有限公司印刷　各地新华书店经销
787×960毫米　16开　21.75印张　325 000字
2012年10月第1版　2012年10月涿州第1次印刷
定价：39.00元
ISBN 978-7-5095-3641-4/F·2996
（图书出现印装问题，本社负责调换）
本社质量投诉电话：88190744

序　言

　　2008年以来的国际金融危机，再一次昭示人们：各国现行的经济政策决策制度并不具备避免重大政策失误的宏观经济风险规避机制。面对国际金融危机，中国政府2008年一年内三易主张，也暴露了中国经济政策制定过程中的诸多弊端。

　　政府说谎、政府偷懒、政府出错——怎么办？
　　这是作者提出的政策经济学的命题。

　　政策经济学的研究对象是政府的政策活动及对经济社会的影响。其内容包括对政府政策行为的考察和对影响政策的政治因素的分析。有的学者主张把政策经济学完全纳入政治学。政策经济学与政府管理学等政治学的分支学科的联系确实很密切，但是，政策经济学与公共经济学、福利经济学、财政学、宏观经济学、发展经济学等重要经济学科的联系也十分紧密。我的看法是，应当把政策经济学作为经济学与政治学之间的一个边缘学科，应当鼓励在这两个领域同时发展这一学科，尤其要推动进行交叉研究，不必过早地进行学科分类，以免人为限制这一学科的发展。

　　政策经济学的一个主要内容是研究影响经济政策的政府行为。政策经济学在这一研究领域仍很薄弱，关于政府本质上的理性和非理性、政府干预经济的制度动机、政府的机会主义，尤其是如何监督政府寻租、悖德等行为的研究都有待深入，有待形成完整的理论体系。

研究影响经济政策的政府行为，对于当今的中国经济体制改革，尤其是提高宏观经济政策效率具有重要的现实意义。中国经济体制改革是一个社会阶层之间不断进行民意整合、实际上是利益关系和利益格局的调整和协调的过程，这种民意整合具有周期性的特征。中国经济体制改革在本质上是一个强制性制度变迁进程。经济体制改革之所以采取渐进的方式，原因之一是为了更好地发挥经济体制的"减震器"功能。但是，客观地评价，自经济体制（含经济政策体制）改革至今，这一初衷并未得到实现，其中，经济政策体制的改革事实上具有典型的非"帕累托改进"（Pareto im—provement）特征，即经济政策体制改革的进展是以一部分社会群体的民意损失，实际上是利益（福利）损失为代价的。

民意表达制度（preference display system，或者称"偏好显示制度"）是指表达居民、企业等主体的意愿、意图或者愿望倾向性的正式制度安排。从具体形式分析，民意显示制度包括法律、法规、行政指令和行政条例等。目前，在中国经济政策体制中，诸多经济现象都反映出民意显示制度的缺位，居民、企业等主体对于经济政策的普遍不满已经成为经济体制的重大问题。从经济政策的层面看，这种普遍不满作为一种民意进行表达的路径是缺位的。而公共选择在本质上是一个把个人民意转化为社会决策（或者称为社会民意）的过程，民意显示问题贯穿于公共选择的各个环节。在只存在政策需求方——居民、企业和政策供给方——政府的条件下，民意显示制度的状况只能决定于政府的有关政策行为。而政策的提出、制定、审议、执行、评价和监督程序是公共选择过程中的初级政治市场、政策供给市场、政策执行市场的主要内容。

在公共选择、政府管制、政府经济学等研究领域，虽然取得了很多理论成果，但是客观地评价，理论界对于经济政策的公共选择的研究是零散的、局部性的，普遍缺乏系统性和完整性，甚至还没有从理论上提出"经济政策公共选择"的概念。

因此，本书的研究提供了一个新的视角，一个新的理论框架。

可以说，关于中国经济政策公共选择范式的分析，对于建立和完善中国经济政策体系是必要、不可或缺的。对中国经济政策公共选择的低效率现象进行分析，找出其原因，提出相关的政策，对于经济政策之外的其他经济领域乃至整个经济体制效率的提升，都是有益的参考，具有重要的意义。

本书的重要观点和理论创新包括：

一、首次提出了经济政策公共选择、经济政策公共选择范式和第三方管制范式等新概念

经济政策的公共选择本质上是一种在国家政策体系中把居民、企业、中介组织、政府等主体的民意转换成经济政策的一种制度安排，这种制度安排在多大程度上显示了居民、企业、中介组织、政府等主体的真实民意直接影响经济政策体制安排的总体效果和经济政策资源的配置效率。经济政策公共选择范式是对经济政策公共选择中的规律性特征的一种抽象概括。第三方管制范式的目的在于通过确立一种制度安排或规则，在社会主体民意、政策决策过程和政策运作等方面建立起相应的相对完整的法律体系。第三方管制范式是管制的一种具体表现形式，也是经济性管制、社会性管制相结合的一种新的管制形式。

二、建议实施经济政策的行政程序立法

研究经济领域的行政程序，首先要理顺经济政策政府部门的内外关系。目前，中国还没有关于政策程序的专门的法律规定。从法理上讲，中国经济政策的公正性缺乏法律意义上的解释，其维护也没有国家层次的终极的法律依据。因此，经济政策的程序立法在国家立法中必须提上议事日程。

三、提出完善听证制度，作为改进经济政策公共选择的重要机制

建立针对经济政策的听证制度，政府必须坚持一种大战略、大思路的观点，张扬这一被社会实践所反复验证的行之有效的制度。因为公民基本的经济政策权集中地表现在听证程序上，即使它在某种程度上会增加执法成本，但无论如何都是"收益"远远大于"成本"的。中国加入WTO将使经济政策体制改革被全面推进到一个全新的发展阶段，坚持包括听证制度在内的种种公正、透明的市场"游戏"规则，将是正确的选择。

四、对利益集团行为的博弈分析

通过博弈分析得出的一个重要结论是，由经济政策的政府决策部门对政策进行垄断的局面不利于经济政策的效率。如果不能允许多元公共选择主体存在，在理论上，政府部门就必须面对经济政策的公共选择公平性问题，而直至今日，政府似乎对政策公平性问题还没有引起足够重视。

五、将经济政策、政治市场与经济政策公共选择进行综合研究

在政治领域中存在着类似市场的政治交换活动，如政府部门之间的矛盾、利益集团的冲突、政府部门内部的寻租等。这种活动在经济政策的公共选择过程中带有普遍性，类似市场交易活动。经济政策的公共选择过程中政治市场的普遍存在，是这一领域中政治交易费用存在的前提。作者将制度经济学的交易费用与经济政策公共选择的效率相联系，以经济政策公共选择成本与经济政策公共选择产出相比较说明经济政策公共选择效率的高低。

六、民营经济在事实上成为我国国民经济的主体，要求现存的经济政策体系转型为以民营企业为主要服务对象的现代国民经济政策体系

民营经济事实上已经成为我国国民经济的主导力量和核心竞争力。这在客观上要求我国经济政策的调节机制和政策体系必须适应这种国民经济的结构性变化，改变现存的以国有经济和国有企业为主要调控对象的带有浓厚的传统计划经济色彩的经济政策的调节机制和政策体系，逐步转型为以民营经济和民营企业为主要服务对象的符合当代市场经济规范的体现"国民待遇"的经济政策的调节机制和政策体系。

七、要实现经济政策的社会化，经济政策要与社会管理、政治法律杠杆并重

我国现行的经济政策体系并不是现代的国民经济政策体系，它与现代经济政策体系存在重大差别。现代国民经济政策体系的形成，其重要特

征是，在全社会范围内已经培育形成了稳定的中小企业主导的经济结构，全社会从价值观上逐步认同对中小企业消费权益的保护和培育，政府在使用税收、投资、利率、汇率等经济杠杆调节消费和投资的同时，更加注重使用社会、政治等政策工具调节和实现教育、医疗、住房、社会保障、就业和人权等社会、政治资源的对中小企业的公平分配，同时建立了实现消费和投资的公平分配所必须的较为合理的社会管理机制和社会政治制度基础。

相信该书的出版将为政策经济学这一新的经济学分支的研究增添新的内容，并为政府部门进行经济政策决策提供参考。

是为序。

作 者

2011 年 10 月于清华大学

目 录

导 言 ……………………………………………（ 1 ）

第 1 章 绪 论 …………………………………（ 7 ）

  1.1 研究背景 ………………………………（ 9 ）

  1.2 从经济现象引出的重大体制问题：民意表达制度 ………………………………（ 12 ）

    1.2.1 民意表达制度缺位：广泛的经济现象 ………………………………（ 12 ）

    1.2.2 经济政策公共选择：问题的提出 ……………………………………（ 17 ）

  1.3 研究的对象和意义 ……………………（ 18 ）

  1.4 基本假设和重要概念 …………………（ 26 ）

  1.5 研究目的、方法和主要内容 …………（ 32 ）

  1.6 本章小结 ………………………………（ 37 ）

第 2 章 文献述评 ………………………………（ 39 ）

  2.1 公共选择一般研究 ……………………（ 41 ）

    2.1.1 弗吉尼亚学派（Virginia School） ………………………………（ 41 ）

    2.1.2 芝加哥学派（Chicago School） ………………………………（ 44 ）

2.1.3　罗彻斯特学派（Rochester School） …………（44）
　　2.1.4　国内研究 ……………………………………（45）
2.2　决策过程研究 ……………………………………………（47）
2.3　公共选择研究 ……………………………………………（50）
　　2.3.1　国外研究 ……………………………………（50）
　　2.3.2　国内研究 ……………………………………（51）
2.4　政府管制研究 ……………………………………………（55）
2.5　其他研究 …………………………………………………（60）
　　2.5.1　政府行为 ……………………………………（60）
　　2.5.2　交易费用 ……………………………………（63）
　　2.5.3　社会福利标准 ………………………………（65）
2.6　本章小结 …………………………………………………（67）

第3章　政策市场均衡和公共选择 …………………………（69）

3.1　政策市场均衡 ……………………………………………（71）
　　3.1.1　政策市场的概念 ……………………………（71）
　　3.1.2　政策市场局部均衡 …………………………（73）
　　3.1.3　政策市场一般均衡 …………………………（75）
3.2　政策市场的效率与帕累托最优 …………………………（78）
　　3.2.1　政策市场效率评价的标准 …………………（78）
　　3.2.2　政策市场效率评价的一般原则 ……………（80）
3.3　政策市场、政治市场与公共选择 ………………………（81）
　　3.3.1　政策市场与政治市场 ………………………（81）
　　3.3.2　政治市场主体 ………………………………（82）
　　3.3.3　政策市场的政策垄断 ………………………（85）
3.4　本章小结 …………………………………………………（88）

第4章　经济政策公共选择的结构和机制 …………………（91）

4.1　经济政策公共选择要素组织机制：MPEOG …………（93）

    4.1.1 经济政策公共选择组织系统结构 ……………… (93)
    4.1.2 MPEOG 系统要素的决定因素 ………………… (98)
  4.2 经济政策公共选择的效率 ……………………………… (102)
    4.2.1 交易费用与经济政策公共选择 ………………… (104)
    4.2.2 经济政策公共选择的效率：实证分析 ………… (105)
  4.3 本章小结 ………………………………………………… (108)

第5章 中国经济政策公共选择的逆效率 …………………… (111)

  5.1 经济政策公共选择的程序规范 ………………………… (113)
  5.2 初级政治市场（一）：民意表达的制度约束 ………… (116)
    5.2.1 民意表达制度缺位的表现 ……………………… (116)
    5.2.2 民意表达制度缺位的原因 ……………………… (117)
  5.3 初级政治市场（二）：利益集团与政策垄断 ………… (124)
    5.3.1 典型案例 ………………………………………… (125)
    5.3.2 利益集团与政策垄断：数理分析 ……………… (131)
  5.4 政策供给市场（一）：经济政策与政府失灵 ………… (134)
  5.5 政策供给市场（二）：政府寻租及其制度化 ………… (137)
  5.6 政策执行市场：监督制度缺位 ………………………… (140)
  5.7 本章小结 ………………………………………………… (143)

第6章 经济政策公共选择范式的国际比较 ………………… (145)

  6.1 经济政策公共选择范式分类 …………………………… (147)
  6.2 国际比较 ………………………………………………… (152)
    6.2.1 理论范式 ………………………………………… (152)
    6.2.2 美国范式 ………………………………………… (153)
    6.2.3 原苏联范式 ……………………………………… (162)
    6.2.4 新加坡范式 ……………………………………… (166)
  6.3 本章小结 ………………………………………………… (172)

第7章　第三方管制：中国经济政策公共选择范式 (173)

- 7.1 政府管制、社会性管制与第三方管制 (175)
- 7.2 第三方管制下的政策市场均衡 (185)
  - 7.2.1 政策市场结构的非均衡 (185)
  - 7.2.2 政策价格均衡 (186)
  - 7.2.3 政治市场均衡 (188)
- 7.3 政策市场与政府管制强度 (190)
- 7.4 中国范式的特征 (192)
- 7.5 本章小结 (199)

第8章　主体转型：民营经济主体化 (201)

- 8.1 历史转折：民营经济的主体地位 (203)
  - 8.8.1 民营经济的概念和社会地位 (203)
  - 8.1.2 民营经济的历史性贡献和主体地位 (204)
- 8.2 经济政策歧视：民营经济的非国民待遇 (208)
  - 8.2.1 体制性和政策性的"歧视"事实上依然存在 (208)
  - 8.2.2 调节民营经济的政策体系措施不完善 (209)
  - 8.2.3 行业垄断和市场准入不规范 (210)
  - 8.2.4 民营企业税收负担偏重 (210)
  - 8.2.5 民营企业融资难 (213)
- 8.3 经济政策转型：服务民营经济是第一职能 (214)
  - 8.3.1 我国广大民营企业陷入"金融瓶颈"和"融资陷阱" (215)
  - 8.3.2 设立国家政策性民营企业银行，有利于进一步推进我国金融市场化和国际化 (217)
  - 8.3.3 当前设立国家政策性民营企业银行的条件已趋成熟 (219)
  - 8.3.4 深化金融体系改革，提高国家金融政策的公平性

.... (221)

 8.4 本章小结 .... (222)

第 9 章 制度转型：经济政策社会化 .... (223)

 9.1 现代国民经济政策体系的构建 .... (225)

 9.2 经济政策体系社会化的内容指向 .... (231)

 9.3 本章小结 .... (271)

第 10 章 改革与政策 .... (273)

 10.1 中国范式的总体框架 .... (275)

  10.1.1 优化目标 .... (276)

  10.1.2 改革定位 .... (278)

 10.2 中长期改革 .... (280)

  10.2.1 政策程序立法：第三方管制的宏观机制 .... (280)

  10.2.2 以政务公开化制约利益集团寻租 .... (285)

  10.2.3 超常规培育非政府组织，推进主体多元化 ...... (286)

 10.3 近期改革 .... (290)

  10.3.1 初级政治市场的听证制度：第三方管制的中观机制

   .... (290)

  10.3.2 政策供给市场（一）：构建政府部门标杆管理制度

   .... (292)

  10.3.3 政策供给市场（二）：政府人力资源管理变革

   .... (301)

  10.3.4 政策执行市场（一）：工会与职代会职能重塑

   ——第三方管制的微观组织 .... (303)

  10.3.5 政策执行市场（二）：政策决策与执行的监督制度

   创新 .... (310)

 10.4 本章小结 .... (314)

第11章 结　论 …………………………………………………（317）

    11.1　理论创新 …………………………………………………（319）

    11.2　政策观点 …………………………………………………（323）

    11.3　本章小结 …………………………………………………（327）

附　录 …………………………………………………………………（329）

参考文献 ………………………………………………………………（331）

后　记 …………………………………………………………………（333）

导　言

在一国经济政策出台的过程中，发挥主导作用的是谁？是政府，抑或代议机构，抑或居民、企业？

1929年的大萧条、20世纪70年代的欧美"滞胀"、1997年的亚洲金融危机、2008年美国金融危机引起的世界范围的经济动荡，都深刻表明，以政府为主体的经济政策决策体制并不能有效避免重大的经济政策失误，这种经济政策决策体制存在体制性的弊端，或者说是作为一种过渡范式。

中国改革开放30年来，经济领域不断出台新政策，对经济快速发展发挥了重要作用，但同时，大家也认识到了许多经济政策制定过程中的弊端，其主要表现在：

(一) 经济政策过度波动

改革开放30年来，中国经济政策的不稳定，大家在生活中感受颇多。往往是今天按照政策可以做的事，明天就不能做了，也很难预知未来政策的走向。一方面，这是由于经济体制改革速度快，新措施层出不穷的原因；另一方面，确实存在一部分经济政策变化过快，政府的随意性强，政策的可操作性差等问题，降低了政策对经济发展的指导性。

例一，2008年中国经济政策的三次大的改向，使经济发展方向出现了较大的"阶段性错位"，给经济发展带来了较大的宏观风险。

第一阶段：2008年年初"双防"政策，确保经济可持续发展。2008年年初，中国经济已连续5年以高于10%的速度加速增长，并在这之前的2006年突破11%，2007年达到11.9%，经济增长有由偏快转为过热的风险。为消除经济运行面临的风险和存在的不健康、不稳定因素，2007年12月初召开的中央经济工作会议确定了2008年的宏观调控任务：防止经济增长由偏快转为过热、防止价格由结构性上涨演变为明显通货膨胀。正是着眼于"双防"的目标,中国实施了稳健的财政政策和从紧的货币政策,财政支出重点用于加强经济社会发展的薄弱环节,着力促进结构调整和协调发展。

第二阶段:2008年中"一保一控",保增长抑通胀。2008年年初,南方地区出现严重的雨雪冰冻灾害,给中国经济发展带来了不利影响。5月12日,四川汶川发生特大地震,造成人员重大伤亡,基础设施大面积损毁,工农业生产遭受重大损失。与此同时,大洋彼岸的美国次贷危机不断加深,对中国出口、金融领域的影响逐步显现,国内许多外向型出口企业经营出现困难,出口持续出现下滑势头。上半年中国经济增长开始放缓,GDP同比增长10.4%,比2007年同期回落1.8个百分点;居民消费价格水平上涨7.9%。这表明"防过热"已见效,但物价涨幅较高仍未得到有效控制。7月25日召开的中央政治局会议明确了下半年经济工作的任务:把保持经济平稳较快发展、控制物价过快上涨作为宏观调控的首要任务,即"一保一控"。为缓解纺织企业的困难、稳定出口、保障就业,2008年7月31日,财政部等部门宣布自8月1日起将部分纺织品、服装的出口退税率由11%提高到13%。8月初,中央银行调增了全国商业银行信贷规模,以缓解中小企业融资难和担保难问题。随后,中央银行又决定从9月16日起下调人民币贷款基准利率和中小金融机构人民币存款准备金率,以解决中小企业流动资金短缺问题。

第三阶段:2008年下半年,"保增长"成为宏观调控的首要任务。随着美国次贷危机升级为世界金融危机,西方主要经济体陷入衰退的程度不断加大,国内房地产、钢铁、汽车等重要支柱产业产销大幅度下滑。保证中国经济平稳较快增长成为当时宏观调控的首要任务。10月17日,国务院常务会议指出,采取灵活审慎的宏观经济政策,尽快出台有针对性的财税、信贷、外贸等政策措施,继续保持经济平稳较快增长。此后,国家出台了一揽子保持经济稳定增长的措施,如为稳定粮食生产,增加农民收入,刺激农村消费,扩大内需;为增加投资,扩大内需,10月21日,国务院常务会议研究加强基础设施建设,核准了公路、机场、核电站、抽水蓄能电站等一批建设项目,决定加快南水北调中线、东线一期工程建设进度；为稳定出口，财政部、国家税务总局宣布，从11月1日起，适当调高纺织品、服装、玩具等劳动密集型商品和高技术含量、高附加值商品的出口退税率；为改善民生，扩大内需，财政部宣布，将加大资助困难学生、优抚救济、住房保障等方面的支持力度，加大保障民生投入力度，切实保障低收入群众和特殊群体的基本生活；为稳定房地产市场，财政部、国家税务总局宣布对个人住房交易环节的税收政策作出调整，降低住房交易税费；中国人民银行宣布下调个人住房公积金贷款利率和扩大商业性个人住房贷款利率的下限。10月25日，温家宝总理表示，中国已经调整了宏观经济政策，把保持经济稳定增长放在了首要位置，同时兼顾抑制通货膨胀和保持国际收支平衡。

例二，2002年，中国证券监督管理委员会（以下简称"中国证监会"）出台的一项政策，规定首次发行股票或配股的上市公司必须经过境外会计师事务所进行补充审计。之后，中国证监会又出台政策规定对上市公司进行补充审计的境外会计师事务所必须经过中国证监会重新认定资格，而自该政策发布至今，没有一家境外会计师事务所前来申请资格认定。这就使该政策处于很尴尬的境地，无法按原规定继续执行下去。

可以看出，中国制定经济政策带有相当程度上的主观性，仍存在很大的随意性，系统性不强，横向关联度也有不足，容易造成政策之间的矛盾，使实际操作性减弱。这对微观层面上的企业会造成长期的重要影响，使企业难以判断和决定下一步该如何做，甚至处于无所适从的境地，产生了较大的负面经济社会影响。

（二）政府制定推出经济政策，缺乏社会透明度

经济政策是国民经济发展的风向标，应当是明确的。这样，才能为居民和企业的经济行为提供准确信息，才能保证人们的长期信心。如果经济政策不明确或不明朗，将会在微观上导致企业在制定发展战略时无所适从，在机遇面前无法决策。

例如国有股减持问题。2001年，当国人关注国有股减持时，有关部门宣布要对国有股实行减持的政策，4月26日，时任财政部部长项怀诚表示，适当减持国有资产的方案不久即将公布。5月9日，时任财政部副

部长楼继伟也表示,国有股减持已在逐渐进行并将引入外资。一时间,国有股减持成为国内股市上的热门话题,并被股民理解为利空消息,造成沪深股市一时走底,股指下跌了1000多点,投资者的信心大挫,在社会上引起了相当范围的恐慌。当时迫于社会压力,曾宣布国有股减持暂停。后改为向全社会征集国有股减持方案。实际上,国有股减持的问题对资本市场和宏观经济都造成了很大的影响。究其原因,是因为前期决策缺乏足够的透明度,资本市场的反应就是最有力的证明。

再如,上市公司发行可转换公司债券的问题。2001年12月25日,中国证监会发布《上市公司发行可转换公司债券实施办法》,为上市公司融资开辟了新的途径和渠道。由于可转换公司债券的利率低于银行贷款利率,为企业开辟了较低成本的融资渠道,有利于降低企业的资金成本、减轻企业的压力,能促进企业的经营活动与长远发展。因为可转换公司债券的可转换特点和低成本,能降低资本市场的风险,对资本市场的稳定起到了重要的作用。对这样一种受到上市公司青睐的融资业务,中国证监会的推动进程显得过于滞后。当时在中国证监会"排队"等待批准的申请发行可转换公司债券的上市公司有60家左右,申请发行总额超过400亿元。事实说明,中国证监会的决策透明度亟待增加。

事实也证明,如果没有明确的经济政策导向,居民、企业都无法知道政策的决策目前进行到了什么程度和阶段。政府部门在制定政策时,应该切实提高透明度,做到决策前透明、形成决策的过程透明、执行政策的过程透明。

(三) 政府部门制定推出经济政策的体制悖离科学发展要求的效率原则,且未体现出改革趋势,与法治化的差距仍然很大

要提高经济体制效率,就应该在推出新的经济政策时从决策体制上逐步减少随意性、不公平性,逐步走向科学化和法治化。在制定政策时,避免过多地通过否定老政策来推出新政策,增强经济政策的稳定性。例如,目前中国银行的存贷款利率差在3%左右,比国外的银行存贷款利率差1.5%左右高出1倍。但中国金融行业内人士却认为,中国目前的存贷款利率差已经很低了。应该看到,尽早缩小银行存贷款利率差与国际的差距,对中国银行业提高经营管理水平、积极探索金融创新也将有深远的意义,并促进中国银行业提高市场化能力和国际竞争力。

从理论上看,中国经济政策的不稳定、制订执行政策缺乏足够的透明度,政策制订过程与科学化、法治化有较大的差距,以上这些问题都涉及了公共选择理论的研究范畴,也属于公共选择理论的研究命题。

综上所述,选择中国经济政策与公共选择作为本书研究的选题,主要原因如下:

首先,中国经济政策公共选择问题,其理论本质是经济政策的决策科学化问题。中国经济政策制定过程的逆效率已经产生了严重的负效应,政策决策的逆效率已经成为制约经济体制改革的重要因素。

其次,目前关于中国经济政策的公共选择问题的研究,基本是局部性的和零散性的,尚不能为经济政策决策体制改革提供理论支持,政府部门急需对于此问题的系统性、体系化的研究成果,以便为制订政策提供理论指导。

再次,研究中国经济政策的公共选择问题,有利于创新中国经济理论。对中国经济政策制订的逆效率进行分析,找出其原因所在,并提出相关政策,对于提高经济政策效率,推进经济体制改革,都具有重要意义。

目前,在经济政策公共选择、政府管制、政府经济学等研究领域,虽然取得了很多理论成果,但是,理论界对于经济政策公共选择问题的研究是零散的、局部性的,普遍缺乏系统性和完整性,甚至还没有从理论上提出"经济政策公共选择范式"的概念。依据作者检索和查阅的国内外文献,对于经济政策公共选择范式的研究尚属一个理论研究的"空白"领域。本书在进行社会实践调查和国际比较的基础上,针对"中国经济政策公共选择范式"这个理论命题,结合政府管制和政府经济学理论,初步构建了一个关于"中国宏观经济政策与公共选择"的体系性理论框架,这一理论框架主要涵盖六大理论命题:政策市场均衡、主体与经济政策公共选择的结构、经济政策公共选择的组织系统(MPEOG)、经济政策公共选择的效率、中国经济政策公共选择范式、中长期和短期政策。在论证中,作者运用社会系统工程、博弈论等方法,进行了实证研究。

围绕以上六个命题,本书分为五个部分进行论证。

首先,在绪论(第1章)中,明确提出了构建"中国经济政策公共选择范式研究"的体系性理论框架的必要性。说明了本书论证基于新制度经济学的政府行为机会主义特征、管理人、信息不对称分布等假设,归纳出"经济政策公共选择范式"的概念,回顾了国内外的相关学术成果,结合与经济政策公共选择高度相关的若干典型案例,说明了本课题研究的第一个问题——针对"中国经济政策公共选择范式"进行研究的必要性。

其次,在第2章至第3章,建立了政策市场的局部均衡模型和一般均衡模型,说明经济政策公共选择效率与政策市场均衡相关,经济政策公共选择效率改进始终是以政策市场为中心进行的,也就是说,经济政策公共选择效率变化影响着政策市场的运行。本部分还界定了经济政策主体的范围,分析了经济政策公共选择结构。这为以下的理论分析提供了逻辑基础。

再次,在第4章至第5章,主要论证了两个问题:一是建立了经济政策公共选择组织系统(MPEOG),运用交易费用经济学原理,进行经济政策公共选择效率的实证分析,提出具备普适性的一般原则;二是对中国经济政策公共选择的逆效率进行了归纳,指出目前中国经济政策公共选择的逆效率主要表现在民意表达存在制度约束、利益集团对政策具有很强的垄断性、政策制订中存在制度化的寻租、政策执行的监督制度缺失。

第四,在第6章至第10章,基于经济政策公共选择范式的国际比较,提出中国经济政策公共选择的"第三方管制",针对中国经济政策公共选择的逆效率,探讨了治理政策。

最后,在本书的篇末(第10章),对本书的理论创新进行了归纳和总结。

本书的主要结论和观点如下:

一是中国宏观经济政策制定过程组织与制度的逆效益和逆效率已经产生了严重的负效应,使其成为亟待改革的对象;

二是要推进中国经济体制改革必须分析解决公共选择问题;

三是要推动促进宏观经济政策的行政程序立法,以听证制度构建经济政策民意表达的重要路径;

四是要以标杆管理等制度和机制创新推进政府部门的管理社会化、公开化,重塑宏观经济政策的决策与执行的监督制度;

五是要以宏观经济政策公共选择过程的公开化、社会化,加快消除利益集团引致的外部效应。

第1章
绪　　论

【本章导语】

　　政府出错，怎么办？政府偷懒，怎么办？政府说谎，怎么办？

　　政府在作出经济政策的决策时是否是理性的？如何让政府避免作出错误的经济政策决策？对于行为过错的政府，由谁作出裁决？如何作出合理的惩戒？

　　这些正是本书研究的主要命题。

　　政府是理性的吗？如何对政府非理性的行为进行限制呢？

　　这些命题已经超出了传统公共选择理论的研究范畴。这一对经济政策公共选择的研究涵盖了行为经济学、政府经济学、公共选择理论、决策学和宏观经济学诸多理论范畴，因此，对其进行规范的和实证的研究具有复杂性。

阿罗（K. J. Arrow）曾经指出："如果我们排除在人际间进行效用比较的可能性，且各种个人偏好次序都有定义，则把个人偏好合成社会偏好的最理想的方法，只能是强加的，或者是独裁的。"① 这就是说，不存在一种能够把个人对 N 种方案的偏好（民意）次序转换成社会偏好次序，并且准确表达全体社会成员各种个人偏好的社会选择机制。这是"阿罗定理"（Arrow, simpossibility theorem）或"阿罗悖论"（Arrow Paradox）的一个重要内容。但是，丹尼斯·C. 缪勒（Dennis C. Mueller）等后继研究者已经证明，借助于人际间可以比较的基数效用信息，可以将个人偏好加总为社会偏好（社会福利函数）②。对于经济政策及宏观经济政策③领域而言，这意味着对于一项经济政策进行评价在理论上是可行的，也存在经济政策的社会总福利函数。这是对于不同经济政策的公共选择过程④进行比较的逻辑基础。

1.1 研究背景

任何一个经济现象或经济问题均产生于其自身所处的外部条件之下，且与其所处的背景同构，唯如此它才可能产生，也才可以被理解。作者选

---

① Social Choice and Individual Values. New Haven CT: Yale Nniversity Press. 1963.
② [美] 丹尼斯·C. 缪勒：《公共选择理论》（中译本），中国社会科学出版社 1999 年版。
③ 鉴于存在对经济政策、宏观经济政策等概念的多种界定方法，因此需要指出，本书使用的经济政策及宏观经济政策的概念是广义的，是对财政、金融、就业、汇率和工业、农业、交通运输业以及社会保障等领域政策的统称。
④ 经济政策公共选择过程主要由初级政治市场、政策供给市场和政策执行市场构成，包含了政策的提出、制定、审议、执行、评价和监督程序。

择研究主题，考虑了以下三个视域的背景条件。

1. 制度视域：中国经济体制改革进入新的社会利益整合周期

偏好（preference，也可称为"民意""意愿"）是利益的表征，民意差异是利益矛盾的体现。而利益是需求主体以一定的社会关系为中介，以社会实践为手段，是需求主体与需求对象之间矛盾状态得到克服，即需求的满足。从动态的角度看，中国经济体制改革是一个社会阶层（或社会群体）之间不断进行利益整合（或者民意整合），即利益关系和利益格局的调整和协调的过程，这种利益整合具有周期性的特征，也是一种分阶段、分时期的利益关系调整。

发轫于20世纪80年代的中国经济体制改革，在本质上是一个渐进式的强制性制度变迁进程。中国经济体制改革之所以采取渐进的方式，原因之一是减少利益整合引发的"奥尔逊式"（revolutionary change）[1]的社会震荡，以便更好地发挥制度的"减震器"功能。但是，自改革至今，这一初衷并未完全实现，改革事实上具有典型的非"帕累托改进"（Pareto Improvement）[2]特征，即改革是以一部分社会群体的利益（福利）损失为成本（或代价）的。

从经济政策的角度看，改革的非"帕累托改进"特征集中地表现在以下三个方面的利益关系上：首先，在改革成本上的"政府退出"，即政府通过政策，强制性地或者尽可能多地迫使居民和企业负担了改革所形成的支出，如通过政策基金或者国债的形式向居民和企业借债，而此阶段企业普遍对负担过重表示强烈不满；其次，农村居民收入水平较低，在经济政策（如社会保障等）方面不能获得统一国民待遇，基本不享有平等的经济社会权益；再次，各个地区和行业的居民、企业缴纳税（费）的实际差别很大，引发社会群体对政府的不满。

经济政策的主要目标之一是体现收入分配制度上的兼顾公平的原则，

---

[1] "奥尔逊式"指革命性制度变迁，典型案例是俄罗斯的"休克疗法"。
[2] 帕累托改进是指没有一个人的福利状况变坏，只有某些人的福利状况变好，即总体社会福利的增长。

并稳定国民经济。显然，现阶段经济政策要实现以上目标，必须调整和协调经济主体之间的利益关系，这就要求政府调整旧的以行政权力为主的利益整合方式，建立以社会契约和法制为主的利益整合方式。这些因素从根本上决定了中国经济体制改革必然进入一个利益（民意）整合周期。

2. 政策视域：经济政策的复杂性

作者研究的是经济政策问题，这就要求作者的论证必须考虑整个经济政策的背景。现阶段中国经济政策具有复杂性，主要表现在以下几个方面：

一是经济政策的复杂性。经济政策涵盖了经济政策体系所涉及的财政、金融、社会保障、产业政策等所有层面，政策的不良导向会影响经济政策体系的稳定性。

二是经济政策的利益相关者众多。居民、企业、利益集团、中介组织等主体的民意存在诸多差异，这种民意差异在特定情况下会转化为对抗性冲突，这使政策决策者面临复杂的社会政治环境，增加了制定经济政策的难度。

三是经济政策决策体制改革的复杂性。经济政策的运行一般包括政策的提出、制定、审议、执行、评价、监督等层面，涉及了整个经济政策体系的各个方面，涵盖了国家政策的大部分内容。选择哪个层面作为政策决策体制改革的突破口才是优化选择，需要进行多层次的系统论证。

四是经济政策与行政体制协同的复杂性。经济政策涉及财政、金融、税收、司法等多个领域，影响着国民经济的几乎所有部门，必须兼顾经济政策同行政部门的协同。

3. 国际视域：全球化推动经济政策的透明化与法治化

加入WTO，直接使中国的经济政策面对国际通行规则的检验。WTO规则要求国家立法、司法和政府行为受到国际协定的制约和国际组织的监督，这实际上等于要求政府必须改革现有总体上不符合WTO规则要求的政策管理方式，在经济政策中贯彻透明化和法治化的原则。对于代议机构及政府而言，主要任务是改变经济政策单纯依靠行政指令的状况，初步建立与经济政策相匹配的政府管制体系；首要任务是建立有关经济政策决策程序的法律法规。

1.2 从经济现象引出的重大体制问题：
　　　民意表达制度

本书在论证上遵循"具体——抽象——具体"，首先对经济政策中的具体现象进行统计积累基础上的归纳，由此进行逻辑论证并提出理论假说，再解释具体的经济现象或指导政策实践。

1.2.1 民意表达制度缺位：广泛的经济现象

民意表达制度（preference display system，又称偏好表达制度）是指表达居民、企业、中介组织、利益集团和政府等主体[①]的意愿、意图或者愿望倾向性的正式制度安排。从具体形式分析，民意表达制度包括法律、法规、行政指令和行政条例等[②]。

目前，中国诸多经济现象都反映出民意表达制度的缺位，这已经成为一个要给予高度关注的问题。以下三个层面的经济现象，可以说明民意表达制度缺位的状况[③]：

1. 微观层面——居民、企业不具备由法律法规支持的通畅的民意表达路径

（1）居民对经济政策强烈不满，而缺少有效路径向政府表达诉求，有悖于经济政策的公平性。目前，国有单位职工与非国有单位职工、本地

[①] 从主体结构分析，可以将公共选择主体（major player of the public choice）进行广义和狭义的划分。

[②] 广义的民意显示制度还包括社会舆论、风俗习惯等非正式制度安排。除特别说明，本书论述的民意显示制度是狭义的，即只包括正式制度安排。

[③] 关于民意显示制度的缺位，在第5章结合中国经济政策公共选择的低效率问题进行了系统的论述，在此只作简明分析。

户口居民与外地户口居民、机关事业单位职工与一般企业职工,因身份与等级的差异而在事实上形成了政策权益极不平等的格局。

据世界卫生组织公布的数据,中国卫生分配公平性在世界排名中居第188位,列世界倒数第4位。数据表达,中国享有医疗卫生保障的人口占全国人口不到20%,70%左右的人尚没有医疗卫生保障。这表明,中国卫生分配很不合理,公平性较差,而居民和企业对此强烈不满[①]。

从中国劳动保障监察案件结案情况看,目前居民、企业对税费的拖延、欠缴案件数量较大,从一个侧面说明居民、企业对于现存的经济政策有很多意见。

居民、企业几乎没有对政府表达民意的有效路径。由于人民代表大会和政治协商会议职能尚不健全,信访制度成为居民、企业对政府表达民意的主要路径。从信访统计数据看,近年来群众信访总量呈现上升趋势,从2007年至今,国家信访局收到上访信件同期增长了近五分之一。上访者反映的问题中居首位的就是经济政策中的劳动保障和企业改制问题。从全国来看,职工下岗失业后再就业困难、基本医疗无保障、社保基金不到位、拖欠在职和离退休人员工资等是群众反映十分强烈的问题,也直接构成了社会不稳定的因素,成为经济政策的异化因素。

但是,在现有的制度下,如果政府需要对其他主体的民意进行人为抑制(或者压制)是完全可能的,但这种抑制会形成经济主体民意表达的障碍。

(2)企业对经济政策不公强烈不满,得不到政府部门的政策反馈。目前,在A股全部的1700多家上市公司中,具有国企性质的共有992家,占比近六成,国企势力可见一斑。更重要的是,992家国企的平均税负仅为10%,虽然这个数值不算低,但同期民企的平均税负则很高,达到24%,高出国企14个百分点,表明民企税负远远重于国企[②]。

再以增值税税负不公为例。目前,增值税是我国的最大税种,但增值税税负不公问题一直没有得到解决,在一定程度上影响和限制了增值税作

---

① 巴德年:"中国公共卫生系统面临的挑战(报告)",中国科学家人文论坛,北京,2004年。

② 根据2010年3月第一财经等新闻媒体报道整理测算。

用的充分发挥。例如，认定身份不同的纳税主体之间税负不公：我国增值税纳税人分为一般纳税人和小规模纳税人。一般纳税人销售或者进口税法所列举的适用13%低税率以外的其他货物以及提供加工、修理修配劳务，均使用17%的基本税率，并可以根据合法的扣税凭证抵扣进项税额，小规模纳税人的征收率为6%（工业）和4%（商业），购进商品或劳务时已支付的增值税不能抵扣。据测算，小规模纳税人按6%征收率征税，相当于一般纳税人按17%税率征收时，增值率达到35.3%时的税额，这显然是偏高的。同时，小规模纳税人在购进商品或劳务时已支付的增值税不能抵扣，在会计上只能计入成本，在销售时包含在销售额中，又被重复征收了一部分增值税，使小规模纳税人的实际税负还要略高于其征收率。同时，随着我国市场经济的发展，买方市场的逐步形成，社会平均利润率的降低，一般纳税人随着增值额的减少而减少了应缴的增值税，但小规模纳税人税率却固定不变，与其利润率无关，这从客观上使一般纳税人与小规模纳税人的税负差距进一步扩大，在一定程度上了影响了我国中小企业的发展。

这种现状的直接后果，一方面是企业因承担着税负义务的不平等而造成企业经营成本结构的巨大差异，进而直接损害企业公平竞争；另一方面则直接诱使企业不缴税，或者拖欠税负，从而强化了税收制度推进的阻力，并增加了改革的成本。企业欠税的重要原因是企业对于政府政策的反对或不满。

（3）民意表达的组织机制缺位。行业协会、地方商会、咨询机构等现代中介组织的缺位或滞后，导致居民、企业缺少表达诉求的有效渠道。例如，1992年的工会法和1995年的劳动法规定，维护职工合法权益是工会的基本职责，承认工会是劳动关系矛盾的产物。但是，现阶段工会发展面临诸多管制约束：工会的代表权和维护权缺乏管制保障；对工会领导体制的管制有待完善。关于工会领导体制的管制不完善；工会组织体系不完善、组织结构不合理；产业工会发展面临很多法规上的制约。

以职工代表大会为基本形式的企事业民主管理制度的成长也面临诸多障碍：法律法规严重滞后，职代会组织设定的依据不准确；职代会现行五项权力对全民和集体企事业单位以外的其他所有制类型的企事业单位不适用，对改革中的公有制企事业单位本身也难以适用；20世纪90年代以来，随着以股份制为中心的现代企事业单位制度建立的加强推进，职代会制度面临着危机。

2. 中观层面——利益集团、地方政府和中央政府之间的民意表达，缺乏应有的制度协调

（1）利益集团、政府部门围绕经济政策供给的政策冲突

典型案例之一：利益集团围绕经济政策供给的民意差异和利益矛盾。

1992年8月14日，交通部、中国人民银行、中国民用航空局、中国船舶工业总公司、中国统配煤矿总公司、中国石油天然气总公司、中国核工业总公司及中国有色金属总公司等8个部门和央企要求实行养老保险系统统筹。劳动部为阻止新的系统统筹做了最大努力，但鉴于交通部等部门的强大谈判力量，国务院于1993年10月被迫同意上述部门实行系统统筹。这在各地引起强烈反响，陕西、山西、湖南、湖北、福建等各省人民政府向国务院递交紧急报告，陈述中央企业参加地方统筹的可能性及必要性。然而迫于8个部门的强烈要求，国务院也只能执行原来的决定①。

典型案例之二：地方政府与行业主管部门围绕经济政策供给的民意差异与政策博弈。

1993年12月，海南省人民代表大会通过了《海南经济特区城镇从业人员养老保险条例》。海南省经济政策局依法要求实行系统统筹的各行业在海南省的各单位遵守地方法规，参加地方统筹。但邮电部等所属单位拒绝参加地方统筹。经过双方的多次抗争，1995年12月，国务院决定实行系统统筹的部门和单位继续按现行规定执行，其直属企业不参加当地养老保险统筹。实行系统统筹的部门和单位的范围不再扩大。可见，系统统筹部门对经济政策的影响巨大。

（2）中央政府制订经济政策时未充分考虑地区间、行业间的差异，导致各个地区、行业负担不平等。

---

① 案例文献参考了北京大学蔡亮博士写于1998年的毕业论文《利益冲突过程中的制度变迁》中第3章第4节的有关论述。

以不同行业间的税负不公为例。目前，各个行业的增值率不尽相同是不同行业税负不均的直接原因。而我国增值税征收范围的局限性使不同行业间的税负不公进一步加剧。现阶段我国增值税的征税范围仅限于销售货物、提供加工及修理修配劳务、进口货物以及规定的 8 种视同销售行为。"货物"仅限于有形动产，包括电力、热力和气体在内，土地、房屋和其他建筑物等不动产不属于增值税的征税范围。其他劳务服务业被划为营业税的课税范围，人为地造成了增值税抵扣链条在某些环节上的中断。对产生于不同行业而性质相同的流转额实行不同的税制，极易使行业间的税负失衡，更何况混合销售行为、兼营行为的大量存在，使得商品销售与劳务服务难以严格区分，陡增了税收征管上的复杂性和难度。另一方面，我国现行增值税优惠措施过多过滥，特别是不规范的税收优惠使得免税货物进入应税企业时扣税不足甚至无税可扣，上道环节所享受到的税收优惠在本道销售环节又补征回来，造成免税行业企业与应税行业企业间的税负不公。

以社会养老保险缴费率不公为例。企业承担的社会养老保险缴费率在作为新兴城市的深圳仅为 6% 左右，在北京为 19% 左右，而在老工业基地的武汉却高达 24% 以上，高低之间相差 18 个百分点，这对当地的成本结构产生重大影响，引起地方政府的不满①。

3. 宏观层面——经济政策制定过程中普遍存在政府寻租（rent seeking）现象，缺乏建立民意表达制度的动力

（1）中央政府②包揽了大量的应由居民、企业、地方政府、行业组织、商会等主体参与的经济政策的决策，事实上形成了对经济政策的垄断。这种经济政策过程中的政府"越位"的做法已经违背了市场经济的基本要求。中国的经济政策的管理主体完全是中央政府，基本上还处于管理主体的"一元化"，计划经济体制下的政策垄断尚未根本消除。

---

① 郑功成：《全球化下的劳工与社会保障》，中国劳动社会保障出版社 2002 年版。
② 此处指国务院、国家发展和改革委员会、财政部、中国人民银行、人力资源和社会保障部等中央级政府部门。

(2) 经济政策的制定和执行缺乏监督和评价机制。

(3) 在经济政策的权力系统中，权力过度集中于中央政府部门。

(4) 政策制定和执行过程中政府部门之间缺乏权力的制约和监督。

1.2.2 经济政策公共选择：问题的提出

目前，居民、企业、地方政府、行业组织、商会等对于经济政策的普遍不满已经成为经济领域的重大问题。从经济政策中的三个层面看，这种普遍不满作为一种民意进行表达的路径却是缺位的。而公共选择在本质上是一个把个人民意转化为社会决策（或者称为社会民意）的过程，在这个过程中，民意表达问题贯穿于公共选择的各个环节。从经验即可推断，在假定只存在政策需求方——居民、企业和政策供给方——政府的条件下，民意表达制度的状况只能决定于政府行为。需要指出，政策管理的全过程——政策的提出、制定、审议、执行、评价和监督是公共选择过程包含的初级政治市场、政策供给市场、政策执行市场的主要内容[①]。

公共选择理论一般认为，在初级政治市场上，政府把政策提供给居民，居民则对政府表示支持（如投票）。这个市场上的政策供求构成公共选择的主要内容，涉及一致同意、少数服从多数、中间投票人等投票规则。在政策供给市场上，政府为了实现政策目标将提供不同的行政手段。这些行政手段的供求涉及官员行为、政府增长和政府失灵等问题。在政策执行市场上，主要涉及政策执行给一些人（如纳税人、领取福利的人、获得行业补贴和养育补贴的人等）带来的影响以及这些人对政策的评价和要求。

从政策的角度分析，政策的公共选择同样包含初级政治市场、政策供给市场、政策执行市场。其中，政策的提出程序、制定程序、审议程序构成初级政治市场的内容，政策的执行程序构成政策供给市场的内容，政策的监督程序和评价程序构成政策执行市场的内容。如上所述，民意表达制度的状况决定于政府的政策提出、制定、审议、评价、监督等行为，因此，民意表达的状况在根本上是由政策公共选择过程决定的。就中国的情

---

① Alan Peacock. *Public Choice Analysis in Historical Perspective*. Cambridge University Press. 1992.

况而言，民意表达制度缺位现象的根源在于政策公共选择过程的不科学。

1.3 研究的对象和意义

1.3.1 研究对象

作者的研究对象是经济政策公共选择过程。所探讨的经济政策公共选择范式是对经济政策公共选择过程反映出的某些特征的一种抽象，即经济政策公共选择过程的具体化的特征归纳。为了保证论证逻辑清晰，有必要对有关概念进行界定。

1. 公共选择的概念

公共选择理论（public choice theory）亦称作"公共选择"（public choice）、"公共选择经济学"（economics of public choice）、"政治的经济学"（economics of politics）、"政治的经济理论"（economic theory of politics）、"新政治经济学"（the new political economy）、"集体选择"（collective choice）等，是经济学领域的一个新学科。

可以把公共选择理论定义为非市场决策的经济研究，或者定义为把经济学应用于政治学。公共选择的研究主题与政治学的研究主题是一样的：国家理论、投票规则、投票者行为、政党政治学、官员行为等。但是，公共选择的方法是经济学方法。同经济学一样，公共选择理论以人和政府都是一个自利的、理性的、追求效用最大化的主体作为基本理论假设。

一般认为，公共选择理论是一个依据新古典经济学的基本假设（如理性人假设），运用新古典经济学的理论原理和分析方法，描述和探究政治市场上的居民（或者选民、公民、消费者、纳税人）、企业（厂商）、利益集团（interest group）、非政府组织（NGO）、政府和政府官员等行为规律和政治市场的规律的经济学分支学科。

从理论结构上看，公共选择是一种把多元主体的民意（意愿）转换成政府政策组成要素的过程（或者机制），这种过程（或者机制）在多大程度上表达多元主体的真实民意（意愿）直接表明了政府政策的效果和相关资源配置的效率。

公共选择理论的研究证明，从经济组织结构分析，社会由经济市场和政治市场组成。经济市场的主体包括需求者（居民、消费者）和供给者（厂商、企业）；政治市场的主体也包括需求者（居民或者选民、企业或者厂商、利益集团、中介组织等）和供给者（包括政府及其官员等）。经济市场的主体以货币作为选票来选择效用最大的私人物品，属于经济决策；政治市场的主体以民意表达（如投票、表达赞成或者反对等）选择能给其带来效用最大的政策法案、政策制度、政府官员等，属于政治决策。

公共选择理论的一个重要理论意义在于：在它产生之前，西方主流经济学只是局限于研究经济市场的供求行为和经济决策，把政治决策作为外生变量。西方主流经济学认为经济市场的主体行为服从"理性人"原则，政治市场的主体行为服从"利他主义"原则。而公共选择理论深刻地说明，经济决策和政治决策密不可分，政治市场主体行为也服从"理性人"原则。

2. 经济政策公共选择：概念界定

经济政策公共选择即是经济政策公共选择过程，因为经济政策公共选择在本质上是一个连续的、动态的过程。离开了动态的观点，则偏离了经济政策公共选择的本质。

经济政策公共选择是指在国家经济政策体系中，广义的主体（居民、企业、中介组织、政府等）的权责分配结构和围绕经济政策的提出（投票规则）、审议、制定、执行、监督、评价等所涉及的程序、规则的总和①。

经济政策公共选择是一种在国家经济政策体系中把居民、企业、中介组织、政府等主体的民意（意愿）转换成政策安排的一种制度安排，这种制度安排在多大程度上表达了居民、企业、中介组织、政府等主体的真实民意，直接影响到经济政策的总体效果。

---

① 从广义分析，关于经济政策的多维制度安排构成了经济政策体系。其中，经济政策公共选择是经济政策体系的重要组成部分。

投票规则（或投票机制）是居民、企业等主体参与的针对经济政策的提出、审议、评价程序的一种具体形式，针对经济政策的"事前投票"过程发生于提出程序、审议程序，针对经济政策的"事后投票"过程发生于评价程序。

在国家经济政策体系中，经济政策公共选择过程是整个体系结构中的重要组成部分，与体系中的行为主体存在紧密联系和关联，影响着整个体系的效率（效益），发挥着不可替代的作用，构成事实上的一种制度安排[①]。

20世纪中叶之前，对于经济政策体系（或者制度）效率（或者效益、成本—收益等）的评价，基本不涉及经济政策公共选择问题。自20世纪50年代以来，西方发达市场经济国家的经济学家逐渐形成共识，认为公共选择问题是对于主流经济理论的重要补充，对于经济政策公共选择问题也作了大量的分析。这主要是因为西方国家的经济政策公共选择制度比较发达，广泛分布于各类经济政策运行过程和政府行为中，所以，在公共管理和公共政策研究中，西方学者们对经济政策公共选择过程普遍给予特殊强调和特别关注。

但是，从19世纪至今，在很多国家（主要是发展中国家）经济政策公共选择问题仍未得到人们应有的重视。从经济政策形成过程分析，很多国家制度中的政策决策体制仍然基本上是一种"封闭的权威结构"，这种制度的特点主要是政府至上，政府对经济政策决策的"一元化"绝对控制。也就是讲，经济政策领域的政策合约安排过分强调政府的利益和作用，忽视居民、企业、中介机构、地方政府等作为政策需求方的主体的民意（意愿）。其造成的后果是经济政策对居民、企业、中介机构、地方政府等主体的激励不足，从而导致制度的运行效率（效益）相对较差。

3. 经济政策公共选择过程的结构——基于政策流程的经济政策公共选择过程

遵循公共选择一般理论，经济政策的提出程序、制定程序、审议程

---

① "机制"一词，来源于希腊文，其原意是指机械、机械装置、机械机构及其运行原理。经济机制则是指经济运行中各种相互联系、相互作用的关联因素对经济活动的调节功能。

序构成初级政治市场的内容，经济政策的执行程序构成政策供给市场的内容，经济政策的评价程序和监督程序构成政策执行市场的内容（如图1-1所示）。

从政策流程分析，经济政策公共选择在总体上可以划分为6个运行程序和5个协商（或者谈判）过程。

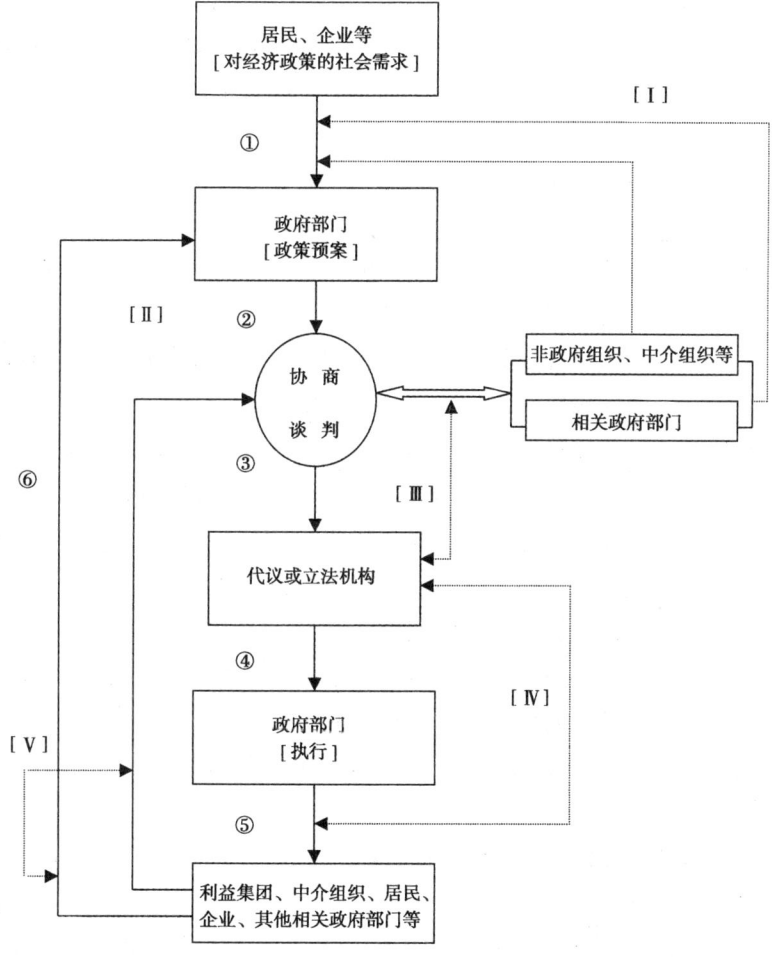

图1-1 经济政策公共选择的程序

其中，6个运行程序的主要内容如下：

① ——提出预案程序（投票规则）：主体提出经济政策→政府部门。
② ——政策制定程序：多元主体参与协商或谈判→代议或代议机构。
③ ——进入审议程序：政府部门制定经济政策并进入立法程序提交→代议或代议机构。
④ ——进入执行程序：代议或代议机构→政府部门。
⑤ ——行使监督程序：政府部门→主体反馈监督意见。
⑥ ——事后评价（反馈）程序：主体直接进行立法反馈→代议或代议机构；主体进行行政性反馈→政府部门。

5个协商过程的主要内容如下：

[Ⅰ] ——预案协商（投票规则）：主要参加对象为居民、企业等主体、政府部门等。

[Ⅱ] ——政策制定协商：主要参加对象为政府部门、地方政府、非政府组织、中介组织等。

[Ⅲ] ——政策审议协商（间接投票协商）：主要参加对象为代议或代议机构、政府部门、非政府组织、中介组织等。

[Ⅳ] ——立法反馈协商：主要参加对象为代议或代议机构、利益集团、中介组织、居民、企业、其他相关政府部门等；"立法反馈"是指政府部门将政策执行中的情况和问题及时反馈给代议或代议机构，作为修改立法的依据。

[Ⅴ] ——行政反馈协商：主要参加对象为政府部门、各个主体等；"行政反馈"是指居民、企业、利益集团、中介组织等将政策执行中的情况和问题及时反馈给政府部门，作为纠正政策、完善管制（如行政法规）的依据。

——参与经济政策公共选择的主体

根据政策市场的行为主体结构，可以将主体（major player of the public choice）进行广义和狭义的划分。从广义分析，这些主体包括政策需求者和政策供给者。其中，政策需求者主要包括：（1）居民（或者选民、公民、消费者、纳税人、个体、个人等，以下简称"居民"）；（2）企业

（或者厂商，以下简称"企业"）；（3）利益集团①（地方政府及其官员、行业管理部门及其官员、有较大社会影响力的社会团体和组织机构等，以下简称"利益集团"），指那些有某种共同的目标并试图对公共政策施加影响的个人的有组织的实体；（4）非政府组织（NGO：Non - government Organization，或者非营利组织、民间组织、免税组织，以下简称"非政府组织"）；（5）中介组织（或者咨询信息机构，其中产权私有的民间咨询信息组织属于非政府组织)②。政策供给者主要包括：（1）政府及其官员；（2）参与制定政策部门（或者政策的执行部门）及其官员。从狭义分析，行为主体只包括需求者。

作者主要研究政府作为经济政策供应者的行为规律，而将经济政策需求者作为外部因素，因此，除非特别的说明，以下各个章节论述中所涉及的主体都是狭义的，即主体只是包括需求者，而不包括作为供给者的政府③。

作者以政府经济学理论作为重要的理论基础之一，而政府经济学所研究的政府是广义的政府。政府建立和资助公共事业部门、公共企业部门的行为属于政府的经济行为，但在政府经济学中一般不作为一个单独的领域来研究。

4. 经济政策公共选择范式的概念

20世纪50年代以后，范式分析逐渐成为经济理论研究领域的常规应用。"范式"（Mode）的本义是"示范"、"范例"或"模式"。范式所标识的不是一般意义上的不同，而是整体结构特征的不同。范式是对于一个过程（或现象）中多种因素相互作用构成的总和或总体的高度抽象的综

---

① "利益集团"的英文原文为 Interest group，或者 Pressure group（压力集团）。
② 非政府组织和中介组织是否构成利益集团主要在于非政府组织和中介组织是否具备影响政府政策倾向的动机，以及是否具备在总体上影响政府政策倾向的能力。
③ 政府有广义和狭义两种含义。广义的政府是指所有的国家机关，也就是说，广义的政府不仅包括国家行政机关，而且包括司法机关、立法机关等所有行使公共权力的国家机构；不仅包括中央国家机关，而且还包括各级地方国家机关。广义的政府是一种抽象性的概括。狭义的政府常常主要是指国家行政机关，而不包括司法、立法等其他国家机关。本书所述政府一般限于狭义范围。

合概括。

在本质上，经济政策公共选择范式是指在政策市场中，针对经济政策的提出（投票规则）、审议、制定、执行、监督、评价，在多元主体——既包括作为需求者的居民（或称公民、消费者）、利益集团（地方政府、行业管理部门等），也包括作为供给者的政府——依据合法的路径表达各自民意（意愿）过程中，多元主体之间存在的多种关联关系所具有的规律性特征的总和。也就是说，经济政策公共选择范式是对经济政策公共选择过程的规律性特征的一种抽象概括。

投票规则（或投票机制）包括的"事前投票"和"事后投票"过程分别发生于经济政策产生的提出程序、审议程序和评价程序。

范式的存在是经济政策公共选择研究达到高度理论水准所必需的系统性、逻辑性（或者可推导性、数学化程度）与可比较性这三个特征的重要前提之一。从认识论的角度分析，作者所提出的范式是指作者对经济政策中公共选择现象进行的一种理论上的抽象归纳和概括。客观地讲，正确范式概念的建立需要时间，因为人们对于经济政策理论的传统观念的变更并非易事，需要很长时间才能接受一个新的理论概念。如果作者和后来者提出了不同的经济政策公共选择范式，这并不是互相对立的，而是互相促进的。在理论上绝对正确的经济政策公共选择范式是没有的。经济政策公共选择的发展历史，也是各种范式接续交替的历史，因为伴随着时序演进条件下制度结构在本质上的变迁，经济政策公共选择范式必然会产生形而上的变化。

1.3.2 研究内容

从理论内容看，公共选择与政府决策密切相关。公共选择理论研究了不同政策决策方式，指出没有一种理想的制度安排能够将所有的居民民意综合为社会选择；研究了当国家干预不能提高经济效率或收入分配不公平时所产生的政府失灵；研究了代议机构成员（如国会议员）的短视、政府缺乏严格预算、投票规则、政府失灵等问题。

参照公共选择理论研究对象和研究范畴的一般原理，经济政策公共选择过程研究涵盖的主要命题应该包括以下内容：经济政策民意表达路径、利益集团的行为特征、政府职能、政府寻租行为、经济政策的执行与监督、经济政策效率评价标准、经济政策公共选择结构及其效率评价标准、政策市场及其均衡、经济政策的投票机制和投票规则、经济政策对社会福利分配的影响等。

作者在各章分别对以上命题进行了分析。因为篇幅所限，在不影响作者对于选题论证充分性的前提下，对于经济政策的投票机制和投票规则等命题只作一般论述。

从方法论角度讲，经济政策公共选择在一定意义上是在对隐含以上这些研究对象和研究范畴的公共选择现象进行抽象归纳和高度理论概括而得出的。

1.3.3 研究意义

1. 为政府决策体制改革、制定经济政策、监督政府行为提供参考

20世纪80年代以来，伴随着中国经济从高度集权的中央指令性计划经济体制向具有中国特色的市场化经济体制转换，政府决策领域也经历着一场前所未有的体制性转型。在政策制定方面，中国已经从过去的政府权威至上的范式，向制度化、公开化和法治化的范式转型。这是一种封闭式思维方式向开放式的思维方式的转换。政府开始有选择地吸收国外先进经验，探索以前没有经历过的制度改革。中国经济体制改革是决策层在对可能产生的成本效益进行权衡和选择的过程中循序渐进地（有时是间歇式地）向前推进的。虽然中国体制改革过程表现为一种波浪式的渐进范式，但是从总体上看是前进的。从理论上对中国经济政策公共选择的逆效率进行系统分析，找出其原因所在，并提出政策建议，对政府决策体制改革，具有重要意义。

2. 促进中国本土经济理论创新

目前，在公共选择、政府管制、政府经济学、决策学等研究领域，虽然取得了很多理论成果，但是客观地评价，理论界对于经济政策公共选择的研究是零散的、局部性的，普遍缺乏系统性和完整性，甚至还没有从理论上提出"经济政策公共选择范式"的概念。依据检索和查阅的国内外文献，对于经济政策公共选择范式的研究尚属一个理论研究的"空白"领域。在进行社会实践调查和国际政策比较的基础上，初步构建了一个关于"中国经济政策公共选择范式"的体系性理论框架，这将为中国本土经济理论体系增添新的内容。

1.4 基本假设和重要概念

1.4.1 基本假设

在经济学研究中需要借助基本的逻辑假设，对这些基本假设的准确把握将为理解讨论的内容提供一个有用的背景式知识框架。作者的基本假设可分作三类：政府行为特征假设、政治环境假设、制度结构假设。

1. 政府行为的机会主义特征

政府行为的机会主义特征是作者借鉴威廉姆森（Williamson，1975）的有关理论而提出的，它的含义指的是政府部门以相对减少其他主体福利作为机会成本，通过不违反法律的方法、路径进行的谋利行为。政府行为的机会主义特征假设是以政府有限理性假设、信息不对称假设为前提的。作为经济人，为了最大化自身利益，是有可能采取不正当手段。但如果人是完全理性的，信息是完备与对称分布的话，那么，政府机会主义特征是无从转化为实际行为的。因为他的交易对手能洞察一切，而且，作为完全理性的人，也会看到在长期交易博弈中采取机会主义行为无疑会有损于自身的长期利益，从而放弃之。后两个假设之所以不是前两个假设的充分条件，是因为政府机会主义特征假设并不意味着所有的人在所有的时间都会以机会主义方式行事。但是总有那么一些人在某些时候会采取这种行为方式。问题在于，政府部门事先很难知道哪些人在什么时候会以何种具体方式采取机会主义行为，这也就是所谓行为不确定性。

机会主义行为可分为事前（ex – ante）机会主义行为和事后（ex – post）机会主义行为。事前机会主义行为会造成"逆向选择"（adverse selection）的后果。事后的机会主义行为通常被称为"道德风险"或"败德行为"（moral hazard）。

2. 政治活动中的有限理性人假设

在新古典经济学的传统中，"理性人"假设对应于经济学中的"经济人"（Homo Economicus）假设。它具有三个基本特征：①知识是完备的；②价值观或民意是一致的；③择优的，即面对一个决策问题，能对知识系统进行遍历搜索，制定出无遗漏的方案集，并在所有方案中进行全面比较。西蒙（H. A. Simon）称这样的理性为"客观理性"。

设 V 为目标，A 为被选对象集，a 为任一被选对象，U（a）为 a 的效用函数，C 为所有约束条件，s.t. 表示满足约束条件 C（可以理解为人类已知的所有知识或信息的总和），则"理性人"的决策特征可以表示为：

$$V = \text{Max} \{E[U(a)] / s.t. C\} \quad (a \in A) \quad (1-1)$$

"管理人"假设是西蒙于1960年提出的，对应于"有限理性"假设，认为现实人不可能达到"客观理性"。现实人具有三个基本特征：①知识不完备，这是由现实人的条件决定的；②价值观或民意的非一致性，主要是预期体验和真实体验不总是一致的；③满意选择，即面对一个决策问题，只能应用有限的知识进行非遍历搜索，制定出可能的方案集，并在该方案集中进行选择比较。此时，式（1-1）中的约束条件发生了变化，记为 C′，表示决策者所持有的知识或信息；被选对象为 A′，A′ 是 A 的一个子集。这样"管理人"的决策特征可表示如下：

$$G = \text{Max} \{E[U(a)] / s.t. C'\} \quad (a \in A') \quad (1-2)$$

作者在研究中采用有限理性的假设。

3. 信息不对称

信息不对称（information incompleteness）是指人们未能全面掌握关于

事物的一切情况，总有不确知的方面。而信息不对称分布（information asymmetrical distribution）则是指每个居民掌握的私人信息（private information）不同，这些信息不为他人所知，从而占有某方面的信息优势地位或其他人占劣势地位。信息不对称分布有时还意味着每个居民并不确知其他人了解什么、不了解什么。信息不对称分布假设包容了信息不完备假设。

4. 政治环境假设

主体处于一个充满复杂性和不确定性的环境中。复杂性（complexity）是指这个世界上的万事万物辩证地相互影响着，呈现为复杂而非简单的关系层次。而不确定性（uncertainty of the environment）则意味着人类对事物的发展并不能有一个确切的把握，尽管可以运用概率统计等手段来改进对不确定性的预测与应付能力，但决策者所作出的每一次面向未来的决策，只能是风险型决策，只是风险程度大小不同而已。复杂性与不确定性会经常联系在一起，复杂性加剧了不确定性。

5. 制度结构假设

主体总是在资源稀缺的、充满不确定性和风险性的复杂政治经济环境中，以其自己认为最佳的方式来实现自己"效用最大化"的目的。主体的能力、民意或具体目标差异很大。主体的能力或民意受到其所处的社会经济环境的重要影响。而社会环境主要是指他（或他们）所接受的理论，它所归属的经济地位和政治地位以及制度本身。因此，要分析主体的民意及能力差异对制度选择的深层影响，还要仔细探讨这些环境因素。

1.4.2 重要概念

1. 政治市场

"政治市场"这个概念有两个来源：一是康芒斯关于所谓的"限额交易"产物的理论；二是公共选择学派的理论。

康芒斯认为，"限额的交易"在本质上是与"管理的交易"和"买卖的交易"有所不同的,因为其中包含了法律上的不平等和强制。但是新制度经济学在处理政治领域的各处相互作用关系时,却忽视了康芒斯所指出的这一本质区别,而把它当做一般的契约交换行动处理了,从而认定人类社会是个体间相互契约的产物。人与人之间的相互作用关系不只是所有权之间的交易关系。在政治领域中,人们是在政治权利和收益间的交换关系中相互作用,因此政治领域也就是"政治市场"。①

公共选择学派十分关注政治市场的政治权力行为,主张使用"交易成本"分析政治市场的现象。布坎南认为,交易经济学向各种领域的延伸,特别是向政治分析领域的延伸,可以将古典自由主义的"自然秩序或自然协调原理"运用于政治分析之中,这也被称为新制度经济学中的"政治科斯定理"。

2. 管制过度

管制过度是指政府管制机构存在着一种增加管制的自然倾向,并且往往不可避免地造成了管制者效用最大化时的管制量大于均衡管制量的事实。

管制过度论者指出,虽然管制者认为政府管制可以增进效率,但管制者制定管制政策的目标并不仅限于此。在不完全信息条件下,管制者甚至不能确切地知道自己的管制是否过度,或者管制者可能更热衷于增加自己的权力和地位。因此在考虑管制者的效用函数时,必须考虑其他一些重要的变量。

3. 激励性管制

激励性管制是有关国家政府针对政府管制所存在的一系列问题所采取的一种较为温和的改革措施。激励性管制的目的,在于通过适当的刺激,使被管制企业的内部效率达到更高甚至可能的最高水平。其中,迄今在理论模型和实际操作方面均较为成熟的激励性管制措施是所谓特许投标制

---

① 刘元春:《交易费用分析框架的政治经济学批判》,经济科学出版社2001年版,第1、2章。

(franchise bidding)、区域间竞争制度（yardstick competition）和社会契约制度（social contract）。

4. 政策成本

政策成本是政策和由其引发的行政过程中所发生的各种费用和开支，以及由其所引发的现今和未来一段时间的间接性负担。这些直接或间接的费用开支和负担是可以通过优化决策和优化行政行为加以适当控制的。

政策成本可以"分解"为两部分：一部分是传统的由会计度量或控制的最终消费支出，一般均为货币形态，也包括可折算为货币的实物形态；另一部分是难以度量的非货币形态的渗透性支出，它包括决策失误的经济损失，也包括因灰市场交易所产生的各类经济损失。灰市场交易是政策行为不规范成本的主要源泉。这种不规范成本的部分因为灰市场交易被一些政策官员占有或消费，一部分被与之相关的个别人员或少数人员分离，其余的是社会损失。正是由于灰市场交易中形成的政策成本的一部分是政策官员的租金，在约束监督机制不完备或约束监督刚性不足的情况下，由此而增加的成本非常之大。灰市场交易带来的政策成本增加，一方面使政策最终消费支出这一有形成本大量膨胀，降低政策会计成本的目的难以达到；另一方面造成政策工作与职能的逆效率，使得政策经济决策的机会成本增大；同时造成政策对社会资源、生态环境的不负责行为，增加了社会生态等方面的无形成本。政策成本范围的界定不仅利于主体监督政策，而且利于政策自身控制不规范行为。

5. 政策边际成本

在经济学中，边际成本（marginal cost）表示生产增添1个单位而增加的成本。政策分析中也可以进行边际成本分析。例如，培训第20个公务员与培训第21个公务员的边际成本是不一样的。借助表1-1容易说明政策边际成本。

边际成本理论可用于指导政策工作。例如，可以定量分析的公共产品，究竟在政策数量多大的情况下，才能使其边际成本为零，从而使政策成本最小，这是政策工作中应该注意的问题。

表1-1　　　　　　　　　　政策边际成本的计算[①]

（1）政策数量 q	（2）政策总成本 TU（元）	（3）政策边际成本 MC（元）
0	100	
1	150	50
2	180	30
3	200	20
4	230	30
5	280	50
6	380	100
（1）政策数量 q	（2）政策总成本 TU（元）	（3）政策边际成本 MC（元）

知道政策某一领域的总成本，可以计算出边际成本。

例如，表中第 5 个单位的边际成本为

$$MC_5 = TU_5 - TU_4 = 280 - 230 = 50（元）$$

6. 外部性

外部性（externality）是新制度经济学中一个极为重要的基本概念，通常把外部性称作外部经济（不经济）。外部经济（不经济）是指这样一种事件，它给某些人带来好处（造成损害），而这些人却又不是作出直接或间接导致此事件的决策人。简言之，外部性就是指那些不需为之支付费用的收益或未获赔偿的损失。外部性实际上是私人收益与社会收益、私人成本与社会成本之间不一致的现象。若将居民或组织行为的社会净收益（net social benefit）表示为 NBs，私人净收益（net private benefit）表示为 NBp，外部经济（即外部收益）表示为 Be，外部不经济（即外部成本）表示为 Ce，外部净收益表示为 NBe。由于 Bs = Bp + Be、Cs = Cp + Ce、NBs = Bs - Cs、NBp = Bp - Cp、NBe = Be - Ce。

那么，可以得到等式：

$$NBs = NBp + NBe$$

由上式可知，人或组织行为的社会净收益与其私人净收益一般是不等的，它们之间的差异还取决于另两个变量，即外部经济与外部不经济因素。当存在明显的外部净收益时，即 NBe > 0，私人净收益明显地低于社

[①] 周镇宏、何翔舟：《政府成本论》，人民出版社 2001 年版，第 39 页、第 51 页。

会净收益。这一方面会使行为人感到很吃亏,产生激励弱化以至强烈的负激励,从而导致行为人会不断地降低自己的努力水平,使 NBe 趋向于零,造成经济净福利(Net Economic Welfare, NEW)损失;另一方面则会使受益人形成不付成本而能享受他人劳动成果的偷懒(shirking)习惯。而当存在明显的外部净损失时,即 NBe<0,私人净收益高于社会净收益。这一方面会使行为人产生损人利己或扩大再生产的激励,从而造成更大的经济净福利损失;另一方面则会使受害人产生不满,降低工作效率。这两种情形都会导致经济净福利损失,究其原因,也就是当 NBe>0 时,由于激励缺乏而造成了经济净福利损失;当 NBe<0 时,由于约束缺乏而造成了经济净福利损失[①]。

1.5 研究目的、方法和主要内容

1.5.1 研究目的

(1) 对中国经济政策公共选择的逆效率表现及成因进行分析。

(2) 提出中国经济政策公共选择的范式——第三方管制范式,构建中国经济政策公共选择范式分析的理论框架。

(3) 提出中国经济政策公共选择的政策建议,从而实现创新中国经济理论体系的研究初衷。

1.5.2 研究思路

首先,提出政策的市场均衡分析,建立理论学说的微观分析基础;其次,参照国外经济政策公共选择的经典范式,结合交易费用经济学原理,进行经济政策公共选择效率评价的实证分析,初步探讨经济政策公共选择

---

① 谢德仁:《企业剩余索取权:分享安排与剩余计量》,上海三联书店、上海人民出版社 2001 年版有关分析。

效率评价的标准；再次，对中国经济政策公共选择的逆效率表现及成因进行系统分析，基于此，提出中国经济政策公共选择的范式——第三方管制范式；最后，以第三方管制范式作为理论依托，深入探讨中国经济政策公共选择范式的优化政策（如图 1-2 所示）。

1.5.3 研究方法

采用了三个层次的方法论。

1. 经济哲学层次上的方法

（1）方法论上的个人主义。方法论上的个人主义（methodological individualism）认为，一切社会现象都应追索到它们的个体行为基础，都必须从个体的角度来分析阐述；个体的目的或民意是经济学分析的出发点和基石，必须把个体的有目的性放在首位，因为个体根据其自身的利益采取行动，个体的有目的性乃是一切社会行为的充分的起因。

公共选择理论把个体作为分析的基本单位，把社会存在作为个体（而不是集团或阶级）之间的相互作用，认为应当根据个体解释社会政治，而不是根据社会解释个体。布坎南把公共选择理论看做是"政治过程的个人主义理论"。[①]

"方法论上的个人主义"这个词是熊彼特在 1908 年首先使用的。西方学者一般认为，一切行为都是人的行为，在个体成员的行为被排除在外后，就不会有社会团体存在和现实性。公共选择理论方法论上的个人主义，体现在对政府和政治的见解上。在公共选择理论家看来，个体是社会秩序的根本组成单位，而政府只是个体相互作用的制度复合体，个体通过制度复合体作出集体决策，去实现他们相互期望的集体目标，同时他们也通过制度复合体开展与私人活动相对立的集体活动。政治就是在这类制度范围内的个体活动。

---

① [美] 詹姆斯·M. 布坎南：《同意的计算——立宪民主的逻辑基础》，中国社会科学出版社 2000 年版，第 1 章。

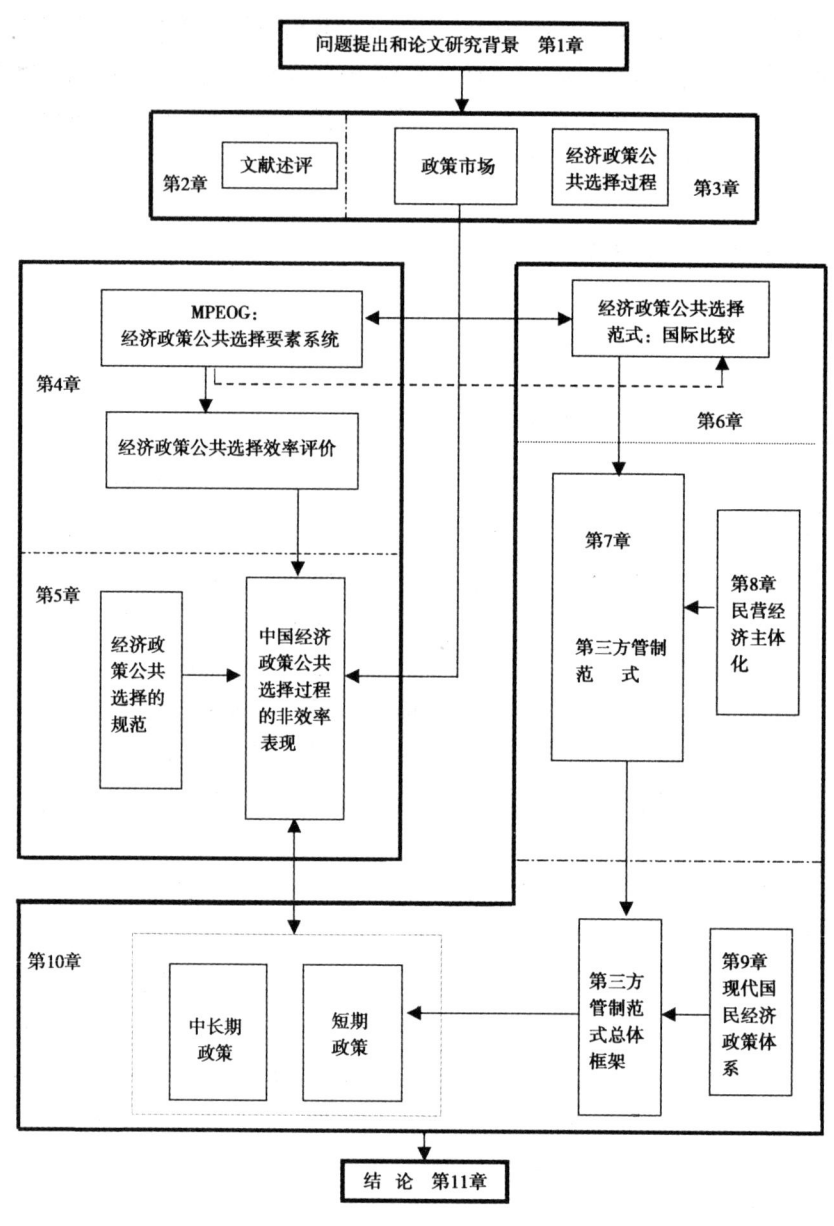

图1-2 本书基本结构框图

西方主流经济学家自20世纪20年代以来致力于分析市场的缺陷,深入研究和强调政府干预的合理性,把纠正市场失灵的希望寄托于政府。实际上,他们根据所分析的问题是来自私人经济还是公共经济的不同而采用两套不同的衡量标准。一方面是由利己主义和狭隘个体利益所驱使的个体、"经济人"、消费者、生产者,人们应该用体现普遍利益的集体框框来修正他们的动机;另一方面是超凡至圣的超级机器——政府,政府是集体利益的体现,它被一些除了认同和维护公共利益之外别无他求的官员所操纵。公共选择理论试图建立一个统一的有关经济和政治这两个市场上的个体行为模型。在这个模型中,个体是最终的决策者。这个模型的出发点是,要论述政府的决策过程,必须分析参加这些决策过程的个体的行为。只有采用这种方法才有可能进行选择,才能将复杂的活动变为可以控制的活动,变为可以论述的问题,在集中研究根本的因素时对其他因素才能进行概括。

(2) 经济现象的研究和所处的背景同构。作者将对于中国经济政策公共选择过程、经济政策公共选择范式的研究始终置于中国经济体制改革和经济体制改革的背景下进行分析。

公共选择理论强调它们的制度分析不同于制度学派的制度分析。在公共选择理论看来,由于凡勃仑(T. B. Velum)等人轻视理论和分析,他们的整个努力在很大程度上是没有成效的。制度学派在方法论上过于天真,以至于他们认为进行观察和描述就会产生预见理论和提供假设。公共选择理论的方法论上的个人主义不同于主流经济学的个人主义。布坎南、塔洛克等认为,方法论上的个人主义不是作为组织社会活动规范的个人主义(individualism)。前一种个人主义试图把政治组织的所有问题简化为个体面临各种选择以及他在这些选择中所做的选择。相反,作为一种组织规范的个人主义认可一定的价值标准。

2. 一般分析方法

(1) 系统分析。经济政策研究的对象——经济政策的经济关系是整个社会再生产过程和总的经济关系这个大系统中的一个子系统。经济政策这个子系统和其他有关的子系统之间相互联系、相互制约。而在经济政策这个系统中,各个因素、各个环节之间也是密切联系、相互作用的。因此,要把经济政策的经济关系内部诸因素分解开来,对它们的本质、功能、在系统中的地位作用及发展趋势等等分别进行研究和层次性的考察,进行由表及里的深入研究,从错综复杂的相互联系中理出系统的头绪,然后在分解的基础上把经济政策的经济关系中的各种因素结合起来进行综合性整体考察。只有这样,才有可能揭示经济政策的经济关系发展的规律。作者在第 4 章运用了系统分析的方法。

(2) 实证分析。实证分析方法包括理论实证和经验实证。前者是从现实中概括抽象出基本关系并以此为起点进行理论上的逻辑演绎,逻辑演绎的结果是得出某种理论"假说";后者是对理论实证得出的"假说"进行经验验证。如果假说能够被经验所证明,就是正确的、科学的结论。经验实证常采用较为典型的国内外案例,以此来验证理论的可靠性。作者在第 5 章、第 6 章中采用了典型的案例验证方法。

(3) 比较分析。比较是为了鉴别和择优,作者在第 6 章进行了经济政策公共选择范式的国际比较研究。通过比较,发现他们的共同点和差异,弄清他们所处的不同环境,力求对中国经济政策公共选择范式研究有所借鉴,以选择适合中国国情的经济政策公共选择范式。

(4) 抽象分析。作者在论证中多次使用了归纳法和演绎法。

3. 经济学的具体技术方法

(1) 博弈分析。博弈论(game theory)是研究决策主体的行为发生直接相互作用时的决策及其均衡问题的理论,又称为"对策论"。博弈论可以划分为合作博弈(cooperative game)和非合作博弈(non-cooperative game)。在经济政策公共选择过程中,中央政府部门、地方政府部门、利益集团之间存在相互对抗、相互利用的关系,而这一部分正是博弈论最主要的应用领域之一。对此种方法,作者在第 8 章有具体的运用。

(2) 社会调查。经济政策经济关系是极其复杂的社会经济现象,因此,必须对客观的经济政策经济关系进行系统的、全面的、普遍的调查,以占有足够数量的客观事实材料和数据,通过对这些材料和数据的分析、比较,找出本质的东西,作出科学的表述。作者在写作过程中,结合研究内容，在北京、河北、山东、江苏、浙江等地，进行了典型性调查，收集和积累了很多第一手材料。

1.5.4 研究内容

主要研究内容是探讨如何改变中国经济政策的逆效率，构建一个关于"中国经济政策公共选择范式"的体系性理论框架，这一理论框架主要涵盖6个命题：经济政策的市场均衡、经济政策主体与经济政策公共选择结构、经济政策公共选择组织系统（MPEOG）、经济政策公共选择的效率评价与中国经济政策公共选择逆效率、中国经济政策公共选择范式、政策分析。围绕以上6个理论命题，作者分为5个部分进行论证。

1.6 本章小结

从中国渐进式经济体制改革进入利益整合周期、经济政策调控的复杂性、全球化推动经济政策的透明化与法治化等三个视域分析了研究的背景，实际上也就是说明了所研究的经济现象所处的外部环境。

民意表达制度缺位作为在经济政策中普遍存在的一类经济现象，在微观层面主要表现为居民、企业基本不具备由法律和法规提供支持的有效的民意表达路径；在中观层面主要表现为利益集团、地方政府和中央政府之间的经济政策民意表达缺乏应有的制度性协调；在宏观层面主要表现为普遍存在政府寻租，缺乏建立民意表达制度的动力。

民意表达制度缺位存在于经济政策公共选择的整个过程，而决定民意表达制度状况的经济政策公共选择过程及其具体表现形式——经济政策公共选择范式是研究对象。

采用了经济哲学层次上的方法（如方法论上的个人主义）、经济学一般分析原理和分析方法（如抽象分析法、实证分析方法、系统分析法等）和经济学的具体技术方法（如博弈分析方法、社会调查法等）。

研究的主要目的：一是对中国经济政策公共选择的逆效率表现及成因进行分析；二是提出中国经济政策公共选择的范式——第三方管制范式，构建中国经济政策公共选择范式分析的基本理论框架；三是提出中国经济政策决策体制改革的政策建议。

第 2 章
文 献 述 评

【本章导语】

理论假说是金字塔的塔峰,是在前人研究成果的塔基上筑成的。如果说本书理论假说金字塔的塔峰是中国经济政策公共选择理论,那么由前人的研究成果构成的塔基包括了公共选择理论、政府经济学、宏观经济学、政府管制理论和决策学等诸多理论领域。

第5章
甲骨蔔文

〔かこつ〕

公共选择理论、政府管制、决策科学、政府经济学、福利经济学的有关研究为作者的研究提供了有益的理论借鉴。

2.1 公共选择一般研究

20世纪50年代末,公共选择理论基本上形成了一个新经济学科。公共选择理论的一般原理对于经济政策公共选择(包括经济政策领域的不同民意表达、政治市场、利益集团行为、寻租、创租等)具有普适性。公共选择理论一般与经济政策公共选择理论的主要差别在于研究对象(研究领域)的不同。

一般认为,公共选择理论4个学派的理论构成了西方公共选择问题研究成果的主体。公共选择理论划分为4个学派①(弗吉尼亚学派、芝加哥学派、罗彻斯特学派和印地安纳学派),主要是根据其核心观点和方法论上的差异。

2.1.1 弗吉尼亚学派 (Virginia School)

弗吉尼亚学派 (Virginia School) 是公共选择理论中影响最大的一个学派,它的成员 (James. M. Buchanan, Gordon Tullock) 在公共选择理论中最具代表性。

---

① 部分学者把公共选择理论划分为3个学派:弗吉尼亚学派、芝加哥学派、罗彻斯特学派。

弗吉尼亚学派的主要理论特征：方法论上的个人主义；重点研究宪法政治经济学（constitutional political economics）。

与本书研究选题相关的弗吉尼亚学派的主要理论成果如下：

（1）詹姆斯·布坎南（James. M. Buchanan）提出并论证了经济学和政治决策理论的契约和宪法基础，将人们从相互交易中各自获益的概念应用于政治决策领域，弥补了传统经济理论缺乏独立的政治决策分析的缺陷。

公共选择理论认为，在经济市场和政治市场上活动的是同一居民，没有理由认为同一居民会根据两种完全不同的行为动机进行活动。公共选择理论的主要特点是试图建立一种严谨的、原理式的政府一般理论，把政治看做是一种居民相互交易的市场，并且用新古典经济理论对其进行分析。公共选择理论用经济学的分析方法来研究公共选择活动和政治行为，把经济学和政治学纳入一个统一的逻辑体系，是有积极意义的（图 2-1）。

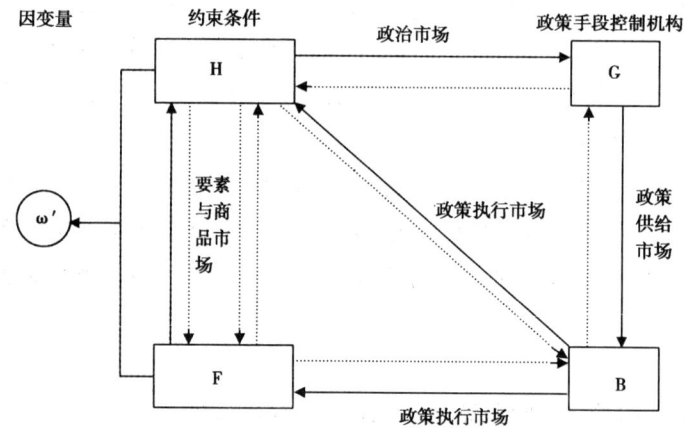

图 2-1（a） 政策的公共选择过程

图中：ω'——政策结果（反映在政策目标上，如通货膨胀率、就业等）

G——政府（假设为选票最大化者）

B——官员（或者政府机构，假设为产出最大化者或预算最大化者）

H——居民户或选民（假设为效用最大化者）

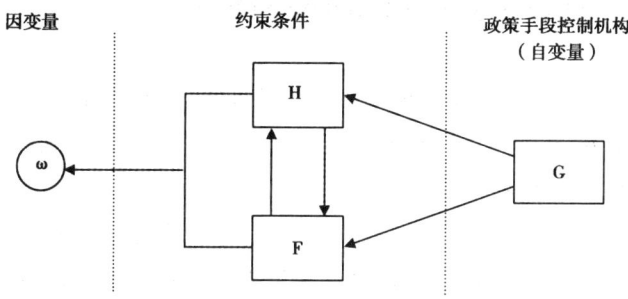

图 2-1 (b)　公共选择分析与政策范式

图中：ω——政府的福利函数

G——政府（假设为集体福利最大化者）

F——企业（假设为利润最大化者）

H——居民户（假设为效用最大化者）

（2）居民（或者投票人、消费者、纳税人）是社会秩序的基本组成单位，政府只是居民相互作用的制度复合体，居民通过复合体作出集体决策，去实现他们相互期望的集体目标。集体（组织）本身不具有民意（选择）也不行动。社会选择是居民民意（选择）的综合结果。公共选择理论的研究范围是政治市场，主要包括初级政治市场、政策供给市场和政策执行市场。

公共选择理论也分析政策问题，但它不同于主流经济学中的政策范式，后者主要解释经济政策是如何运作的，二者的区别可以用图 2-1（a 和 b）说明①。

（3）认为外部性、公共物品和信息也存在于政治市场，损害居民的福利。政府失灵是普遍的，政府不会自然地具备效率，妨碍居民有效地表达民意（选择）。

（4）提出了进行宪法改革。

---

① 方福前：《公共选择理论——政治的经济学》，中国人民大学出版社 2000 年版。

2.1.2 芝加哥学派（Chicago School）

芝加哥学派（Chicago School）主要成员（G. Stigler, G. S. Becker, S. Peltzman, R. A. Posner, W. E. Landes, Robert Barro）的主要研究成果具有很强的奠基性和创新性。

（1）主张自由主义，反对政府干预，认为政府是在社会范围内对财富进行再分配的一种组织，为政府中的"理性人"所利用的，即政府并非纯粹为公众福利服务。

（2）把政府也看做是一种市场，政治市场上发挥决定性作用的是利益集团。居民（或者投票人、纳税人）是具有价格的政策的接受者而不是政策价格的制定者，居民只是被动地接受（购买）产品（政策）。一般条件下，政治市场具备效率，产品（政策）价格合理，交易者通过产品（政策）交易获得利益，交易者要求产品（政策）质量符合其价格。政治市场可以实现出清，也可以实现帕累托最优状态。从政治市场分析，不同的政治制度下政治市场的规律是相同的。对政治市场的分析中，使用经济学的分析方法。

（3）居民具有完全的信息，政府由立法加以控制。

2.1.3 罗彻斯特学派（Rochester School）

罗彻斯特学派的主要成员（W. H. Riker, P. C. Ordeshook, S. J. Brams, M. J. Hinich, P. H. Aranson, R. Mckelvey, M. Fiorina, J. A. Ferejohn, K. A. Shepsle, B. R. Weingast）大多在美国罗彻斯特大学（Rochester University）从事研究，其主要研究成果如下：

（1）政治活动是一个博弈过程，利益集团竞争是一个零和博弈，一方所得是另一方所失。利益矛盾冲突和利益矛盾的谈判是公共选择过程的主要组成部分。

（2）认为可以通过使用精确的统计方法建立数理政治科学（mathematical political science）。

(3) 罗彻斯特学派始终一贯地把实证的政治理论用来研究选举、政党策略、投票程序控制、政党联盟形成、代议机构和政府。

除以上理论外，印地安纳学派（Indiana School）也具有一定的代表性，它的领袖人物是一对学者夫妇（Vincent. Ostrom，Elinor. Ostrom）。这个学派研究的主题是居民与社会、政府的关系；强调文化和制度在形成居民民意（需要）、社会权力方面的作用。需要提及的是，很多学者的论述具有经典理论的价值。例如，约瑟夫·熊彼特的《资本主义、社会主义和经济制度的民主》对于公共选择理论意义重大。熊彼特提出了竞争的经济制度的民主理论。他否定了"建立在普选制基础上的政府必然维护公共利益"的传统说法，认为每一个政府官员的目标都是为了当选和再当选；在经济制度的民主制度下，政府官员通过选票竞争而获得决策权力。熊彼特的这些思想后来被唐斯等人发展了[①]。

2.1.4 国内研究

国内关于公共选择问题的研究开始于 20 世纪 80 年代末 90 年代初，初始阶段以介绍国外相关学术成果为主，经济学、政治学领域的很多学者对国外的公共选择理论进行了比较系统的研究，形成了部分理论著作和文献。但是，这些著作和文献大多为介绍性的，基本没有自己的深入研究。其中，比较典型的是中国人民大学的方福前博士写于 1994 年的博士毕业论文"公共选择理论研究"，作者对于国外理论的介绍是比较系统和准确的。自 20 世纪 90 年代中期至今，中国经济理论界对于公共选择问题的研究进入一个新的阶段——理论联系实际阶段，即应用公共选择理论有针对性地讨论中国经济问题，研究解决问题的思路和对策。在很多学者的努力下，形成了一批研究成果。

从和作者选题高度相关的角度进行归纳，国内关于公共选择问题的主要理论成果和研究结论如下：

---

① ［美］保罗·萨缪尔森，威廉·诺德豪斯：《经济学》（第16版），华夏出版社1999年版第1章观点。

（1）关于公共选择理论的政策价值。经过理论探讨，批判地借鉴和应用的观点在理论界占据主流地位。有代表性的观点认为：中国应该依据具体国情在经济制度和行政机制优化的过程中，批判地借鉴和参考公共选择理论中的有益理论[①]。

（2）应用公共选择理论研究命题的范围。公共决策优化。有代表性的观点认为公共选择理论有益于建立优化的非市场决策机制[②]。

政府失灵。有代表性的观点认为西方学者对政府失灵现象的表现、类型和根源进行了相当深刻的分析，并提出了纠正及防范政府失灵的某些行之有效的建议。这一理论对于中国在市场经济发展过程中，正确处理好政府与市场的关系，合理确定、发挥或转变好政府职能，完善宏观调控机制及手段，避免政府失灵，提高政府工作效率都具有启发意义。

政府机构改革和提高行政效率。有代表性的观点认为中国政府历次机构改革，均不能完全摆脱"精简——膨胀——再精简——再膨胀"的怪圈，政府机构及其人员的"经济人"行为倾向是机构改革"怪圈"产生的真正原因。

公共产品的市场化管理。有代表性的学者对公共选择理论的"公共物品供给的逆效率"所导致的政府失灵予以关注，主张借鉴各国"公共服务市场化"改革的有益经验。

政府寻租。有代表性的观点认为寻租导致公共政策的非公共化，利益集团和自利的公职人员以公共利益为代价谋求其特殊利益，使公共政策偏离公共利益最大化原则。

综上所述，对于经济政策的公共选择范式研究，公共选择理论的可借鉴之处主要在于：对公共物品民意表达的必要性研究、利益集团理论、公共品（或者产品）供应的寻租理论、政府失灵的研究、关于投票规则的探讨。

―――――――――――――

① 方福前：《公共选择理论——政治的经济学》，中国人民大学出版社 2000 年版第 1 章有关论述；中国社会科学院"中国社会发展研究"课题组："中国改革中期的制度创新与面临的挑战"，《社会学研究》1997 年第 1 期。

② 陈振明："论市场经济条件下我国公共决策的优化"，《厦门大学学报》（哲社版）1997 年第 4 期。

2.2 决策过程研究

关于决策程序、决策要素的理论研究,有助于深入探讨经济政策中决策程序的规范化问题。

1. 决策行为

决策概念的表述大致可以分为两种:一为狭义的表述,认为决策是选择方案的活动;二为广义的表述,认为决策是一个提出问题、研究问题、拟定方案、选择方案并实施方案的全过程,即决策是决策主体以问题为导向,对组织或居民未来行动的方向、目标、方法和原则作的判断和抉择。

一般认为,现代决策理论以冯诺曼—摩根斯坦的效用理论为开端。20世纪30、40年代,冯诺曼—摩根斯坦(J. Von Neumann & Morgenstern)、拉姆赛(F. P. Ramsey)等先后提出了效用值运算的定理,使期望效用理论再度兴起。

到目前为止,关于决策理论的研究大致遵循着从理性决策到行为决策、从个体决策到群体决策的发展过程。从另一个角度看,也可以认为决策理论走过了从狭义决策研究到广义决策研究的发展道路。决策理论的任务是研究尚未发生的行为抉择。因此,决策理论一开始就在理性层次上围绕着"理性抉择的准则是什么"和"未来环境将会出现何种状态"等两个基本问题展开了研究。

(1)决策行为理论。当许多学者集中注意力研究这些经典的决策理论的时候,另外一些学者则从管理行为、心理学等角度出发,对已有决策理论的假设、前提进行了反思,考察这些理论在人类决策行为中的真实性。西蒙在1947年出版的《管理行为》一书中,就对决策中的理性进行了精辟的分析,指出现实的人在决策时受知识的不完备性、预见的困难性、可能行为的范围等限制,不可能达到完全理性,从而提出了"有限理性"的基本假设,并首次提出了"管理决策心理学"。西蒙的工作具有划时代的意义,引发出行为决策理论的研究。在这方面爱德华兹和阿莱(M. Allais)也作了开创性的工作。西蒙还认为,组织决策的一个根本的特点是组织中决策前提的传递。在组织中,每一居民在作决策时还必须考虑到其他人的决策,即每一居民要想唯一地确定其行动的后果,必须知道别人将如何行动。

(2)决策支持技术。决策支持系统(DSS)是以管理科学、运筹学、控制论和行为科学为基础,以计算机技术、仿真技术和信息技术为手段,面对半结构化的决策问题,辅助支持中、高层决策者进行决策活动,具有智能作用的人机网络系统[①]。作者在第 4 章尝试在理论上建立面向社会保障政策决策支持系统的公共选择组织系统,就是借鉴了决策支持系统(DSS)的基本原理。

2. 决策过程

显然,决策过程的研究结论对于经济政策的决策管理具有普适性。

决策作为发现问题、研究问题并解决问题的过程,由决策者、决策目标、决策方案和决策环境等要素构成。

决策者。决策者也称为决策主体,是决策行为的发出者。决策者可以是个体,也可以是群体。决策者受社会、政治、经济、文化、科学等因素的影响,具有特定的知识结构和心理结构,决策者的知识、经验、判断力、人性、价值观等直接影响其决策的质量。对决策者的认识,目前有两种不同的假设,即"理性人"假设和"管理人"假设[②]。

决策目标。决策目标是决策者的期望,在多数情况下用方案的损益函数来表示,即

$$V = (v_{ij}) \quad i = 1, 2, \cdots, n; j = 1, 2, \cdots, m \quad (2-1)$$

式中 $v_{ij} = g(C_{ij})$;

C_{ij} ——方案 i 在状态 j 下的损益值。

决策目标的合理性直接影响决策结果的合理性。确定决策目标时要坚

[①] 钱仲威:《管理决策》,重庆大学出版社 2002 年版,第 1 章观点。
[②] 卫民堂等:《决策理论与技术》,西安交通大学出版社 2000 年版,第 1 章有关分析。

持三个基本原则：第一，利益兼顾原则。决策目标应是国家利益、集体利益和个人利益的有机统一，个人利益服从国家和集体利益，在实现组织目标的同时使个人的正当需求得到满足。第二，目标量化原则。决策目标尽可能量化，具有可以计算其成果、规定其时间、确定其责任者的特点，便于度量、评价和考核。第三，结果满意原则。实际决策不可能总是最优的，难以用最少的资源和最快的速度获得最大的经济效益，而只能做到以有限的资源和一定的速度获得最大的经济效益，或者以最少的资源和最快的速度获得预期的经济效益。同时，任何一种决策方案的实施效果都不可能使各个方面均达到最优。因此，决策结果只能以满意为原则。

决策方案。决策方案也称为行动方案，是达到目的的手段，是选择的对象。行动方案的制定是整个决策中极为重要的一个阶段，特别是在人力、财力、物力花费巨大的决策项目中更为重要。决策中的行动方案是一个由若干个可替代的可行方案的集合，称为方案集合。

决策环境。决策环境指各种方案可能面临的自然状态或背景，即不以居民的意志为转移的客观条件，如天气状况、市场需求、政策影响等。一般用 Q 表示自然状态的集合，q_{ij} 表示第 j 个可能的自然状态。

决策过程。决策是一个不断发现问题并不断解决问题的过程，西蒙把决策过程分为情报活动、设计活动、抉择活动和实施活动等 4 个阶段[①]。

决策科学可借鉴之处。科学的经济政策决策的标准何在？决策科学给了作者诸多有益的理论启示。决策的实质是判断和抉择，既包括对决策目标的判断和抉择，也包括对决策方案的判断和抉择。无论哪种判断和抉择，都有一个标准问题。决策的标准无外乎两种：其一，是非标准，即"对不对"，如"目标对不对"、"方案对不对"；其二，优劣标准，即"好不好"，如"目标好不好"、"方案好不好"。决策的两种标准之间存在一定的关系，很显然，优的一定是对的，但对的不一定是优的。

归纳起来，评价经济政策决策活动的标准包含以下原则：目标合理；方案可行；成本最小；负效用最小。

---

① 王众托："元决策：概念与方法"，《大连理工大学学报》（社会科学版），1999 年第 2 期。

2.3 公共选择研究

2.3.1 国外研究

国外关于公共选择问题的主要研究结论如下：

(1) 民意表达不充分的普遍性。不论是发达国家还是发展中国家，政策供给的逆效率（不公平），政府不考虑主体民意，未能充分实现政策促进社会稳定的功能是一个普遍的现象。

(2) 政策公共选择的民意（意愿）表达。民意的表达过程受到多种因素的制约，政策的通过要求获得过半数十分困难。一般情况下，简单多数可以获得主体（如选民、投票者）的认同。公共选择（如投票过程）本质上是一个政策需求的表达过程，能够表达有效的结果。

在公共选择（如投票过程）中，民意强烈的主体如果是少数派，则他们会和其他派别结成联盟。在结成联盟中，形成各种政策选择的政治市场的交易。

存在居民（或者纳税人、投票者）具有希望建立私人经营性质的福利管理体制的民意，认为这种体制对增进自身福利更加有利和具有更高效率。但是，事实上这种体制并不符合帕累托效率，即不能保证整个社会都受益。

(3) 政策引致的不公平。部分发展中国家税负过重，直接导致居民、企业对经济政策及其供给主体——政府的不满。部分发展中国家税负过重，直接抑制了企业的投资，也使经济政策的执行率降低。

(4) 政府供给经济政策的方式。政府提供经济政策时是强制的还是考虑了居民、企业、利益集团等的民意，对于经济政策的效率和公平性影响很大。

(5) 政府偏好和政府行为特征。在经济政策公共选择中，政府具有明显的机会主义倾向，并不以居民、企业、利益集团等主体的福利最大化作为自己的经济政策供应的目标函数。围绕公共预算的政策，政府同居民、企业、利益集团等主体的民意不同，会直接导致政治冲突。

（6）应用交易费用理论解释经济政策公共选择问题的争议。传统的经济政策公共选择的制度安排，主要为封闭的权威结构类型，即政府提供经济政策时是强制的，不考虑（或者不充分考虑）居民、企业、利益集团等的民意。

在运用交易成本经济学理论解释经济政策公共选择问题时存在两种对立的观点：认为封闭的权威结构是合理的契约安排；反对封闭的权威结构。显然，可以借鉴交易成本经济学学者（Coase, Alchian, Demsetz, Williamson, Ross, Grossman, Hart, Holmstrom, Tirole）的理论，从"权威"能节约交易成本并产生效率来解释经济政策公共选择的封闭权威结构。而委托代理理论则会予以批判，因为政府、居民、企业等主体掌握的信息是不对称的，这时存在"道德风险"和"逆向选择"问题。委托人（中央政府、代议机构等）无法观察到代理人（经济政策执行机构、地方政府等）的所有行为，这就便利代理人在契约达成后可能采取一些损害委托人利益的行动。从委托代理理论不难发现，要解决政府、居民、企业等主体之间的委托代理问题，需要建立激励与约束机制。

2.3.2 国内研究

新中国成立后，中国建立了计划经济体制下的以行政命令为主的政策运行机制，在向社会主义市场经济体制转型以后，又形成了与之相匹配的政策调控机制。但是，由于理论上"左"的错误，以及认为经济政策已包含在社会主义制度之中，因而经济政策及其公共选择问题的研究一度被忽视，专门论述经济政策公共选择问题的论著很少。

20世纪90年代初以来，国内学者对公共选择的很多问题进行了研究：

政策的供求非均衡。有代表性的学者指出，现阶段存在企业税负和地区税负的不统一；居民（个人）政策权益不平等；不应单纯强调个人责任[①]。必须指出，这种政策的不均质（不平等）只是政策的供给与需求非

---

① 郑功成：《全球化下的劳工与社会保障》，中国劳动社会保障出版社2002年版有关分析。

均衡的最终结果。

政府尊重主体民意（意愿）的必要性。有代表性的学者指出，政策知情权是现代社会公民权重要的实现机制，也是公民权的基本内容之一（表2-1、表2-2）。

表2-1　　　　　　　　部分国外研究观点

序号	研究时间（年份）	研究对象和研究问题	主要研究成果或结论
1	1948	集体决策原理	集体（组织）本身不具有民意（选择）也不行动。社会选择是居民民意（选择）的综合结果（Duncan Black）
2	1958	选举理论	选举是不同社会主体民意的表达过程（Duncan Black）
3	1962	宪法政治经济学（constitutional political economics）	提出并论证了经济学和政治决策理论的契约和宪法基础（Buchanan. James M Tullock. Gordon.）
4	1962	纯粹经济交易 政治决策	将纯粹经济交易的成本收益概念应用于政治决策领域；提出的公共选择理论弥补了传统经济理论缺乏独立的政治决策分析的缺陷（Buchanan. James M）
5	1962	政府失灵	政府失灵是普遍的，政府不会自然地具备效率（Buchanan. James M）
6	1968	利益集团与民意表达	利益集团竞争是零和博弈。利益矛盾冲突和谈判是公共选择过程的主要组成（Riker, W. H. Ordeshook, P. C.）
7	1971	政府功能 有限理性人	政府为政府中的"理性人"所利用，政府并非纯粹为公众福利服务（Stigler, G. J.）
8	1971	利益集团	政治市场上发挥决定性作用的是利益集团；居民只是被动地接受（购买）产品（政策）（Stigler, G. J.）

续表

序号	研究时间（年份）	研究对象和研究问题	主要研究成果或结论
9	1976 1991	政治市场	政治市场可以实现出清，也可以实现帕累托最优状态（B. Kennelly and P. Morrell）
10	1978	政治市场	反对把私人物品市场理论直接应用于政治市场（Buchanan. James M）
11	1986	主体（居民）行为	居民具有完全的信息，政府由立法加以控制（W. E. Landes Robert Barro）
12	1990	政府偏好	政府具有明显的机会主义倾向，并不以居民、企业、利益集团等主体的福利最大化作为自己的社会保障品供应的目标函数（Irene. S. Rubin.）
13	1993	民意（意愿）表达问题	民意强烈的主体如果是少数派则会和其他派别结成联盟。在结成联盟中，形成各种政策选择的政治市场交易（Joe. B. Stevens.）
14	1994 1998	主体行为	居民自我利益与公有社会文化之间、政府强制与自愿合作之间的协调（Vincent. Ostrom and Elinor. Ostrom）
15	1994	主体民意表达	政府不考虑主体民意，未充分实现政策促进社会和谐的功能是一个普遍现象（Barnet. J and John. Cavanagh）

表 2-2　　　　　　部分国内研究观点

序号	研究者	研究时间（年）	研究对象和研究问题	主要研究成果或结论
1	郑功成	1998	政策的不统一和不平等	现阶段对于上缴社会保障费用，存在企业负担和地区负担的不统一；居民（个人）社会保障权益不平等；不应单纯强调个人责任

续表

序号	研究者	研究时间（年）	研究对象和研究问题	主要研究成果或结论
2	蔡亮	1998	利益集团	利益集团（行业管理部门、地方政府）对社会保障品（政策）有着重要影响，利益集团之间、中央政府与利益集团之间存在博弈关系
3	周小川	1998	税费对主体（如企业）的影响	在推行社会保障税（费）后，要使企业的成本真实化，要考虑社会保障税（费）对宏观经济形势的影响
4	徐滇庆	1998	政策对主体（如企业）的影响	征税应获得企业、居民的支持
5	陈振明	1998	政府失灵	西方政府失灵理论对于中国正确处理政府与市场关系、转变好政府职能、完善宏观调控机制、提高政府效率具有参考价值
6	王树盛 朱理京	1998	主体民意	政策要充分重视不同社会群体的民意
7	蓝志勇①	1999	政府权责	应当明确中央政府、地方政府的权责，规范政策的行政管理机制
8	冯蓝瑞	1998	利益集团	利益集团（如部门管理机构）对社会保障政策影响巨大；要建立具有分散性和竞争性的基金管理机制，削弱利益集团的影响
9	成思危	2000	主体的权益	社会保障体系应当覆盖全体居民（公民），保障居民的社会保障权
10	和春雷	2001	主体民意（意愿）	政府有尊重主体民意（意愿）的必要性
11	叶海涛	2001	政府规模	政府机构及其人员的"经济人"行为倾向是机构改革"怪圈"产生的真正原因

① 蓝志勇为美国托雷多大学学者，因为此处列举的其研究成果主要针对中国问题，所以列入此表格。

续表

序号	研究者	研究时间（年）	研究对象和研究问题	主要研究成果或结论
12	吴群芳 郭剑鸣	2002	公共产品的市场化管理	"公共物品供给的逆效率"导致政府失灵，主张借鉴各国"公共服务市场化"改革的有益经验
13	陈国权	2003	政府寻租	寻租导致公共政策的非公共化，利益集团和自利的公职人员以公共利益为代价谋求其特殊利益，使公共政策偏离公共利益最大化原则
14	王延中	2002	主体民意	尊重农村人口的政策权益和愿望，建立和完善农村社会救助制度体系

政府权责。有代表性的观点认为，应当明确中央政府、地方政府在政策方面的权责，规范政策的行政管理机制。

政府对政策机构的监督。有代表性的观点认为，政府、居民、企业等主体都应该参与这种监督过程和这类监督组织，这种监督过程应当实现公开化。

制度优化的政治环境。一般认为，中国制度优化的政治环境处于非优化状态，政府、企业、利益集团等存在较大社会压力。

政府、居民、企业等主体的行为特征和相互关系。代表性的观点认为政府、居民、企业等主体因为目标函数不同，存在博弈关系。

2.4 政府管制研究

1. 政府管制存在原因

政府管制①（government regulation 或 regulatory constraint）是指在市场

---

① "规制"一词，来源于英文日译。英语原文为"regulation"，其含义是指按一定的规则、方法或确立的模式进行调整，依一定的规则或限制进行指导，或受管理性原则或法律、法规的管辖。在一些相关的中文著作中，它也被译作"管制"。笔者认为"规制"更能体现原文的本义和这种政策的实质。

经济体制下,以矫正和改善市场机制内在的问题为目的,政府干预和干涉经济主体(特别是企业)活动的行为。也就是说,政府管制政策其实包括了市场经济条件下几乎所有的政府旨在克服广义市场失败现象的法律制度及以法律为基础的对微观经济活动进行某种干预、限制或约束的行为。政府管制的目的是为了维护正常的市场经济秩序,提高资源配置效率,增进社会福利水平。①

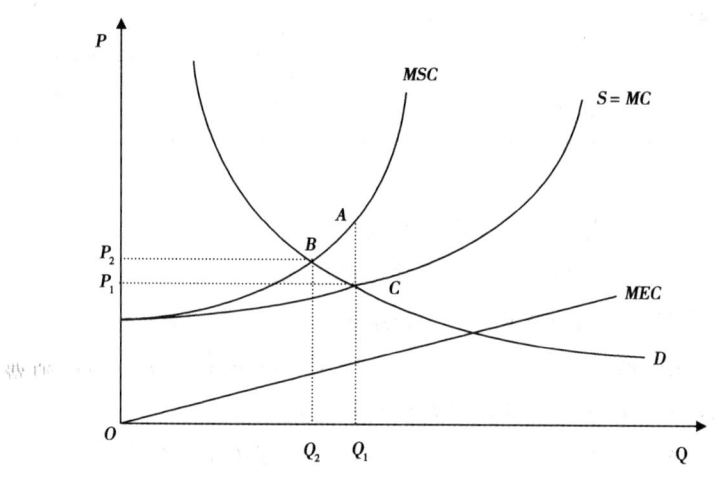

图 2-2 外部不经济

(1) 外部不经济(external diseconomy)。如图 2-2 所示,在某产业发生排污行为的条件下,MSC 为产业的边际社会成本,MC 为产业的边际成本,MEC 为环境污染所造成的边际外在成本,MSC = MC + MEC,D 为产业需求曲线。如果没有任何管制措施,那么产业的均衡产量为 Q_1,均衡价格为 P_1 = MC。但问题是,对于社会来说有效产出应当为 Q_2,因为在 Q_2 处 MSC 与边际收益(由需求曲线 D 衡量)相等。对于每一单位 Q_2 以上的产出,社会成本 = 边际社会成本 - 边际收益。这样,该产业实际的社会成本为图 2-2 中 ABC 的面积。因此,为了避免社会利益受损,至少需要由排污者支付这一部分成本,即设法将由社会承担的成本转换为排污者

---

① [日] 金哲良雄:《经济法》(新版),有斐阁 1980 年版,第 2—6 页。鉴于本书主要内容大多和社会性规制有关,因此,这里主要分析的是社会性规制存在的原因。

的个人成本,即使在不改变排污行为(即 MEC 和 MSC 曲线不变)的条件下,也须使产业均衡产量和均衡价格分别调整至 Q_2 和 $P_2$①。

社会性管制中旨在保护环境的措施主要是以此为理论依据的。其中较为常见的做法包括排污收费制度、限制排放量、规定排污标准以及禁止排放某些废弃物质等。

(2)公共物品的有效供给。相对于私人物品而言,公共物品有两个根本特点:①非竞争性,即某个商品在给定的生产水平下,提供额外商品的边际成本为零;②非排他性,即任何人在消费某个商品的同时并不能排除他人消费同样的商品,如果由私人提供,则必然会产生所谓的搭便车(free – rider)问题。

基于上述两个特点,公共物品的供给面临着一系列必须解决的问题:①由于交易费用高昂,私人企业不存在提供公共物品的动机,如交通运输部门中的某些产业;②许多公共物品的价格弹性极小(甚至为零),而其消费者所获得的效用又很大。如果由私人部门经营的交易费用高昂,或者由消费者自行购置的成本过高,那就会造成社会资源的不必要的浪费,如消防、治安和一些自然灾害的防治等。因此在这种情况下,只能由政府承担提供这些物品的职责。

(3)一些公共物品的提供实际上很难确定具体的受益者,但如果不提供的话又必然会导致社会福利的损失,如历史文物和某些自然资源保护等。在市场失灵的情况下,公共物品的有效供给只能由政府承担,而对有关行为的管制本身就是公共物品交易过程中不可缺少的重要措施。

(4)非价值物品的有效供给。在竞争性市场机制下,资源的配置是有效率的。但在现实的市场中,由于某些普遍接受的社会伦理道德规范的作用,往往出现用某些实体的选择取代个人选择的情况。如毒品和核武器,在竞争性市场机制下也可实现资源配置的效率,但这却并非为社会所希望。相反,社会希望在一定程度上或者是全面限制和禁止此类物品的生产和销售。我们通常将此类物品称为"非价值物品"或"功德物品",可

---

① 夏大慰等:《政府规制:理论、经验与中国的改革》,经济科学出版社 2003 年版,第 1 章。

以列入此类物品范围的还有安全预防物品（如汽车安全带、建筑抗震技术）、强制性义务教育和强制性保险计划等。与毒品不同的是，这些功德物品是社会广泛提倡和支持的，但它们都能够严重限制个人的民意。支持功德需要的理由，除了考虑到了人们可能不具有决策所需的有关重要信息，或者其决策过程没有遵守正常的理性标准外，还有外部性或公共物品的某些考虑，如降低无意伤害和节约公共开支等。

（5）信息不对称（asymmetric information）①。这里讲的信息不对称是指市场交易一方比另一方拥有更多信息的状态，它对市场的运行有很大影响。对于那些虽然具有竞争性的市场结构，但消费者在自由选择问题上还不能保证得到充分信息的产业，由于信息不对称极易导致消费者利益的损失，因此有必要由政府对这些产业中的企业行为实施管制。

（6）自然垄断（natural monopoly）。自然垄断是指资源稀缺性、规模经济性、范围经济性、成本的劣加性（subadditivity）等会导致提供单一物品和服务的一家企业或者多家企业进行联合形成垄断和寡头垄断的概率很高②。一般认为，自然垄断的存在会导致社会福利的损失。

2. 利益集团行为与管制俘获理论

管制俘获理论认为，政府管制是为了满足利益集团对管制的需要而产生的，即所谓立法者被利益集团所俘获；而管制当局最终会被利益集团所控制，即所谓执法者被利益集团所俘获。这一理论认为，一个利益集团（或另一个由意见相同的人构成的集团）在何时、因何故能够操纵国家以实现它的目的，或反过来被国家控制，实现不同的目标。佩尔兹曼从对最优管制模型的分析入手，揭示了不同利益集团对政府管制的民意及政府管制的决定因素。

假设政府的行为受他们维持目前职位的欲望驱动，因此政府的效用应当是使其政治支持最大化。如图2-3所示，令 $M(P, \pi)$ 为政治支持函

---

① 这也是经济性规制存在的原因。
② [日]植草益：《讲座：公共规制与产业电力（1）》，NTT出版株式会社1994年版，第1章。

数，P 为管制价格，π 为利益集团利润，$\pi(P)$ 是利润函数。$M(P, \pi)$ 分别是价格 P 和利润 π 的递减函数和递增函数，因为价格上升将导致居民的政治反对，而利润上升将增加利益集团的政治支持。M 表示价格和利润的组合产生的政治支持水平的无差异曲线，该无差异曲线的斜率为正，说明在同一政治支持水平价格较高时利润也较高。假设利润不变，则政府提高价格时无差异曲线将向右移动，此时居民提高他们对政府的政治反对，因此 $M_3 > M_2 > M_1$。P^* 为在利润函数约束下政府的最优管制价格，P^* 在竞争性价格 P_c 与垄断价格 P_m 之间①。

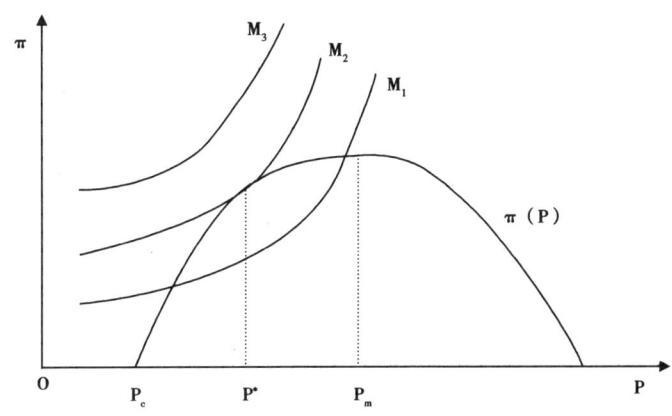

图 2-3 佩尔兹曼的最优管制政策模型

佩尔兹曼模型对于理解经济政策中利益集团的影响以及政府和利益集团之间的关系，具有重要的参考价值。

3. 社会性管制的范围

植草益认为，按社会性管制的法律及其目的，社会性管制内容包括：确保健康、卫生；确保安全；防止公害、保护环境；确保教育、文化、福利。其中，涉及经济政策的社会性管制主要包括：就业促进法、教育、文化、福利、提高福利服务的社会福利事业法；劳动基本法、劳动基准法等②。

---

① 夏大慰:《政府规制：理论、经验与中国改革》，经济科学出版社 2003 年版，第 1 章。
② [日] 植草益:《微观规制经济学》（中译本），中国发展出版社 1992 年版。

2.5 其他研究

2.5.1 政府行为

近年来，政府经济学研究不断扩展，取得了阶段性成果。

1. 经济主体关系

葛寿昌等人认为政府经济学是从经济学的角度研究政府经济问题，研究政府经济关系的本质及其运动规律的科学。政府经济学要揭示政府与经济发展之间的内在联系，揭示国家、用人单位和个人之间、社会成员之间在政府管理过程中所发生的经济关系的本质。通过上述的研究，发现和揭示政府经济关系的运动规律。

在一定的社会制度下政府体现了一定的社会经济关系。经济主体关系是整个社会经济关系中的一个重要组成部分。经济主体关系是一种特殊的社会关系和经济关系。经济政策体现的社会关系是社会学重点研究的对象。政府经济学所要研究的是政府行为经常出现的经济现象和体现的经济关系，即政府经济关系，需要筹集大量的资金才能实现经济政策。因此，经济政策首先是提供了一种政策性的经济保障。实施经济政策的资金也是政府经济学研究的范畴。政府经济关系，其实质就是政策（含经济政策）形成、实施、产生效用所发生的关系[①]。

需要指出的是，政府经济学所讲的政府经济关系显然涵盖了经济政策公共选择关系，或者说，经济政策公共选择关系的研究包含于政府经济关系。只有这样认识经济政策公共选择过程，才能把握其概念的实质。

---

① 葛寿昌：《社会保障经济学》，上海财经大学出版社1999年版。

2. 政府行为

（1）政府经济学是政府行为研究趋向体系化的结果。政府经济学作为一门独立的学科，是在20世纪中后期才逐渐发展起来的经济学分支学科。政府经济学强调现代经济是市场经济、市场机制在许多领域决定价格和产量，而政府却通过税收、支出方案和规章制度来调节市场、市场和政府这两个部分是必不可少的。

理查德·马斯格雷夫于1959年发表的《公共财政理论》一书，已经论及了政府经济学的许多主要问题，它是政府经济学研究史上的一个重要里程碑。1959年，美国经济学家马斯格雷夫出版了《财政学原理：公共经济研究》。该书首次引入了"公共经济"这一概念。全球化和国际化要求人们从更广的范围、更深的层次去研究政府的政治与经济活动。目前，已翻译成中文的政府经济学著作，有美国经济学家约瑟夫·斯蒂格利茨的《政府经济学》和他同英国经济学家安东尼·B.阿特金森合著的《公共经济学》等，国内也加强了对该学科的研究[①]。

（2）对政府行为目的和方式的认识。政策市场不仅是引起市场机制发生失灵的一个重要原因，而且在市场经济条件下，政府所涉及的许多问题，都与经济政策有关，政府的资源配置职能经常性地体现在经济政策的供应上。对经济政策的研究，构成了政府经济学、公共经济学等的重要内容。

可以把社会经济体系分为公共部门（public sector）和私人部门（private sector）两大类，也就是政府部门和私人部门两个部分。公共部门主要提供公共产品，如国防、治安、教育、公共卫生保健等。政府也介入一些准公共产品的提供。私人部门是指除政府以外的企业、机构和居民，可简要地划分为企业和居民两类。它们主要生产和提供非公共产品，以及部分准公共产品。

公共部门的行为准则是弥补市场缺陷或解决市场失灵问题。公共部门

---

① ［英］彼德·M.杰克逊著，郭庆旺等译：《公共部门经济学前沿问题》，中国税务出版社2000年版第1章。

不以盈利为目的,但也不排除公共部门在提供公共产品时,要赚取一定的利润。私人部门的行为准则,对企业来讲是利润的最大化,对居民来讲是效用的最大化。但是应该承认,私人部门的行为在追求利润最大化和效用最大化的同时,会产生相当大的社会福利效果。

在中国经济中,这两个部门的划分更为复杂。因为中国有许多的国有企业,并且大部分在从事非公共产品和服务的生产和提供。如果按第一个标准划分,则没有考虑到公共部门应该在哪些领域中进行活动以及应当怎样发挥作用。改革的目标就是让那些生产非公共产品的国有企业能够按照市场经济规则行事,能够和私人部门的企业进行平等的竞争。因此,按第二种标准来对中国的公共部门和私人部门进行划分是必要的。

虽然政府与企业、居民一起共同参与国民经济,但是其行为方式和目的却是不同的。一般认为,作为私人部门的企业和居民是以收益最大化作为前提和目标的。政府则不同,它的经济活动一方面不能忽视收益与成本,另一方面又不能以盈利为目的,而必须以维护社会公正和公平为前提和目标。政府是以自己的方式与企业、居民一起参与国民经济活动的[①]。

(3) 政府的地位和职能。一般分析,在经济运行中,公共部门和私人部门是相互依存的,即政府、企业和居民之间存在着相互作用与联系。

政府财政部门在经济体系中与各市场主体之间的关系。其中,家庭通过劳动力市场出售劳动力后获取工资,这时要向政府纳税,然后,其收入或是在商品市场作了消费,或是通过储蓄进入资本市场。企业在商品市场上销售产品,获得收入后要向政府纳税,之后的部分用作购买生产要素,同时在资本市场上进行投资运作。公共部门的收入来自税收和国内外借款。政府作为购买者与私人部门一样出现在各种市场上。在商品市场上,政府消费时就要支出费用。政府还在国内外资本市场上进行金融活动。由此可见,在市场经济体制中,公共部门和私人部门是相互作用的不可缺少的有机组成部分。

政府与居民的关系是,政府向居民收税,并为他们提供公共产品以及进行福利和补贴等转移支出;它与企业的关系是,向企业收取税收或其他

---

① 鲁照旺:《政府经济学》,河南人民出版社 2002 年版。

费用，并为其提供各种服务。

对政府的经济职能的研究。政府的主要职能是向社会提供那些市场本身所不能提供的公共产品。政府进行收入再分配，一方面运用累进税把高收入阶层的部分收入集中起来，通过文教卫生和社会保障等支出方式补助给低收入阶层。另一方面，政府还通过财政转移支付制度对地区间的收入不均等情况进行调节①。

值得注意的一个问题是各项政府职能的权衡。实践表明，要同时履行上述多种功能是存在实际困难的。一个职能的实现往往会牺牲另一个职能，资源配置和收入分配、资源配置和经济稳定、收入分配（含社会保障分配）和经济稳定之间，都存在着客观执行结果的冲突。如何权衡利弊，充分地履行职能，统筹考虑各个职能目标的相互作用，是政府开展经济活动、制定经济政策时需要注意的重要问题。

2.5.2 交易费用

新制度经济学是指以产权和制度为主要研究对象的当代西方经济学流派，也有的称其为是以经济学方法研究制度问题的经济学流派。随着交易费用理论的兴起，"交易"已经成为经济分析的基本单位。

1. 交易费用一般

新制度经济学将风险因素、信息因素、垄断因素和政府管制囊括起来考虑并扩大为交易费用概念，此概念现在扩展到包括度量界定和保证产权的费用、发现交易对象和交易价格的费用、讨价还价订立交易合同的费用、执行交易与监督违约行为及维护交易秩序的费用等，即制度运行费用的总和。新制度经济学从现实的人和现实的组织出发，把现实世界中远不为零的交易费用与转换费用一块计入，纳入经济分析体系。科斯对交易费用概念的贡献具有基础性意义，它架起了制度、交易成本与新古典理论间至关重要的联系。

---

① 周镇宏、何翔舟：《政府成本论》，人民出版社2001年版有关分析。

2. 制度变迁

新制度经济学认为，民意、资源、技术与制度等的配置是一个联动的体系，制度变迁意在实现更高的制度效率，表现为对制度均衡的动态寻找。初始制度既限定了当期资源、技术与民意等，又使制度变迁产生某种依赖性。对制度创新的民意要受到意识形态、社会知识结构等因素制约，在供给制度创新时着重考虑的是本身效用目标函数的增值。

制度供需及均衡。新制度经济学家认为，经典供需分析可拓展到制度分析领域。制度需求受制于产品和要素的宪法秩序、技术和市场规模等，制度供给受制于现有知识积累、制度实施成本、制度存量和宪法秩序及意识形态等因素。制度供需两相适应，趋向于制度均衡状态，但此种情况是一种理想状态，现实的制度常在非均衡状态下运行，制度变迁的诱因也正在于此。

3. 事后费用与内部治理结构

新制度经济学不仅对"交易"重新界定，还将交易费用分为事前交易费用和事后交易费用两个部分。事前的交易费用包括协议的起草、谈判的费用和保障协议方式执行所需要的费用。事后的交易费用包括四种形式：当交易偏离了"契约"时引起的错误应变费用、当事人想退出某种契约所付出的费用；当交易双方都做出努力来校正事后的错误序列时所引起的争吵费用、交易者发现事先确定的价格有误进而需改变价格所付出的费用；纠正行为需要诉诸某种管制结构时，这种管制结构的建立和运转的费用、交易当事人求助于政府解决他们的冲突所花费的费用；为了使承诺完全兑现而引起的约束费用，为保证交易关系的长期性和稳定性所付出的费用。对于交易成本产生的直接原因，新制度经济学将其分为客观的交易因素和主观的人的因素。前者主要指市场环境中的不确定性，后者指人的有限理性和投机心理，根本原因则在于产权制度规定不严格[①]。

---

① 刘元春：《交易费用分析框架的政治经济学批判》，经济科学出版社 2001 年版。

4. 这一理论的启示

交易费用理论提供了一个全新角度，在分析经济政策中的利益集团的行为方面具有很强的解释力。新制度经济学的"结构——行为——绩效"范式强调结构决定效率。而新制度经济学从交易成本的角度出发，则更注意效率分析。交易成本实际上就是把制度因素（包括社会和政治规则及其相应结构）作为一种内生变量。它显然意味着，所有权的分配、经济组织结构乃至社会政治制度结构都应被理解为经济增长的关键因素。

受这一理论的启示，作者在第 4 章基于交易费用的概念，提出了经济政策公共选择过程的成本、收益的概念，对经济政策公共选择过程效率进行了实证化分析。

2.5.3 社会福利标准

福利经济学（Welfare Economics）关于社会福利标准的理论对于经济政策公共选择过程效率的研究具有借鉴意义。

1. 帕累托法则——社会福利改进的标准

帕累托最优是社会福利最大化的必要条件。随着帕累托改进的提高，当全体社会成员都无法在不损害任何个别的社会成员的福利条件下得到改善时，这时的社会状态就是所谓的帕累托最优状态，又叫帕累托效率。帕累托最优或说帕累托效率是一种资源配置的最优条件，它和资源生产利用效率以及莱本斯坦的 X—效率无关。资源配置是以资源的既定生产效率为假设前提，追求最优配置。而所谓最优正是帕累托给出的各自都实现了各自的福利最大化[①]。

2. 其他社会福利评价标准

帕累托标准是一种广为接受的条件较弱（较优秀）的社会福利标准，

---

① 余永定、张宇燕、郑秉文主编：《西方经济学》，经济科学出版社 1997 年版。

但是对于这样的社会经济状况变动依帕累托标准无法评价：即如果一个经济中有的人状况改善，有的人状况变差，而这种状况在社会政策的后果分析中是很普遍的。这就需要其他社会福利评价标准。

（1）"卡尔多—希克斯"标准——补偿检验法则。卡尔多提出这样一种检验社会状况变动中有人变好，有人变坏的标准：假设受益者在充分补偿损失者后，其状况仍能有所改善，则这就是社会福利的改进。英国学者希克斯支持这一标准，并进一步提出一个类似标准：如果受损者不能从贿赂受益者以反对社会状况变化中获利，则这就是一种社会福利的改进[①]。希克斯还主张另一种"长期自然的补偿原则"：即从长期来看，如果政府的一项政策能够提高全社会的生产效率，尽管在短期内某些人会受损，但经过较长时间以后，所有人的情况都会由于社会生产率的提高而自然而然地获得补偿。

（2）西托夫斯基的补偿检验标准。西托夫斯基认为，只有卡尔多标准和希克斯标准同时满足，才算是社会福利的改进。也就是说，当有的人受益，有的人受损，且受益者的程度足以补偿受损的程度（卡尔多标准）；受损者不能从贿赂受益者以反对社会状况变化中获利（希克斯标准）。

（3）李特尔标准。社会福利最大化，除要求资源配置效率最优以外，还得考虑社会福利函数的形状，也就是关于收入分配状况的主观民意。李特尔认为，只有资源配置效率最优，且收入分配合理的点才算是社会福利的最大。前者是判断社会福利是否最优的必要条件，后者是判断社会福利是否最优的充分条件。李特尔的社会福利改变状况的价值判断标准是当代福利经济学的最新研究理论，可用于评判收入再分配政策[②]。

作者在第 4 章对于经济政策公共选择过程效率的分析，借鉴了上述的帕累托标准等理论原理。

---

① 黄有光：《福利经济学》，中国友谊出版公司 1991 年版。
② 郭伟和：《福利经济学》，经济管理出版社 2001 年版。

2.6 本章小结

本章对于与研究相关的学说或学科在国内外的状况和研究进展进行了综合述评。

公共选择理论的一般原理对于经济政策公共选择（包括经济政策领域的不同民意表达、政治市场、利益集团行为、寻租、创租等）具有普适性。公共选择理论一般与经济政策公共选择的主要差异在于研究对象（研究领域）的不同。中国应该依据具体国情在经济制度和行政机制优化的过程中，批判地借鉴和参考公共选择理论中的有益理论。国内外关于经济政策公共选择过程的研究在总体上是零散的，一般陷于具体问题的探讨，尚未上升到范式研究的高度。

通过政府管制的完善，不断优化中国经济政策公共选择过程是作者的一个重要论点。因此，作者对政府管制概念的界定、政府管制存在原因（如外部不经济、公共物品的有效供给、非价值物品的有效供给、信息不对称、自然垄断等）、社会性管制范围、利益集团行为和管制的俘获理论进行了介绍，目的是为第7章和第8章对于政府管制理论在经济政策公共选择过程的应用做好理论铺垫。

经济政策的形成过程是一个决策过程，决策科学关于决策要素（如决策目标、决策方案、决策环境）、决策过程（如情报活动、设计活动、抉择活动、实施活动等）的研究对作者具有很大的借鉴作用。

此外，政府经济学关于经济运行中政府位置和政府经济职能的研究、福利经济学关于社会福利标准（如帕累托法则、"卡尔多—希克斯"标准、西托夫斯基的补偿检验标准、李特尔标准等）的研究、关于经济政策涉及的多种经济社会关系的研究等也对作者提供了有益的理论借鉴。

第3章
政策市场均衡和公共选择

【本章导语】

在我们的生活中,存在产品市场,也存在政策市场。

经济政策和其他政策一样,是一种由政府提供的产品,也是居民和企业应当享有的一项权利。在政策市场上,政府、居民、企业等主体虽然有时会作出部分利他的行为,但是他们在本质上是机会主义者。他们围绕政策进行讨价还价,说谎,有时不惜牺牲对方的利益。这就是我们真实的生活。这也是以下理论分析的逻辑基础。

经济政策公共选择过程始终基于政策市场。经济政策公共选择过程从属于政策市场的总体运行过程。一方面，政策市场的供求结构和市场效率从根本上决定了经济政策公共选择过程的内容和特征[1]；另一方面，经济政策公共选择过程的"本质特征"又产生反作用，影响着政策市场的供求结构和市场效率。一般而言，相对于封闭而逆效率的经济政策公共选择过程，公开的经济政策公共选择更加有利于政策市场效率的提高。

3.1 政策市场均衡

3.1.1 政策市场的概念

1. 政策市场

在经济学中，根据物品（或者产品，以下简称物品）在消费或使用上所呈现的不同特征将产品分为两类：一类是私人物品，另一类是公共物品。私人物品具有两个特点：竞争性和排他性。市场价格机制只对具备上述两个特点的私人物品的供求发挥调节作用，对社会经济资源实行优化配置。不能满足消费上的竞争性和排他性特点的产品是公共物品。不能完全排除消费上的竞争性和排他性特点的产品是准公共物品。

作者所指的经济政策（以下简称政策）是指广义政府[2]为居民、企业等主体提供的有关经济的政策、法律、法规以及相关行政措施的总和。居

---

[1] 这是第4章将政策市场要素纳入宏观经济政策公共选择要素系统的主要原因。
[2] 广义政府指中央政府、地方政府、行业管理部门及其官员的总和。

民、企业等主体与政府（政策供给者）围绕政策的需求与供给所发生交换行为的场所和领域的总和，构成政策市场（或者称政策市场、政策品市场）。一般地讲，政策市场必须具备3个要素：(1) 市场主体（或者主体）；(2) 政策及其价格（政策价格一般包括经济政策制定、执行、监督过程中所发生的会议、人员、事务、时间等费用的总和）；(3) 经济政策供给与需求。

政策（或者政策产品）涵盖了公共产品和准公共产品。

2. 私人物品的局部均衡分析

私人物品市场的分析前提是假设居民的民意、收入和物品的价格是既定的。对私人物品的分析用图3-1表示。

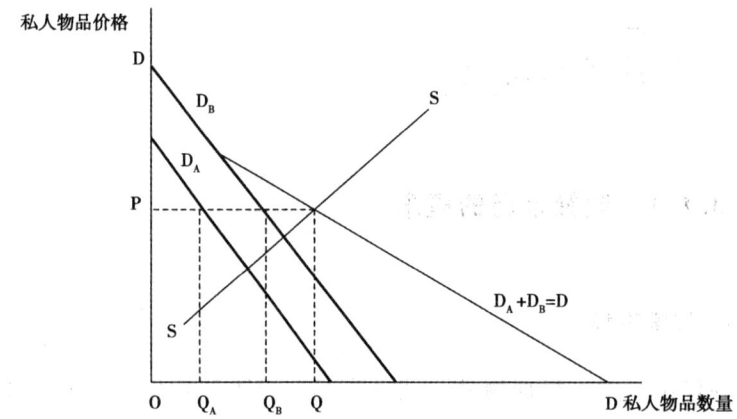

图3-1 私人物品市场局部均衡

曲线 D_A 和 D_B 分别代表私人A和私人B的需求曲线。两人需求曲线的不同，反映了他们不同的收入或民意。要得出市场需求曲线DD，只需把私人需求曲线横向加总：即市场需求 $D = D_A + D_B$。私人需求曲线上的任意一点都表明，在其他条件不变的情况下，他愿意在某一价格上消费多少该物品。市场需求曲线表明，当（假设其他情况不变）主体面对该物品的相同价格时，他们所愿意购买的数量。因此，改变价格并把不同的产出汇总，可得市场需求曲线，这也可以说是私人市场需求曲线的横向加总。现给定市场供给曲线SS，那么均衡价格OP就位于需求与供给相等的那一点上,因为假定市场是完全竞争的,即主体都是"价格接受者"。假设均衡市场价格 OP 既定,私人 A 的需求为 OQ_A,私人 B 的需求为 OQ_B,使得 $OQ = OQ_A + OQ_B$①。

3.1.2 政策市场②局部均衡

1. 假设

(1) 居民(消费者)、收入、经济政策价格、私人物品价格既定;
(2) 其他公共物品供应为零;
(3) 居民(消费者)为主体的抽象代表。

2. 政策市场局部均衡③(图 3-2)

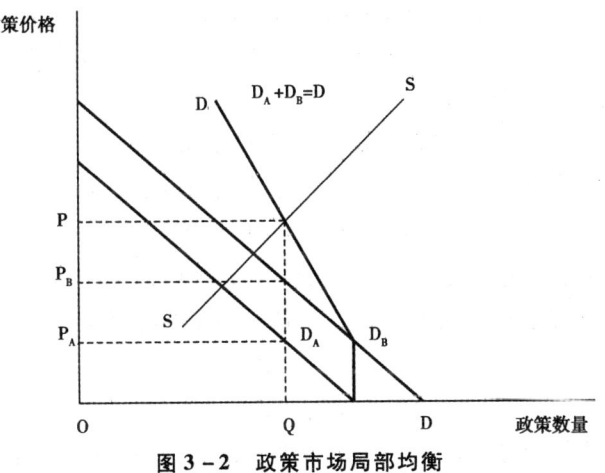

图 3-2 政策市场局部均衡

---

① C. V. Brown, P. M. Jackson. *Public Sector Economics*. Blackwell Ltd. 1986.
② 本节关于局部经济政策市场均衡和一般经济政策市场均衡中的经济政策均指纯经济政策,即政策具有无排他性和无竞争性;准经济政策的市场均衡更近似于私人物品的市场均衡。
③ 关于政策市场均衡的分析,借鉴了 C. V. Brown, P. M. Jackson 等的模型,但是对原模型进行了重新构造和创新,参阅 C. V. Brown, P. M. Jackson. *Public Sector Economics*. Blackwell Ltd. 1986. 参考了中译本译文。

图 3-2 中，D_A、D_B 分别代表个人（或者主体）A 和 B 的需求曲线，即指对政策的需求。假设用于政策的要素，每个人可等量使用，因而要得出支付政策价格的总意愿，只需把私人需求曲线纵向加总，即政策的总需求等于私人需求的纵向总和，表示为 DD，供给曲线为 SS。政策的均衡点位于总需求曲线和供给曲线的交点，即产出为 OQ。给定这一均衡水平，并假设每个主体都准确表露出自己的支付意愿。意愿支付 OQ 的总均衡价格为 OP，即 $OP = OP_A + OP_B$。

政策特性不同，使得私人物品和政策的分析也有不同。在私人物品分析中，市场主体都是价格接受者和产量调节者，而对于政策，则主体都是产量接受者和价格调节者。当均衡的市场价格建立在需求总量等于这一价格水平上的供给总量这一点时，私人物品就达到均衡。当市场主体愿意为政策支付的总量，等于政府部门愿意在某一产出水平上提供该政策的价格时，政策就达到均衡[①]。

在这个分析中，私人愿意为政策支付的价格，和从政策中获得的边际消费收益成正比。如果把税收看做是政策的价格，局部均衡分析便可把收益赋税当做对政策的投资。

假设图 3-1 和图 3-2 的供给曲线是供应额外产出单位时的边际成本，则可以把私人物品和政策的有效定价规则表示为：

私人物品 　　　　　$OP_A = OP_B = OP = MC$ 　　　　　(3-1)

即在私人物品的任意一种产出水平下，主体都面临完全一样的市场价格，这一价格等于边际成本。因此，私人物品的有效定价规则为价格等于边际成本。

政策 　　　　　$OP_A + OP_B = OP = MC$ 　　　　　(3-2)

即各个主体愿意为政策的产出水平支付的价格都不同。纯政策的有效定价规则，是私人价格的总和等于边际价格。这些私人价格也常被作为政策的私人化或者个性化价格。

政策的垄断者把政策市场分割成若干部分，并对主体（或者居民）收取不同的价格。但是，追求利润最大化的垄断者，是无意以 $\sum P_i =$

---

① C. V. Brown, P. M. Jackson. *Public Sector Economics*. Blackwell Ltd. 1986.

MC（其中 P_i 是私人愿意为该政策支付的价格）这样的一组价格提供非竞争但排他的政策的。当 MC = MR 时，政策的垄断者的收益为最大化，因此，政策的垄断者选择的产出水平将低于有效条件所要求的水平，即 $\sum MR_i = MC$，但是由于个人的边际收入曲线处于需求（即平均收入）曲线以内，因此，$\sum MR_i \neq \sum P_i$。所以，政策市场对这些政策是无法实现帕累托最佳状态的定价规则的。

3.1.3 政策市场一般均衡

为了得出私人物品和政策的帕累托最优供给条件，采用标准的几何分析法，对存在两个私人、两种物品的经济进行分析①。假设：（1）两种物品可供最后消费：私人物品 X 和政策 G；（2）生产可能性组合既定；（3）两个私人的民意（偏好）既定②。

图 3-3 包含了三个部分：两个私人 A 和 B，私人 A 对物品 X 和 G 的无差异曲线用图 3-3（a）表示，私人 B 的则用图 3-3（b）表示，X_A 代表私人 A 对私人物品 X 的消费，X_B 代表私人 B 的消费，图 3-3（c）标明的是政策供应中的生产可能性曲线。

选定 B 的一定效用水平，图中用无差异曲线 B_2B_2 表示。需解决的问题是如果 B 在这一水平上时，A 能获得的最佳无差异曲线是什么呢？要回答这个问题，可把无差异曲线 B_2B_2 移动至图 3-3（c）的生产可能性曲线上。现在只需假设 B 保持在无差异曲线 B_2B_2 的水平，就可以确定 A 所得到的政策和私人物品的消费组合。A 的政策和私人物品的组合，可用他的消费可能性曲线表示，在图 3-3（a）中用 TT 曲线表示。

消费可能性曲线是把 B_2B_2 和图 3-3（c）中的 FF 纵向相减得出的。在图 3-3（c）的 P 点上，私人 B 消费 G_1 单位的政策和 OX_1 单位的私人物品。由于 B 把可能得到的所有私人物品都消费完了，私人 A 的消费中

---

① 这种几何分析法是萨缪尔森首次使用的。
② 上文关于政策市场局部均衡和一般均衡的假设同时有效，不再赘述。

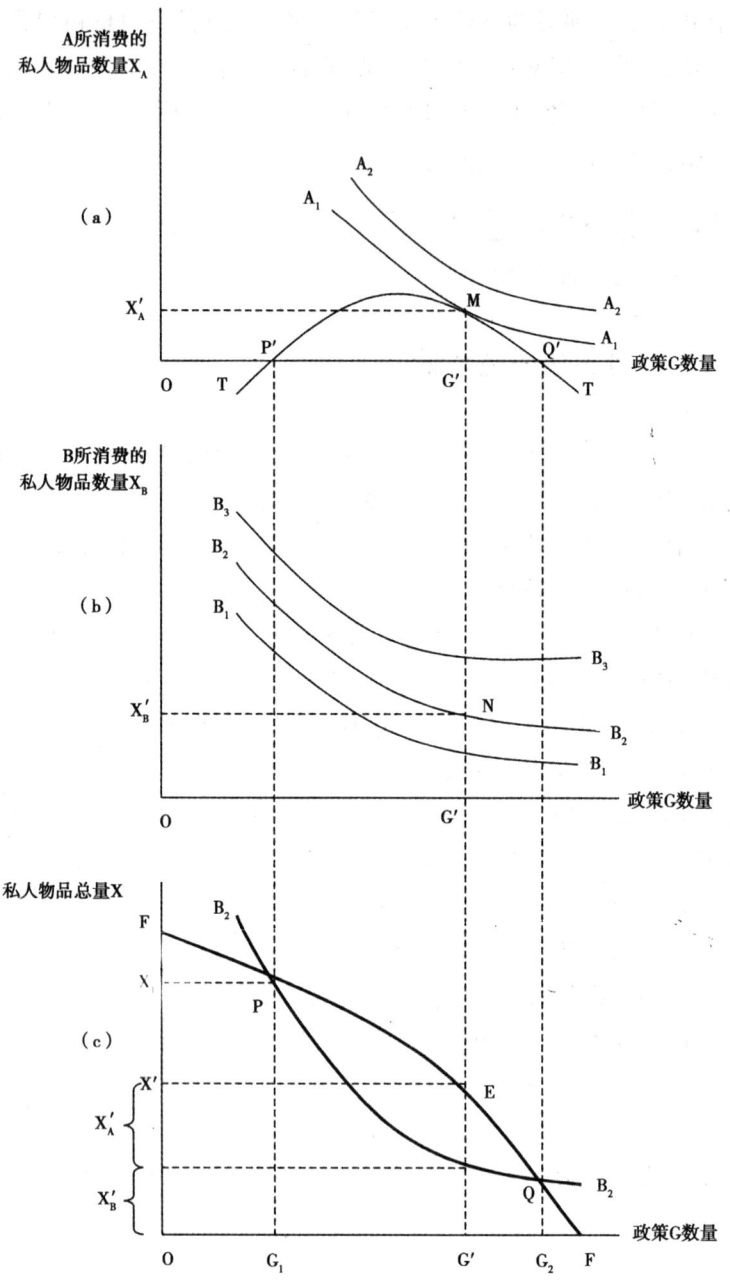

图 3-3 政策市场一般均衡

便不包含任何私人物品。鉴于 A 和 B 可以同时消费政策 G_1，这就可以在图 3-3（a）的 TT 曲线上得出 P′点。在 P′点上，私人 A 消费零单位私人物品和 G_1 单位政策。Q′点可以通过类似的方法得出。把 B_2B_2 曲线往下移到图 3-3（c）并把 G_1G_2 范围内的 FF 纵向减去 B_2B_2，便可得出可供 A 消费的一系列私人物品和政策的组合。因此，只要 B 的消费得到满足，消费可能性曲线 TT 就是可供 A 消费的政策和私人物品的组合。假定 B 必须保持无差异曲线 B_2B_2 的消费水平，能最大化 A 的效用函数的 X 和 G 的组合是在 A 的无差异曲线和消费可能性曲线 TT 的切点上。在图 3-3（a）的 M 点上，私人 A 将消费 X'_A 单位的私人物品和 G′单位的政策。根据定义，B 也将消费 G′单位政策，而他的私人物品消费量则为 X'_B 单位（图 3-3（b）的 N 点）。在图 3-3（a）的 M 点上，A 已不可能移动到更高的无差异曲线，而不影响 B 的消费水平，因此，图 3-3（a）的 M 点和图 3-3（b）的 N 点表示的政策组合，必定是政策和私人物品的帕累托最佳组合。

政策一般均衡模型有赖于诸多限制性的假设，在现实生活中，许多问题都不能不通过这些假设来得以解决。

首先，该模型假设存在一个完全理性的政府部门，该部门知道主体（或者私人）为了消费政策而愿意支付的价格，然后把这些价格反馈到总计划中，计算出整个经济的政策和私人物品的组合，为了解决经济中的福利分配问题，完全理性的政府部门需要知道私人确切的效用函数。显然，任何一个政府部门都不可能得到这么详细的信息，而政策的帕累托最佳供给必须有这方面的信息。

每个私人都应当准确流露自己对政策的民意（偏好），否则，政府部门便无法得出政策的一组价格，分散的市场也无法做到这点。非排他性的含义，就是主体可以不付成本而享受政策的好处。因此私人便有意成为免费搭车者，即不流露他的民意（偏好）。

揭示主体对于政策的需求条件，关键在于参加交易的人数。在只有少数人参与并且只有私人物品的交易经济中，任何私人的需求都有可能是总需求的重要部分，如果私人扭曲其民意，并因此改变他以偏离竞争价格的价值买卖的愿望，那他就可以通过这种行为影响贸易发生时的最后价格，私人是否从事这种行为要取决于其动机，即预期效用的得失。人数越少，私人扭曲民意所能获得的好处就越大，随着群体规模的扩大，私人相对总需求的需求量变得越来越小，他影响价格的能力也随之降低，因此减少了非正常行为产生的潜在收益。

在政策市场只有少数购买者时，私人承担生产政策所需成本的份额可能相当大，在这样的小群体中，私人有强烈的动机准确流露自己的民意，否则的话，政策供给会大大减小。随着群体规模的扩大，私人为政策承担的成本减少许多，以致他即使不出资，政策的供给也不至减少，这时私人流露自己真实民意的动机就变弱，如果所有私人都采取这种态度，就会产生政策无法通过分散的市场来提供的问题，正如前文已提到的那样。因此，在私人物品的例子中，当人数较少时，私人扭曲民意的动机比人数较多时要强，而政策的情况则正好相反。

在群体规模很小的情况下，自愿协定也不可能实现政策的帕累托最佳供给。群体中主体都有意最小化他对于总成本的支付，也很可能从事包括扭曲民意在内的投机行为（但是并非很极端地完全不流露其民意）。

3.2 政策市场的效率与帕累托最优

政策市场的市场效率决定了经济政策公共选择的效率，同时，经济政策公共选择的效率最终影响着政策市场的市场效率。

3.2.1 政策市场效率评价的标准

1. 帕累托条件与社会福利函数

交换条件、生产条件和生产与交换的最优条件是实现帕累托最优（Pareto Optimal）状态的三个最重要的必要条件。在经济分析中，这三个条件通常被认为是帕累托最优状态的条件，也称"帕累托条件"（Pareto Condition）。

社会福利函数是社会所有私人的效用水平的函数。当社会福利水平既定时，社会福利函数就由私人的效用水平组合形成一个社会无差异曲线（social indifference curve）。在该曲线上，不同的点代表着不同的效用组合，但表示的社会福利却是一样的，所以，从社会角度看这些点均是"无差异"的。有了社会福利函数即社会无差异曲线，结合效用可能性曲线（utility possibility curve）就可决定最大的社会福利。具体确认方法是：最大社会福利在效用可能性曲线和社会无差异曲线的切点上达到。社会福利函数理论推进了福利经济学的发展。当然，阿罗（Kenneth Arrow）在1951年证明，按照投票的大多数规则，不能得出合理的民意次序，因此，建立在把各种各样的私人民意次序归结为单一的社会民意次序基础上的社会福利函数是不存在的。尽管有阿罗的这种"不可能定理"，社会福利函数理论还是提出了一种思考社会福利的新的思维路径[1]。这说明政策的唯一的最佳组合即使在理论上也难以成立。

2. 政策市场的效率标准

庇古福利经济学把"国民收入分配状况"作为检验社会福利标准之一。帕累托的新福利经济学认为，最大福利的内容是经济效率，而不是收入分配均等问题。帕累托实际上是把收入分配这个因素抽象掉，阐述的是在既定收入分配状况下，实现生产资源最有效率的配置状态及其条件[2]。卡尔多和希克斯也把庇古的国民收入大小及其分配状况分隔开，把收入分配排除在外，单纯从资源配置效率来考察福利问题。可见，收入分配问题一直是福利经济学中论述不多的一个难题。

帕格森（Abram Bergson）和萨缪尔森（Paul Samuelson）提出的"社会福利函数"论中，再次关注并提出了合理分配的社会福利意义。他们认为，生产和交换固然应符合最适度条件，但生产和交换达到了最适度条件并不一定表明福利达到了最大化。经济效率是最大福利的必要条件，合理分配是最大福利的充分条件，只有将所有分配方面及其他支配福利的因

---

[1] 宋承先：《现代西方经济学（微观经济学）》，复旦大学出版社1997年版有关分析。
[2] 高鸿业主编：《西方经济学（微观部分）》，中国经济出版社1996年版部分观点。

素一并列入，编制一种"社会福利函数"，当这个函数达到最大值时，才算达到了福利最大化。帕累托最优条件说明社会福利必须在该效用可能性区域的边界即在效用可能性曲线上达到，但并没有说明究竟在效用可能性曲线上的哪一点或哪些点上达到。社会福利函数就是解决在效用可能性曲线上每一点所代表的社会福利的相对大小的问题。这说明经济政策应当具有公平性。

3.2.2 政策市场效率评价的一般原则

庇古依据边际效用递减原理，提出在不减少国民收入条件下，财富从富者转移到贫者标志着社会福利的增进，并以此作为检验收入再分配优化的标准。

帕累托、卡尔多、希克斯等从资源配置最优效率入手，提出效率优化和补偿原理，以社会整体效益的增加作为增进社会福利的标准，也可以间接地作为检验收入再分配优化的标准。

经济政策是收入再分配的方式之一，它本身有自己的特定资金、运行渠道和收入再分配规则。可以在运用福利经济学理论的基础上，具体研究政策市场中收入再分配的优化标准和基本规律。

"公平"与"效率"的统一，在经济政策领域中具体体现为"人权"与"福利收益"的统一，"人权"与"福利收益"是确立经济政策的基本标准。具体包括：

1. "人权"标准

经济政策权是人权的重要组成部分。在经济政策体系中，人的参与权的"公平"具体体现为政策的"人权"。这里的公平不是平等分配，既不是劳动者与非劳动者之间的平均分配，也不是非劳动者之间的平等分配，它是指在享有政策人权上的公平或公平地享有经济政策权。

2. "福利收益"标准

政策市场实现的政策分配不是经济政策的目的，也不是社会福利的经济来源。经济政策的最终目的是保证就业资源供给、提高社会福利收益和推动社会经济可持续发展。政策收益的经济来源是生产收益的提高和生产力的不断发展。没有生产收益的提高和生产力的不断发展，经济政策的公平也就成了无源之水，所以"政策收益"是经济政策效率的重要标准。

3.3 政策市场、政治市场与公共选择

3.3.1 政策市场与政治市场

从经济政策公共选择分析[①]，政策市场是一个具体化的政治市场。

政治交易费用的概念从属于新制度经济学，指的是政治市场中进行政治权利交换所耗费的各种资源，包括搜寻、谈判、政治契约书写以及实施等方面的成本。政治交易费用概念将新古典最大化分析框架以及交易费用最小化分析框架推广到政治领域，从而将政治制度纳入经济分析之中。

交易费用经济学一般认为，政治市场的高效率运行的条件，在理论上是指零交易费用。零交易费用所需的条件是所制定的法律应使总收入增加，受益者应以很低的交易费用享受损者提供补偿，以使双方都获益。要达成这一交易所必需的信息和制度条件是：（1）双方必须拥有有关的这些条款的信息和正确模型，并了解他们所获得的收益和所遭受的损失；（2）其结果可以传递给他们投标一致同意的可信的代理人；（3）投票是根据总的净收益或损失来权衡的，因而可以确定净结果，受损者也能得到适当的补偿；（4）这一交换可以在一个十分低的交易成本下实现，以使双方进行这一交换是值得的。

政治市场的效率是问题的关键。如果政治交易费用较低，且政治行为者有准确的模型来指导他们，其结果就是有效的产权，但是政治市场的高额交易费用及行为者的主观民意，往往无法使产权引致经济增长，组织也

[①] 参阅本书第1章第3节有关经济政策公共选择的论述。

不能作为创造更有生产率的经济规则的激励。政府和居民间的民意差异以及导致经济增长的产权结果和导致国家税收最大化的产权结构间的冲突,是社会陷入非绩效状态的主要原因,而这种冲突则来自政治市场的不完善、政治交易费用过高等原因。

在政治领域中存在着类似市场的政治交换活动,如政府部门之间的矛盾、利益集团的冲突、政府部门内部的寻租、贿赂等。这种活动在经济政策公共选择中带有普遍化,类似市场交易活动。经济政策公共选择中政治市场的普遍存在是这一领域中政治交易费用存在的前提[①]。

3.3.2 政治市场主体

政策市场在本质上是政治市场的一种具体化形式。由于各国的政策市场发展程度、政治环境、行政机制开放程度、政府偏好等方面的特征不同,各国经济政策公共选择存在着差别,政策市场的政治市场主体的构成及其相互作用的方式也有所不同。

从中国政策市场也是政治市场的一种具体表现的角度分析,这一政治市场主体包括处于政策垄断和受到政策歧视(或者政策压制)的政治市场主体。

1. 处于政策垄断的政治市场主体

(1)执政党和政府[②]。在政治体制中,执政党和政府(中央政府)是政策系统的领导核心。

在法治体制下,政府的经济政策不能直接体现为法律或法规,而是需要经过一个复杂的转换过程。政府制定的政策以两种形式反映在经济政策公共选择中:一是直接形式,是指中央政府直接采取行政措施而作用于政策市场;二是间接形式,是指通过法定程序将政府的经济政策形成管制,这种法定程序一般有三种类型:①政府与代议机构联名发布政策的法律方

[①] 刘元春:《交易费用分析框架的政治经济学批判》,经济科学出版社2001年版。
[②] 此处的政府(中央政府)是经济政策的调控主体。

案；②政府提出政策创意，国家代议或代议机构据此制订具体的法律方案，并按照法定程序通过；③政府以原来的相关管制为依据进行经济政策决策。

显然，如果代议机构的职能不健全，执政党和政府制定的经济政策可以采用直接形式，即完成"形式上"的审议后直接采取政府行为而作用于政策市场，客观上构成政策垄断。例如，向企业征收基本养老保险费，同时缺乏对于征缴费率、征缴额度等的国家性统一规定，因此，这不是规范的政府行为。

（2）利益集团。对政策市场而言，利益集团是指一定的社会成员以维护相同或者近似经济政策为行为目标而组成的社会组织，其目的在于合并和转化组织成员所拥有的资源，形成对经济政策的社会影响力，并通过共同的行动，维护和增进组织成员的经济政策利益。现阶段在经济政策领域，利益集团的主要形式有行业性利益集团（如垄断行业的大型国有企业等）、地方性利益集团（如地方政府和地方垄断性国有企业）、部门性利益集团（如行业政府管理部门）等[①]。

（3）政策制定部门。政府部门是一种特殊的利益集团，这种特殊性表现在其目标函数一方面要维护自身利益，另一方面还要兼顾其他政府部门，政府部门是狭义的政府，是拥有国家行政权、管理经济政策事务的机关。政府部门（如国家发展和改革委员会、财政部、中国人民银行、国务院国有资产监督管理委员会等）的决策在现阶段主要采取七种形式：行政法规、行政措施、决定和命令、部门规章、地方性规章、地方性行政措施、决议和命令。法院、检察院是经济政策决策的重要参与监督主体，但它们不是政策市场的政治市场主体。

（4）代议机构。从宪法规范的权力关系来看，全国性代议或代议机构是国家的最高权力机构，是一切政府权力系统的惟一来源和归宿。代议机构在中国是指全国及地方各级人民代表大会及其常委会等。各级代议或代议机构不仅是重要的政治市场主体，而且还是本级政府部门决策行为的

[①] 本书论述利益集团是狭义的，从更加广义的角度分析，中央政府也是一种"特殊的"利益集团。

监督者。代议或代议机构一般通过质询、询问、调查、提出不信任案、行使审批或批准等对政府部门的决策行为进行监督。

代议或代议机构的决策权不受行政、司法机构的制约。一般而言，代议或代议机构决策形式有六种：宪法、基本法律、法律、地方性法规、自治条例和单行条例、代议或代议机构。

2. 受到政策歧视的政治市场主体

（1）居民和企业。居民是经济政策权的主体，是经济政策权的最终拥有者。为了管理的方便与管理效能的提高，居民才把经济政策决策权让渡给政府。随着经济体制改革不断深入，唤醒和增强了居民的参与意识；随着居民经济政策知识水平和政策辨别能力的提高，居民参与经济政策的决策的能力也有所提高；政府职能向社会的下放、转移与归还，为居民参与经济政策的决策提供了更广阔的空间。居民既是经济政策主体，又是经济政策决策的监督主体。

（2）中介组织。中介组织是国家为了社会公共利益，由国家机关举办或其他组织利用国有资产举办的，从事教育、科学、文化、卫生等活动的社会服务组织[①]。现阶段在中国的政策市场中存在着特殊的承担着行政管理职能的中介组织，可以称之为"行政性中介组织"。这一类中介组织一方面承担经济政策的某一专业服务职能，另一方面又享有一定的行政权力。其存在的形式更趋向于行政实体，而不是社会实体，它们拥有的经济政策方面的行政职能，实际上是政府行政职能的延伸，采用类似政府部门的管理方式，扮演"双重角色"。例如，中国保险监督管理委员会是具有部分行政职能的中介组织。

（3）非政府组织。随着经济政策事务日益增多，一些社会性的经济政策事务管理逐渐由政府部门转移给非政府的经济政策组织。这类组织一般具有以下属性：组织性、民间性、非一性、自治性、志愿性、非政治性、非宗教性[②]。

[①] 根据现行的国务院《中介组织登记管理暂行条例》界定。
[②] 王名："中国的非政府公共部门（上）"，《中国行政管理》2001年第5期。

中国非政府的政策组织主要是指社会团体，如国家级的和地方级的各类经济学会、研究会等①。这些非政府的经济政策组织无权参与制定经济政策的法律、法规或规则，也无力影响经济政策的执行过程，受到政策歧视（或者政策压制）。

3.3.3 政策市场的政策垄断

这里从经济政策形成程序的角度，分析政策市场的政策垄断。

经济政策公共选择分析结合了程序，正是程序的选择和使用决定了政策市场的政策垄断程度。程序的作用限定在经济政策的政策预案提出、政策审议、政策制定、政策执行、政策监督、政策评价。通常情况下，经济政策的政策监督、政策评价一般是同时同步进行，故作者将其进行简化性的合并。经济政策公共选择可简化为 5 个程序：（1）政策预案提出；（2）政策审议；（3）政策制定；（4）政策执行；（5）政策监督（评价）。经济政策公共选择的 5 个程序在图 3-4 中描绘了出来。

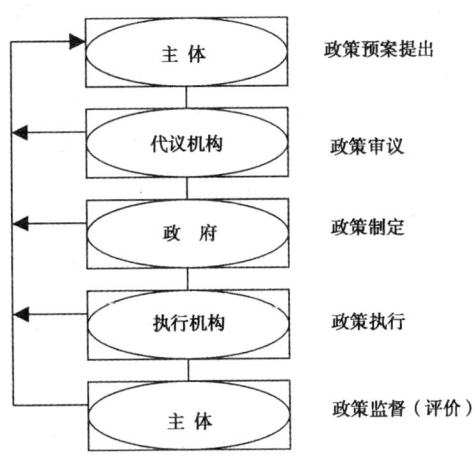

图 3-4　经济政策公共选择的 5 个程序

---

① 任进："中国非政府组织的若干法律问题"，《国家行政学院学报》2001 年第 5 期。

经济政策公共选择 5 个程序的产生形成的一般过程。经济政策公共选择 5 个程序被一系列法律、法规、方法和技术所支持，以保证完成经济政策产生的一般过程。

政策市场的政策垄断集中反映在经济政策公共选择的程序的不合理与不规范。现阶段中国经济政策公共选择由一系列广义的主体（包括政府在内）行为组成，是一个包含典型政治市场行为的过程。这些政治市场行为贯穿经济政策的政策预案提出、政策审议、政策制定、政策执行、政策监督、政策评价的全过程。但是，与规范化的程序相比，中国经济政策公共选择的各个程序都表现出政府的政策垄断特征（如表3-1所示）。

表 3-1　　　　　　经济政策公共选择的政策垄断

程序	政策垄断特征	举例说明
政策预案提出	中央级政府部门（如国务院、国家发展和改革委员会）几乎是唯一的经济政策预案的提出单位。	政府不支持的经济政策根本就提不上议程；部分经济政策经过长期拖延才会被提出。
政策审议	经济政策预案经政府部门主要负责人或者党委会主要领导通过即被政府部门采纳。	政府部门以主要负责人是否同意为原则完成经济政策的审议。
政策制定	由于全国人民代表大会职能不完善，政府提出的经济政策不论是以行政命令还是以司法决定和立法条款的形式，在全国人民代表大会未经过实质上的修正即获得通过。	国家发展和改革委员会的关于"社会养老保险缴费额度"的一系列法律条文存在诸多问题仍然获得通过；海南省人民代表大会关于地方养老保险统筹的法律文件无法制约当地的中央直属单位。
政策执行	被采纳的经济政策由经济政策的政府管理部门付诸实施。	政府不公开地增加税收人员，以确保向居民、企业征缴经济政策税（费），事实上增加了纳税人的负担；地方违规调用社会保险基金。
政策监督（评价）	判断经济政策效率和政府部门是否按法律要求行事的监督（评价）管制缺失。	政府部门的行政不公开使社会舆论、新闻媒体难以有效进行监督。

还可以使用框图形象地表示中国政策市场的政策垄断（如图3-5所示）。

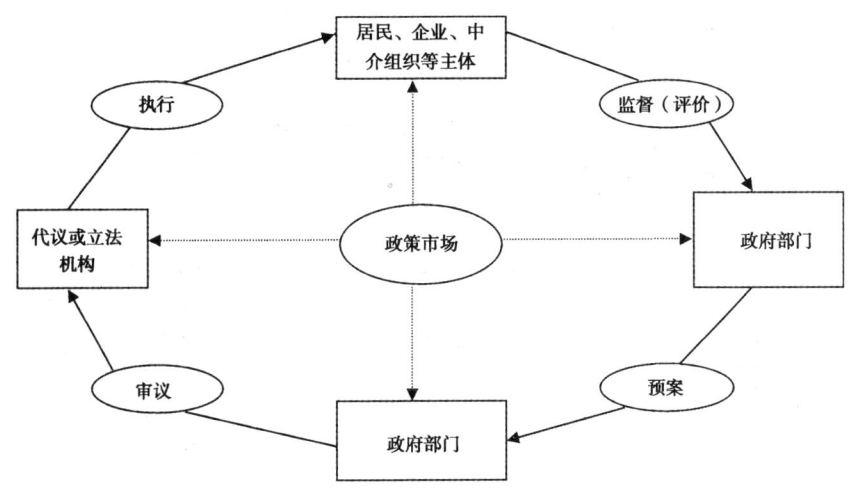

图 3-5 以政策垄断为特征的政策市场

经济政策公共选择 5 个程序①从时间角度看表现为连续性行为，每个程序都与下一个程序相关，因为最后的程序（经济政策评估监督、评价）与第一个程序（预案提出）相关联，而且中间的程序也都相连，所以就形成了一个非线性的或环形的行动周期。与规范的经济政策公共选择相比较，以政策垄断为主要特征的经济政策公共选择最为需要的是主体针对经济政策民意的协商（谈判）过程②。

规范的经济政策公共选择在本质上就是主体针对经济政策相关信息的民意进行协商和政策评价的过程。经济政策公共选择中，主体针对经济政策的民意交流可以被划分为 4 个阶段：关于经济政策需求的民意协商、经济政策对主体利益影响的协商、经济政策执行中的协商、经济政策监督中的协商。

主体针对经济政策的协商可以采用多种形式。例如，经济政策备忘录、经济政策发布文件、经济政策执行总结、各种公文附件和新闻稿、听证会、研讨会、简况介绍（或汇报）会、媒体传递等（如图 3-6 所示）。

---

① 评价程序和监督程序被合并。
② 此处是指狭义的公共选择主体，即指政府和代议或立法机构以外的公共选择主体。

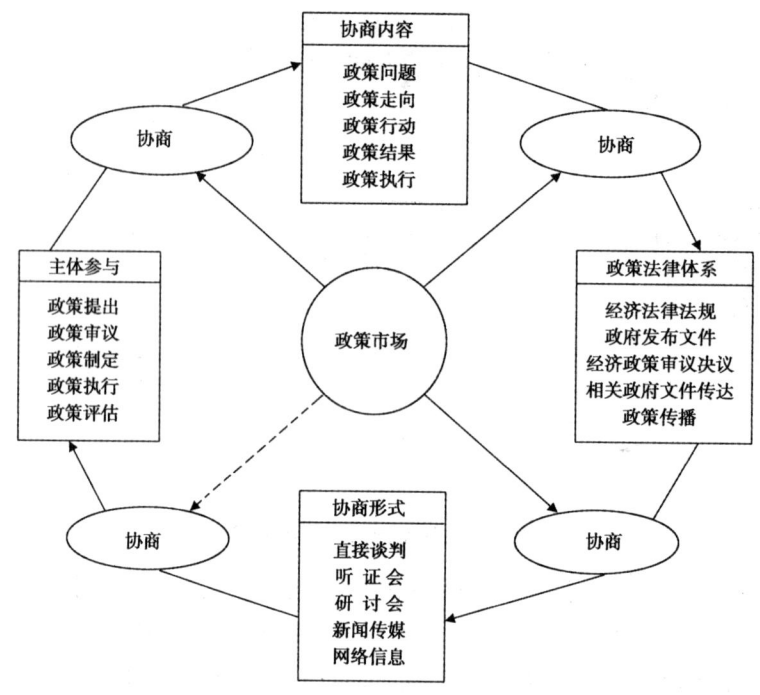

图 3-6 民意协商形式

3.4 本章小结

经济政策公共选择基于政策市场，政策市场的供求结构和市场效率从根本上决定了经济政策公共选择的内容和特征。

政策市场存在局部均衡和一般均衡。这从一个侧面说明经济政策作为一种公共产品的供给和需求的变动是经济政策公共选择分析的重要参照。因为经济政策公共选择的优化正是为了维护政策市场均衡和提高政策市场均衡水平。

帕累托标准是政策市场效率评价的基本原则，"人权"标准和"福利收益"标准是政策市场效率评价的具体化的一般原则。

政策市场存在政策垄断，处于政策垄断的政治市场主体主要包括执政党和政府、利益集团、代议机构，受到政策歧视的政治市场主体主要包括居民和企业、中介组织、非政府组织等。

第4章
经济政策公共选择的结构和机制

【本章导语】

系统分析是一种重要的分析方法。对经济政策的公共选择现象中的要素及其关系进行系统分析,对于解释分析经济政策的公共选择是必要的。

本章的分析基于这样一种假说设想：不同类型的经济政策公共选择，其构成要素是相同的，只是构成要素的组合结构不同。如果当经济政策公共选择的一个要素及其包含因素与其他要素之间的关系协调时，这一要素对于经济政策公共选择就不是一个需要关注的问题；反之，如果它们关系不协调，这一要素就是一个需要关注的问题。

4.1 经济政策公共选择要素组织机制：MPEOG

4.1.1 经济政策公共选择组织系统结构

1. 概念

由于经济政策公共选择组织系统所涉及的要素很复杂，只能对主要的方面和因素进行研究。这一组织系统是指对经济政策公共选择及其涉及的多种因素的特征进行总括的系统范式。这一组织系统是对经济政策公共选择的抽象。研究这一组织系统时，根据其研究目的，利用一定的方式（数学模型、文字、图示等）对涉及的现象和因素进行抽象的过程可以称为组织系统的构成。

这一组织系统的意义在于为研究提供新的研究视角和方法论。

2. 组织系统的结构

MPEOG 系统是在系统分析的层面对经济政策公共选择要素的一种构成或组合。

(1) MPEOG 系统包括的要素。MPEOG 系统是指以主体（M）、政策市场（P）、政治环境（E）、行政决策机制开放程度（O）、政府偏好（G）等5个经济政策公共选择要素为中心，由这些要素及其相关因素相互作用、相互影响和相互制约，并在一个具体的经济政策公共选择中复合而成的一个紧密联系的统一体[①]。

MPEOG 是指5个要素，而不只是概念本身。其中，主体要素指广义的主体结构，以及主体具备民意表达的有效路径和有效机制，这决定了政策市场中主体对经济政策的影响力；政策市场要素指经济政策的供求状况，即是政策过剩还是政策短缺；政治环境要素指关于经济政策形成的有关法律、法规的规范或完善程度，以及社会舆论对于经济政策形成是否规范的关注程度；行政决策机制开放程度要素指政府制定和执行经济政策的行政程序的公开化程度，以及与相关管制直接关联的政府部门内部的组织运行结构的公开化程度；政府偏好要素指狭义的政府对经济政策以及相关管制的倾向性。

(2) MPEOG 系统的主要特征。MPEOG 系统具有以下主要特征：

①指向性。虽然组织系统具有一定的复杂性，但是其解释的对象都是经济政策公共选择的各种问题。

②系统性。MPEOG 系统将主体、政策市场、政治环境、行政决策机制开放程度、政府偏好等5个要素及其相关因素纳入一个统一的框架，进行全面的研究，局部的问题纳入全局中解释。

③动态性。时间尺度是 MPEOG 系统的一个重要特征，主体、政策市场、政治环境、行政决策机制开放程度、政府偏好等要素都有随时间推移而变化的动态过程，MPEOG 系统研究必须结合特定经济政策公共选择的发展阶段来进行。

3. 组织机制的要素关系分析

不同类型的经济政策公共选择过程，其构成要素是相同的，只是构成要

---

① MPEOG 的注释：(1) 主体 major player of the public choice；(2) 政策市场 product market of the social security；(3) 政治环境 political environment；(4) 行政决策机制开放程度 openness extent of the administrative decision-making mechanism；(5) 政府偏好 government preference。

素的组合结构不同。经济政策公共选择的各种问题的产生源于 MPEOG 系统内各要素之间的关系结构非均衡，比如主体这一要素，只有当把它与政策市场、政治环境、行政决策机制开放程度、政府偏好等要素，以及与主体本身包含的居民和企业对经济政策的民意、利益集团对经济政策的影响力等因素联系起来，主体要素才具有分析意义。如果当主体与上述要素及其包含因素与其他要素之间的关系协调时，主体要素对于经济政策公共选择就不是一个重大问题；反之，如果它们关系极度不协调，主体要素就是一个重大问题。

将 MPEOG 系统划分为主体、政策市场、政治环境、行政决策机制开放程度、政府偏好等 5 个要素子系统，5 个子系统之间构成了 24 种结构关系，见表 4-1。

表 4-1　　　　　MPEOG 系统内部关系结构矩阵

使动要素 \ 受动要素		MPEOG 系统要素				
		主体	政策市场	政治环境	行政决策机制开放程度	政府偏好
MPEOG 系统要素	主体	主体	主体→政策市场	主体→政治环境	主体→行政决策机制开放程度	主体→政府偏好
	经济政策市场	政策市场→主体	政策市场	政策市场→政治环境	政策市场→行政决策机制开放程度	政策市场→政府偏好
	政治环境	政治环境→主体	政治环境→政策市场	政治环境	政治环境→行政决策机制开放程度	政治环境→政府偏好
	行政决策机制开放程度	行政决策机制开放程度→主体	行政决策机制开放程度→政策市场	行政决策机制开放程度→政治环境	行政决策机制开放程度	行政决策机制开放程度→政府偏好
	政府偏好	政府偏好→主体	政府偏好→政策市场	政府偏好→政治环境	政府偏好→行政决策机制开放程度	政府偏好

MPEOG系统的要素按其作用功能不同,可分为使动要素和受动要素,使动要素是系统变化的"因",受动要素是系统变化的"果"。但由于MPEOG系统各要素之间是通过复杂的反馈相互联系,一个要素既作为其他要素的使动者,同时也成为其他要素变化的受动者,因此使动要素与受动要素是一个过程的两个方面。

4. 建立基于MPEOG系统的经济政策组织机制的基本步骤与方法

针对经济政策公共选择提出MPEOG系统的目的是以MPEOG系统分析方法为指导分析政策公共选择的各种现象和问题,更加具体地讲,就是要以MPEOG系统为指导建立经济政策程序模型。

(1) 建立基于MPEOG系统的经济政策程序政策模型的主要步骤。分为四步:

①建立针对具体问题的MPEOG系统的理论模型,即针对经济政策公共选择的具体问题进行MPEOG系统的层次分析与要素在系统中的权重分析;

②提出基于MPEOG系统的预期政策模型;

③预期政策模型的模拟运行或者政策试验;

④对预期政策模型的效果进行评价和纠正,建立具有普遍指导意义的政策模型(如附录1中的图示)。

(2) 建立基于MPEOG系统的经济政策程序模型的基本方法。在实际操作中,可以采用多种实证的或者规范的方法,以下只介绍若干典型方法。

①层次分析法。针对经济政策公共选择的具体问题的层次,找出关键因素,并确定不同因素在这一问题中的影响权重。MPEOG系统的层次,可以从不同角度进行划分。例如,从系统应用的行政范围划分,MPEOG系统可分两个层次,即国家级社会保障系统、地方或部门级社会保障系统,及其要素子系统和辅助系统(如图4-1)。

②建立因果分析图,尽可能找出对经济政策公共选择的具体问题具有影响的重要因素,并分析因素间的反馈关系(如图4-2)。

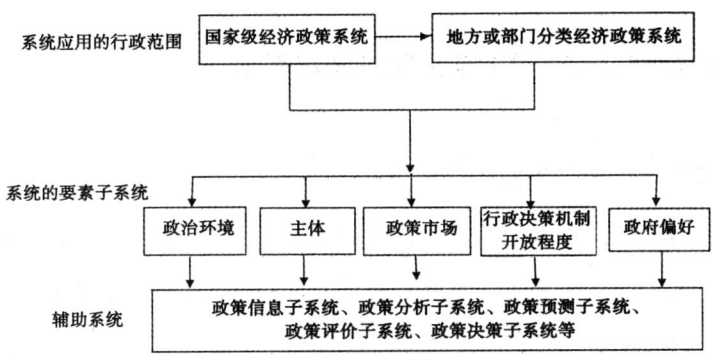

图 4-1 MPEOG 系统的层次划分

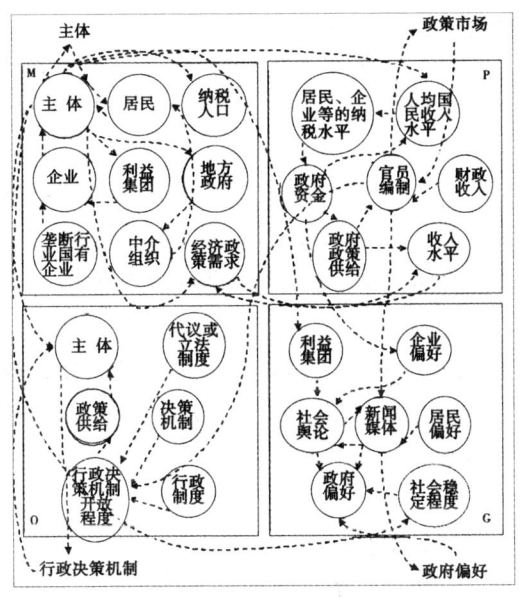

图 4-2 MPEOG 系统要素及其因果关系①

---

① 本图运用 SD 模型方法构建,主要目的是表示 MPEOG 系统中要素及其决定因素的因果关系,因此,对图形构建过程和严格的论证过程给予省略。

4.1.2 MPEOG 系统要素的决定因素

1. 要素与其决定因素的因果关系

建立 MPEOG 系统应当说明其要素和要素决定因素的关系。MPEOG 系统要素和其决定因素之间的因果关系可以用反馈关系进行抽象概括。为了说明此问题,根据 MPEOG 系统要素的内容,设计了主体、政策市场、行政决策机制开放程度、政府偏好等 4 个要素和其决定因素的因果分析图(图 4-2)①。

2. 要素及其决定因素的典型性分析

以下以政策市场、政治环境为例说明系统内部要素与其决定因素的因果关系。

(1) 基本思路。建立政策市场要素与其决定因素的因果关系模型的基本思路有两个:一是从政策市场的经济政策供求规模或经济政策供给的数量入手建立模型;二是从政府维持经济政策供给的资金增减的角度建立。

(2) 政策市场要素与其决定因素的因果关系模型:政策市场的政策供给可以理解为政府维持政策供给的财政支出、行政人员费用投入、政策供给的现期数量的函数。于是有下述关系:

$$R(t) = g[L_1(t), K_1(t), S_1(t), t] \tag{4-1}$$

式中:$R(t)$ ——政策供给;

$L_1(t)$ ——维持政策供给所需要的行政人员费用投入;

$K_1(t)$ ——维持政策供给的财政支出;

$S_1(t)$ ——政策供给的现期数量。

政策市场的政策供给是一个随时间变化的量,即可以通过政府的行政投入、财政支出等而改变。可用下式表示政策供给的增加过程:

---

① 由于政治环境要素的决定因素较为复杂,为了简化分析,此处暂不考虑政治环境要素。

$$H(t) = h[L_2(t), K_2(t), S_2(t), t] \qquad (4-2)$$

式中：$H(t)$ ——政策供给增加过程；

$L_2(t)$ ——维持政策供给所需要的行政人员费用投入增量；

$K_2(t)$ ——维持政策供给的财政支出增量；

$S_2(t)$ ——政策供给的现期数量政策市场状况；

H——函数。

于是，可以描述政策市场要素与其决定因素的因果关系如下：

$$\begin{aligned} S(t) &= S(t-1) + H(t) - R(t) = S(t-1) + h[L_2(t), K_2(t), S_2(t), t] \\ &\quad - g[L_1(t), K_1(t), S_1(t), t] \end{aligned} \qquad (4-3)$$

式中：$S(t-1)$ ——t 时段初期状况；

$S(t)$ ——当 t 时段终了时政策供给状况，是先前时段加上本时段 t 所产生的，再减去 t 时段所"消费"掉的政策供给 $R(t)$。

将上式依时间过程，取连续的形式，可以改写为：

$$S(t) = S(o) + \int_0^t \{h[L_2(t), K_2(t), S_2(t), t] - g[L_1(t), K_1(t), S_1(t), t]\} dt \qquad (4-4)$$

上式以概念性的数学表达方式说明了政策市场要素与其决定因素的部分因果关系。

3. MPEOG 系统内部要素关系的总体描述

由于任何一个系统要素在整个系统中都是一个中间点（指既是施动者又是受动者），因此系统要素的相互关系分为：

（1）对 MPEOG 系统其他要素的支持（作用）程度（作为施动者），简称为一个系统要素的施动程度；

（2）对 MPEOG 系统其他要素的承受（作用）程度（作为受动者），简称为一个系统要素的受动程度（表 4-2）。

表 4-2　　　　　　　　MPEOG 系统要素关系矩阵

施动者＼受动者	主体内部（M）	政策市场（P）	政治环境（E）	行政决策机制开放程度（O）	政府偏好（G）	MPEOG 要素施动程度
主体（M）	MM	PM	EM	OM	GM	主体施动程度
政策市场（P）	MP	PP	EP	OP	GP	政策市场施动程度
政治环境（E）	ME	PE	EE	OE	GE	政治环境施动程度
行政决策机制开放程度（O）	MO	PO	EO	OO	GO	行政决策机制开放程度施动程度
MPEOG 外部（G）	MG	PG	EG	OG	GG	政府偏好施动程度
MPEOG 系统要素受动程度	主体受动程度	政策市场受动程度	政治环境受动程度	行政决策机制受动程度	政府偏好受动程度	MPEOG 系统要素相互作用

MPEOG 系统要素与其决定因素的总体说明：

MM（主体）。主体内部划分结构、民意表达的路径和机制、利益集团规模、政府规模、居民数量、纳税的居民数量、企业数量、纳税的企业数量、政策覆盖面、纳税的人口比例、人均福利水平、人口出生率、城乡人口转移数值等。

MP（主体——政策市场）。利益集团对政策的民意、政府对政策的偏好、居民和企业对政策的民意、政策的供给数量、农村和城市政策覆盖人口的比例和数量、民意表达的路径和机制、政策范围内的福利设施数量等。

ME（主体——政治环境）。主体内部划分结构、利益集团规模、政府规模、利益集团民意、政府偏好、居民和企业民意、政策相关法律和法规、社会舆论对政策的关注程度等。

MO（主体——行政决策机制开放程度）。主体内部划分结构、行政程序公开化程度、政府部门内部管理的公开化程度等。

PM（政策市场——主体）。政策供给数量、政策供给种类、政策需求数量、政策需求种类、主体的内部划分结构、政策市场覆盖人数等。

PP（政策市场）。政策供给总量和种类、政策需求总量和种类、政府为维持政策供应的财政支出、政府为维持政策供应的行政费用等。

PE（政策市场——政治环境）。政府为维持政策供应的财政支出、政府为维持政策供应的行政费用、政策供给总量和种类、政策需求总量和种类、关于政策法律和法规的规范程度、社会舆论对于政策的评价等。

PO（政策市场——行政决策机制开放程度）。政策市场对国家经济贡献率、政策市场对相关领域的影响、政策市场增量、政策市场年增量比、政府为维持政策供应的财政支出、政府为维持政策供应的行政费用等。

EM（政治环境——主体）。政策法律和法规的规范程度、社会舆论对于政策的评价、利益集团规模、政府规模、居民数量、主体的内部划分结构等。

EP（政治环境——政策市场）。社会舆论、利益团体民意、政策供给总量和种类、政策需求总量和种类等。

EE（政治环境）。相关法律和法规的规范程度、社会舆论对政策的关注程度等。

OM（行政决策机制开放程度——主体）。政府机构设置、政府公务员数量、政府公务员结构、人均行政费用支出、行政决策程序的公开化程度开放水平、主体的内部划分结构等。

OP（行政决策机制开放程度——政策市场）。政策资金投入量、政策资金年增量、政策年投资规模增量、政府机构设置、政府公务员数量、政府公务员结构等。

OE（行政决策机制开放程度——政治环境）。政府偏好、政府机构设置、政府公务员数量、政府公务员结构、政策财政资金投入量、政策连续性等。

OO（行政决策机制开放程度）。行政改革资金投入量、政府机构设置、政府公务员数量、主体类型划分、行政决策机制改革进度等。

GM（政府偏好——主体）。政策价值观、利益集团影响、居民和企业的民意等。

GP（政府偏好——政策市场系统）。利益集团对政策的民意、政府对政策的偏好、居民和企业对政策的民意、政策的供给数量、政策的需求数量等。

GE（政府偏好——政治环境）。政策法律和法规的规范程度、社会舆论对于政策的评价、利益集团民意、居民和企业对政策的民意等。

GO（政府偏好——主体）。政策供求平衡状况、政府财政收支状况、政策基金调拨状况、主体的种类和比例等。

MG（主体——政府偏好）。主体的种类和比例、居民和企业民意、利益集团民意、社会舆论等。

PG（政策市场——政府偏好）。政策供给总量和种类、政策需求总量和种类、社会舆论、利益团体民意等。

EG（政治环境——政府偏好）。政策法律和法规的规范程度、社会舆论对于政策的评价、利益集团民意、居民和企业民意等。

OG（行政决策机制开放程度——政府偏好）。政府部门行政程序的公开化程度、政府部门内部的组织运行公开化程度、政策价值观、社会舆论的评价等。

4. MPEOG 系统要素与其决定因素关系的评价方法

在系统内部，一个层次的评价指标对于其上一个层次的指标来说有着不同的重要性（即权重或权值）。确定权重的主要方法是用 AHP 法进行专家权重调查，并对权重调查进行处理。对指标进行筛选，选取最为重要的指标作为评判依据。

4.2 经济政策公共选择的效率

对经济政策公共选择的现象进行现代经济学层次上的深入分析，要具备两个条件：（1）具备统一的实证化的方法论；（2）建立针对经济政策公共选择效率的评价标准。上文已经说明，MPEOG 系统的意义在于为经济政策公共选择的研究提供现代经济学的方法论——系统分析。下面将探讨如何建立针对经济政策公共选择效率的评价标准。

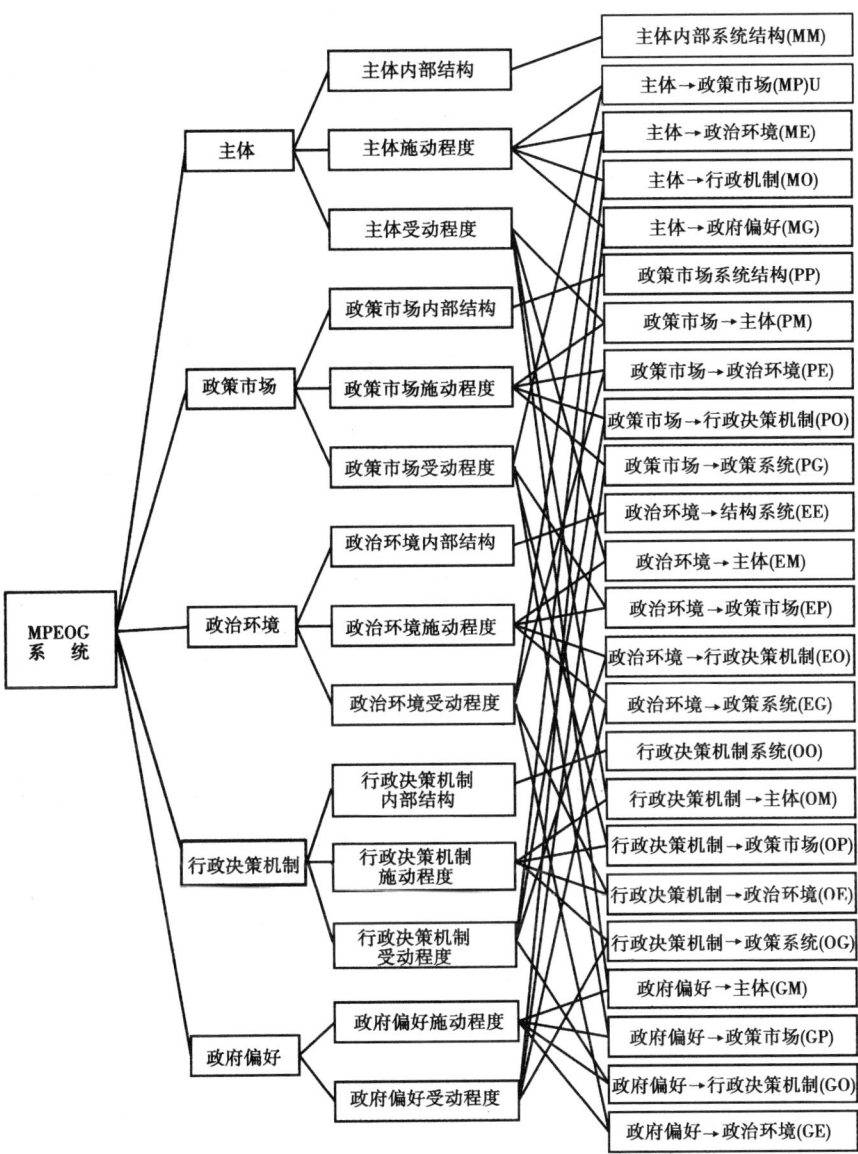

图 4-3 MPEOG 系统要素与其决定因素的总体框架

4.2.1 交易费用与经济政策公共选择

20世纪70年代以后，随着新制度经济学的兴起，交易费用概念被广泛地运用于产权结构、代理关系、外部性问题、集体行动、寻租活动、政治制度等研究领域。

尽管交易费用概念获得了广泛的应用，但迄今并未对交易费用概念给出清晰、统一的定义。科斯在《企业的性质》中将交易费用看做企业和市场的运作成本，并用交易费用说明企业生成的原因以及企业与市场的相互替代。威廉姆森则形象地把交易费用比喻为物理学中的摩擦力。马修斯认为，交易费用是事先安排协约和事后监督、维护协约的费用总和；与交易费用相对应的产出费用则是指执行协约的费用。这个定义仅把交易费用与协约关系相联系，影响了定义的普遍性。阿罗则认为交易费用是制度运行的成本①。

施蒂格勒等经济学家创立的信息经济学是对交易费用经济学发展的一个重要推动。值得关注的是信息经济学强调交易费用与信息费用的联系。因为从作者的角度分析，经济政策公共选择中各个主体民意的表达是一个信息交流和信息传递的过程。

交易费用是否就是信息费用呢？对此，作者认为，经济政策公共选择中信息费用与交易费用存在联系，但这种信息费用不等同于交易费用。

经济政策公共选择中信息费用与交易费用的联系是：在信息不完全的条件下，主体之间进行经济政策的参与权利交换（即交易）的许多行为将产生交易费用：①搜集有关经济政策价格（纳税额度）、经济政策供求的信息，了解主体的民意和所处的政治环境；②主体之间的协商与谈判；③主体之间形成关于社会保障的契约或协议；④监督经济政策的执行；⑤获得关于经济政策执行后果的信息；⑥保护居民的社会保障权，防止其受到侵犯所作的宣传。上述这些经济政策公共选择的活动所形成的费用大部分可归结于信息费用，但不是信息费用的全部，而且应当强调的是它们

---

① 科斯：《企业的性质》、《企业、市场与法律》，上海三联书店1990年版有关论述。

与主体的民意相联系。

从经济政策公共选择的角度,可以给出交易费用概念的定义:交易费用是指在信息不完全条件下的政策市场中,通过主体进行民意表达或表达(即交流民意信息,协商或谈判等),实现其社会保障权利的交易过程中所产生的费用,其中包括关于经济政策的谈判、制定、监督执行和维护有关管制的费用。

4.2.2 经济政策公共选择的效率:实证分析

1. 经济政策公共选择效率的概念

针对经济政策公共选择的交易费用概念的界定,为经济政策公共选择的效率分析提供了前提。

一般地讲,制度经济学经常以交易费用或者交易费用及产出费用之和(即总费用)与总产出相比较说明经济过程的效率。这样的说明不准确,因为由交易活动所引起的收益,即交易收益未能得到独立的表达,而且没有直接将交易收益与交易费用进行比较。

借助交易费用与经济政策公共选择之间的联系,针对经济政策公共选择,作者界定经济政策公共选择成本和经济政策公共选择收益的概念,以此为基础提出经济政策公共选择效率的概念。

经济政策公共选择成本包括:①交易费用;②经济政策的提出、审议、制定、执行、监督和评价引起的直接支出;③相关政府人员的工资支出等。经济政策公共选择收益主要是指主体对于政策满意度的增加,或者政策公共选择成本期末比基期的减少数量。

经济政策公共选择的效率指由于这种过程的优化而增加的收益与该过程运行所损耗的成本之间的比较。用公式表达是:

$$MP = \frac{PR}{PC} \qquad (4-5)$$

式中:MP——经济政策公共选择的效率;

PR——经济政策公共选择的收益;

PC——经济政策公共选择的成本。

效率的概念体现了这样一个基本思想：把经济政策公共选择作为一个相对独立的政策形成（产出）过程，并通过对其中投入产出比较说明经济政策公共选择的效率。

2. 政策效率的评价标准与帕累托最优

经济政策公共选择容易受到很多不易观察或测量因素的影响，必须通过适当的评价标准指标替代或转换，才能准确地表达出这些评价标准指标对经济政策公共选择效率变化的贡献（或者影响）。实际上要做到这一点并非易事。作者在此进行的开拓性尝试，实际具有理论上的试错性。

建立经济政策公共选择效率的评价标准，一般要使用一组评价标准指标或者多组评价标准指标。经济政策公共选择是主体、政策市场、行政决策机制开放程度、政治环境、政府偏好等要素共同作用的结果，用公式表示是：

$$\sum CR = f(MF, PF, EF, OF, GF, NF) \qquad (4-6)$$

式中①：CR（Course result）——过程结果；

MF——主体要素；

PF——政策市场要素；

EF——政治环境要素；

OF——行政决策机制开放程度要素；

GF——政府偏好要素；

NF——其他要素。

结合公式（4-6），作者提出了如下 6 项评价指标：（1）主体结构状况；（2）政策市场供求稳定性状况；（3）行政决策机制开放程度；（4）政治环境公开性；（5）政府偏好合法性；（6）其他。这种方法适合于从宏观范围评价经济政策公共选择的效率，而不适合于对经济政策公共

---

① 式中：MF（major player of the public choice factor），PF（product market of the social security factor），EF（political environment factor），OF（openness extent factor of the administrative decision-making mechanism factor），GF（government preference factor）.

选择作微观、具体的分析。对微观、具体的分析来说，这种方法所取的指标并非十分合适。

需要说明，在选择指标时往往因人而异，带有较大的主观随意性。因此，首先要对选择哪些经济政策公共选择评价标准指标达成共识，否则就无法实际展开对经济政策公共选择的效率评价；其次，即使能够在选择经济政策公共选择评价标准指标上达成一致意见，如何对这些指标作综合评价的问题仍然悬而未决，如各个指标之间如何排序，对各个指标应给出多大的"权数"等。在选择同样指标，但对指标排序和"权数"确定不同的情况下，对经济政策公共选择效率的总体评价便可能相差甚大。

作者认为，使用帕累托最优标准评价经济政策公共选择的效率比较合适，因为经济政策公共选择变革和创新的目的就是为了实现"帕累托改进"。帕累托最优标准可以为评价经济政策公共选择的效率提供一个单一而精确的尺度，虽然运用这一评价标准还需要进行理论上的深入探讨，但是在逻辑上是可行[①]。

3. 关于政策效率评价标准的功能和价值

在讨论经济政策公共选择的效率评价方法以前，有必要进一步对效率评价标准的功能和价值进行探讨。

在理论上追求一种完美的、面面俱到的评价标准是脱离实际的。前面讨论的政策公共选择的效率评价概念不会构成这样的标准。如果只是使用效率评价的一项标准（即使是前述的政策公共选择效率评价的帕累托最优标准），放弃或很少使用其他评价标准，自然会产生片面性或某种"缺点"。只要效率评价标准能够满足本节分析政策公共选择效率评价的特定要求，以这些片面性或缺点为代价就有其合理性。那么，本节对分析政策公共选择效率有什么特定要求呢？或者说，本节分析政策公共选择效率的着眼点在哪里呢？简单地说，本节把节约或效率评价改进作为分析政策公共选择效率问题的关键所在。本节强调对政策公共选择效率作微观、具体

---

① 此处虽然运用这一评价标准还需要进行理论上的深入探讨，但是并非不可解决，参阅第9章第2节有关分析。

的分析，有时也需要有一些宏观和相对抽象的分析。正如前面的讨论所阐明的，政策公共选择效率的评价标准能够较好地适应这些要求[①]。

同时，作者也重视政策公共选择效率评价标准的可观察性、可评价性，以及应用这些标准作政策公共选择效率分析时的可操作性。这些要求将集中体现在对具体的效率评价方式的选择和设计上。与那些虽然逻辑上精确但不易评价，甚至不易观察的效率评价方式相比，本节更关注那些虽然逻辑上不很严格，但易于把握的效率评价方式。这一点正是本节在提出若干理论化的评价方式后，又提出了一些借助常识就可以作出判断的评价方式的原因所在。这样，虽然总体上说本节评价政策公共选择效率时采取的是单一的效率评价标准，但效率评价的方式则是复合的。

需要说明，应用效率评价标准分析政策公共选择本质上是一个价值判断过程。例如，效率评价高的政策公共选择效率是"好"的、"优"的，效率评价低的政策公共选择效率是"不好"的、"劣"的。同时，作者对政策公共选择效率的评价分析是实证的，本节描述的是政策公共选择实现的效率状态，并不对这种效率本身的状态进行评价，以避免过多的规范性分析。可以说，规范性和实证性的统一是政策公共选择效率的评价分析的一个特色，虽然这不影响在实际分析时把二者相对分开。

4.3 本章小结

本章论证的逻辑基础是：不同类型的经济政策公共选择，其构成要素是相同的，只是构成要素的组合结构不同。在此基础上，构建了用于分析具体经济政策公共选择的 MPEOG 系统。

MPEOG 系统可以划分为主体、政策市场、政治环境、行政决策机制开放程度、政府偏好等 5 个子系统，这 5 个子系统之间构成了 24 种结构

[①] 参考了知名经济学者、国务院发展研究中心副主任刘世锦关于经济体制效率的有关分析。

关系。

探讨了建立基于 MPEOG 系统的经济政策程序模型的基本步骤与方法，对系统内部要素及其决定因素的关系作了典型性说明，并对 MPEOG 系统内部要素关系进行了总体描述。这为经济政策公共选择分析提供了创新性的分析工具。

结合交易费用探讨了如何建立针对经济政策公共选择效率的评价标准。作者建立了政策公共选择成本、收益和效率的概念；提出了政策公共选择效率的三种评价方式；指出在实际评价分析中借助那些不"规范"的，但易于观察和判断的评价方式，则可能达到更好的效果。

第5章
中国经济政策公共选择的逆效率

【本章导语】

现象——因素原因——体制原因,这是经济学一种常规的分析路径。经济政策公共选择中逆效率产生的原因是复杂的,它与经济体制和政治体制的结构密切相关。这就是说,不能局限于现象的说明来看待经济政策公共选择中的逆效率问题,而是要分析体制原因。

第8章

中国农村老年人权益保障

第一节

[本章内容]

第5章 中国经济政策公共选择的逆效率

本章在分析经济政策公共选择的规范的基础上,参考初级政治市场、政策供给市场、政策执行市场的划分,对经济政策公共选择中的逆效率现象进行了分析。

5.1 经济政策公共选择的程序规范

在经济政策公共选择的初级政治市场、政策供给市场和政策执行市场中,主体、政策市场、政治环境、行政决策机制开放程度、政府偏好等要素(也是MPEOG系统的五个基本要素)始终在发生作用,即现实中的具体的经济政策公共选择构成要素是相同的。但是,由于这些构成要素在经济政策公共选择中的特定组合结构不同,产生了现实中千差万别的具体化的经济政策公共选择过程。

所谓"运行中的要素组合结构不同",是指在具体化的经济政策公共选择的特定运行程序中,MPEOG系统的各个要素的作用权重(或者作用系数)各不相同。这最终形成了经济政策公共选择过程的3个市场和6个运行程序及其全过程的不同的效率表现。

帕累托最优(Pareto Optimal)是经济政策公共选择的效率最大化目标,为实现这一目标,经济政策公共选择需要实现以下主要规范原则:

1. 初级政治市场

(1)提出预案程序(直接投票程序)规范原则。这一程序的主要内容是将主体提出的经济政策提交给经济政策的制订部门,其主要规范原则包括:①居民、企业等主体具备对经济政策有效表达民意的路径;②完备的对经济政策表达民意的投票机制（投票规则）；③居民、企业等主体表达对经济政策民意的微观运行机制或制度；④居民、企业等主体的部分人权的具体体现——经济政策话语权受到充分尊重等。

（2）政策制订程序（间接投票程序）规范原则。这一程序的主要内容是多元主体参与协商或谈判，参与代议或代议机构的审议过程，其主要规范原则包括：①利益集团影响力受到政府管制的限制；②与经济政策制订高度相关的行政管理法律和法规基本完善；③政府部门制订经济政策的行为受到严格的管制和监督；④居民、企业、中介组织等主体的经济政策话语权益受到政府管制维护等。

（3）进入审议程序规范原则。这一程序的主要内容是政府部门制订经济政策并进入立法程序提交代议或代议机构，其主要规范原则包括：①代议或代议机构对经济政策的审议权和决策权受到尊重，并有完备的经济政策的法律和法规（如中央银行法、社会保险法等）保证；②代议或代议机构对经济政策的审议和决策程序法律化；③居民、企业、中介组织等主体能够向代议或代议机构直接表达对经济政策的民意；④利益集团对代议或代议机构的影响力受到法律限制；⑤代议或代议机构的组成人员具有广泛的代表性；⑥代议或代议机构的职能完备，并且得到充分行使。

2. 政策供给市场

进入执行程序规范原则。这一程序的主要内容是政府部门执行代议或代议机构通过的经济政策，其主要规范原则包括：①中央级与地方级、部门级政府部门的权力范围和权责关系界定清晰；②政府部门行政执行的管制完善；③与经济政策执行高度相关的政府部门内部管理机制富有效率；④对经济政策执行程序的管制完善；⑤中央级与地方级、部门级政府部门之间针对政策执行的管制化的考核制度；⑥经济政策执行具备透明性、公开性。

3. 政策执行市场

（1）监督程序规范原则。这一程序的主要内容是主体对政府部门进行监督（主要是提出各种意见）。

（2）评价（反馈）程序规范原则。这一程序的主要内容是主体、代议或代议机构对政府部门的工作和经济政策进行综合评价。这两个程序的主要规范原则包括：

①形成针对经济政策执行的管制化的行政奖惩制度，保证主体的评价对政府部门具备奖惩作用；

②完善的与经济政策相关的行政复议法律和法规体系；

③完善的与经济政策相关的行政诉讼法律和法规体系；

④健全的信访制度；

⑤针对经济政策的新闻媒体的采访权、报道权受到尊重；

⑥针对经济政策的社会舆论的公开评论权受到尊重。

作者以中国作为典型案例，参照以上经济政策公共选择的主要规范原则，将中国经济政策公共选择中具体的逆效率现象和问题进行了分类和归纳。中国经济政策公共选择中存在的主要逆效率现象和问题如下：

（1）初级政治市场。

①提出预案程序（直接投票程序）。A. 居民、企业等主体对经济政策缺乏有效表达（或表达）民意的基本路径；B. 居民、企业等主体对经济政策表达民意的微观运行机制不完善；C. 尚未建立针对经济政策民意表达的具体化的投票机制（投票规则）等①。

这一程序在现阶段表现出的主要矛盾是 A，而 MPEOG 系统的公共选择要素是矛盾 A 出现的主要成因之一。

②政策制订程序（间接投票程序）。A. 利益集团对于经济政策的制订具有极强的影响力和制约力；B. 与经济政策制订高度相关的行政管理法律和法规很不完善；C. 政府部门制订经济政策的行为缺乏基本的管制和有效监督；D. 居民、企业、中介组织等主体的经济政策话语权益没有受到法律的充分保护等。

这一程序在现阶段表现出的主要矛盾是 A、B。在此，MPEOG 系统的公共选择要素是矛盾 A 出现的主要成因之一；MPEOG 系统的政治环境要素、行政决策机制开放程度要素是矛盾 B 出现的主要成因。

③进入审议程序。A. 人民代表大会对经济政策的审议和决策程序有

---

① 广义的投票形式范围广泛，如听证会、讨论会、社会问卷调查、民意测验等。

待完善和细化；B. 利益集团对人民代表大会具有很强的政策影响力；C. 人民代表大会的职能不健全。鉴于这一程序表现的矛盾存在于很多领域或行业，作者在此暂不作专门的分析。

（2）政策供给市场。政策供给市场的主要内容是经济政策的执行程序。①中央级（国务院等）与地方级、部门级政府部门的权责关系模糊；②政府部门的行政执行的管制不完善；③与经济政策执行高度相关的政府部门内部管理机制缺乏效率；④经济政策执行缺乏透明性、公开性。

这一程序在现阶段表现出的主要矛盾是①、③，并直接反映为"政府寻租"的种种具体表现。在此，MPEOG 系统的行政决策机制开放程度要素是矛盾①、③出现的主要成因。

（3）政策执行市场。这包括行使监督程序和事后评价（反馈）程序两个方面。①主体的评价对政府部门不具备约束力；②与经济政策相关的行政复议、行政诉讼法律和法规不完善；③信访制度不健全；④针对经济政策的新闻媒体和社会舆论的监督不充分[①]。

这一程序在现阶段表现出的主要矛盾是①、③。在此，MPEOG 系统的政策市场要素、政府偏好要素是矛盾①出现的主要成因；MPEOG 系统的主体要素、政治环境要素是矛盾③出现的主要成因。

下面针对中国经济政策公共选择中存在的主要逆效率现象，进行深入的探讨。

5.2 初级政治市场（一）：民意表达的制度约束

5.2.1 民意表达制度缺位的表现

从中国劳动保障监察案件结案情况可以看出，主体中的需求方对于现

---

① 郑传坤主编：《公共政策学》，法律出版社 2001 年版。

存的经济政策存在诸多意见,直接反映为经济政策执行中的社会阻滞。在经济政策形成过程中,政府(中央政府)可以运用其行政手段和政治策略使自己的偏好(意愿)转换为现实政策,具有其他主体所不具备的资源(包括经济资源和行政资源)和能力。

根据信访统计数据分析,2003年以来,群众信访总量呈现上升趋势。2011年,31个省、自治区、直辖市党政机关共受理群众来信来访量比上年同期有较快增加,其中接待群众集体访问批次、人次同比分别上升。部分省市群众上访特别是群众集体上访上升趋势也很明显。

在上访者反映的问题中排在首位的就是就业、劳动保障等经济政策、企业改制问题。其中,拖欠在职和离退休人员工资、职工下岗失业后再就业困难、基本医疗无保障、社保基金不到位等,是集体上访中反映十分突出的问题。

5.2.2 民意表达制度缺位的原因

1. 政府轻视民意导致经济政策的不公平

从经济政策公共选择分析,经济政策的不均质(不公平)一般表现在经济政策费分担的不公平、主体的经济政策话语权益不公平等方面。而产生这种不公平的一个重要原因是在经济政策公共选择的五个协商过程[①]中没有展开充分的"政策谈判(讨论)"和对政策意见的信息交流。

(1)政府轻视居民民意,导致居民经济政策话语权不平等。政府对居民的政策民意的轻视正在激化着矛盾,使潜在的社会矛盾乃至政治风险持续扩张。国有单位职工与非国有单位职工、本地户口居民与外地户口居民、机关事业单位职工与一般企业职工,因身份与等级的差异而形成极不平等的格局,它直接损害着经济政策的公平与公正,阻碍着统一劳动力市场的形成,同时直接诱导着人们福利价值观念的不当选择,最终激化社会成员之间的矛盾,形成"居民风险——群体风险——群体要求及相应行

---

① 参阅关于经济政策公共选择过程的5个协商过程的分析。

动——社会动荡"的链条。

（2）政府轻视企业民意，导致企业负担不平等，直接影响政治环境。反思现实，能够把经济政策问题看得更清晰。当前，国有企业职工90%以上参加了基本养老保险与失业保险，其他项目的参加者亦多是国有企业职工。这就是说，部分企业参加了社会保险的一项或多项，部分企业根本未参加社会保险。这种状况的直接后果，一方面是企业因承担着社会保险缴费义务的不平等而造成企业人工成本结构的巨大差异，进而直接损害着企业的公平竞争。另一方面则直接诱使企业不参加社会保险，或者拖欠社会保险费，从而增大了社会保险制度推进的阻力，并增加了改革的成本。据人力资源和社会保障部社会保险事业中心统计，有的欠费甚至因企业关门或企业确实无法恢复生产经营但根据有关政策又破产不了而形成"死账"，这意味着企业拖欠社会保险费的现象还在恶化。企业欠费的现象，显然并非只是企业经营不良的结果，更为重要的是应当从制度是否真正实现了公平负担来寻求原因。

（3）中央政府制订经济政策时未充分考虑地区间差异，导致地区间负担不平等，直接损害地区之间的公平竞争。由于历史的原因，不同地区的负担亦有很大差异。这种不平等的格局还直接阻滞政策统筹层次的提高，因为负担小的地区与负担大的地区对政策的期望不同，负担小的地区不愿意分担负担大的地区的负担，要强行推进新政策便面临着巨大的阻力。当然，单纯指责负担小的地区缺乏分担风险的责任心亦有失公允，因为这种格局是历史与现实混在一起的结果[①]。

可见，现行制度在实践中带来的企业之间、地区之间与居民之间的不平等，不仅是对制度公平性的损害，同时也是对市场经济公平竞争环境的极大损害。

2. 社会中介组织滞后——对经济政策民意表达的社会组织约束

中介机构社会功能和作用十分重要。民间性雇主组织、商会发育滞

---

① 郑功成主编：《全球化下的劳工与社会保障》，中国劳动社会保障出版社2002年版，第1章。

后，导致企事业单位对经济政策表达、民意表达缺乏制度保证。

改革开放以来，我国社会中介机构应运而生，经过多年的探索和实践，这些组织规模逐步扩大，层次不断提高，社会功能和作用也日趋突出，其价值取向和政治导向总体上是积极、向上和健康的，在社会经济中，发挥着越来越重要的作用。推进行业协会商会规范发展，逐步形成体制完备、结构合理、职责明确、行为规范、法制健全的行业协会商会体系，是社会主义市场经济发展的迫切需要。雇主组织等中介组织的存在和发展，有利于促进经济和政治体制改革的深化，有利于在市场经济条件下强化对企业的行业管理，有利于企业进入国际市场参与国际竞争，有利于事业单位对经济政策表达民意。

但是，我国社会中介机构目前总体上仍处在初级阶段，不同行业、不同地区之间差别很大，雇主组织在发展过程中，也存在诸多缺陷和问题，严重制约着商会功能的发挥。主要表现在：一是雇主组织官办色彩浓厚，运作不规范。当前，多数雇主组织行政色彩较浓，在组织形式、运作机制、人员素质和服务水平等方面，与国外雇主组织有较大差距。有的商会、行业协会是由政府主管部门脱胎转制而来的，具有浓厚的官办色彩，对自己在新的条件下行使应行使职能，作用意识尚不到位，或因机构改革相关法律体系尚未健全，导致了有职无权，权与利不分和越权越位的局面。这样既削弱了商会对企业的吸引力，也使得商会无法摆脱政府主管部门的不合理干预。二是雇主组织设立标准不统一，发展不平衡。目前我国商会的设立与分布没有统一的标准和要求，既有按照所有制性质划分的，也有按照行业划分的；既有全国性的，也有区域性的。行业商会设置由于缺乏统一的设立与分布标准，造成重复设立，职能交叉等问题，行业活动不能很好开展，行业商会权威受到损害，反而增加了工商企业的负担。三是雇主组织管理监督不力，机制不健全。雇主组织难以通过经济的、法律的和行政的手段来实施有效的行业管理，使一些行业自律的运行机制无法真正形成，雇主组织在实践中的作用发挥不好，有的行业商会几乎成为与改革滞后的政府机构运作并行的"旧体制帮手"和"新体制的摆设"。

3. 工会等社会团体僵化对民意表达的制度约束

由于受到多种因素制约，工会和职工代表大会未能充分发挥作为居民和企业民意表达的微观组织制度应具有的功能。

（1）工会制度的职能与制度约束。20世纪90年代后，中国工会事业取得了显著发展。从管制的角度看，这表现在关于工会的法律和法规体系的不断完善方面。有些法律法规关于工会存在基础、职责、权力的界定突破了传统计划经济体制的观念制约。1992年的工会法和1995年的劳动法规定，维护职工利益是工会的基本职责，承认工会是劳动关系矛盾的产物。这就准确地界定了社会主义工会存在的客观基础。

社会主义工会存在基础的理论有以下继承发展的逻辑链条：公私矛盾——经济矛盾——劳动关系矛盾。公私矛盾太抽象、空泛；经济矛盾仍然宽泛，例如在所有制基础上并无矛盾；劳动关系矛盾最准确，是工会存在的最根本基础。

中华全国总工会2009年和2010年全国工人阶级队伍状况调查显示，工人阶级中职工内部可以划分为四个组成部分：①工人，由直接生产工人、辅助生产工人、服务性劳动工人组成，其人数约占工人阶级队伍总体的4.8%；②技术人员，由专职技术员工、一般干部、科级干部、企业中层管理者组成，其人数约占工人阶级总体的3.1%；③管理人员，由处级干部、企业高层管理人员组成，约占总数的0.2%；④高级管理者，局级以上管理干部，约占总数0.07%。工会代表职工利益，主要是代表普通职工的利益，他们占中国职工的绝大多数，在与企业发生矛盾的时候，他们处于弱者地位。

工会的存在之所以成为客观必然性，其根本原因就在于它肩负着维护职工合法权益的基本职责。工会服务于党的中心任务的主要手段是维护。工会必须通过依法调整劳动关系来更好地维护职工的合法权益。

现阶段工会发展面临诸多约束：

①工会的代表权和维护权缺乏保障。首先，对工会与中国共产党各级组织的权责关系、工作范围、组织关系缺乏明确的管制界定，直接导致工会的工作边际模糊。其次，基层工会编制普遍不足，人员过少，在维护上

力不从心。再次，对工会在维护过程中通过各种努力仍维护不了的问题，基本没有法律约束。最后，工会自身利益维护得不到制度保障。

②工会领导体制有待完善。应进一步理顺企业集团工会组织的领导关系并明确经费管理法规。各地反映《全国总工会关于企业集团建立工会组织的试行办法》，以及《全国总工会关于企业集团公司工会经费管理的规定》（以下简称《规定》）比较符合企业集团的实际，操作性比较强，对规范和指导企业集团工会组建工作有重要作用。但从实施情况看，有几个问题需要解决：一是目前有相当数量的企业集团为国务院及其有关部门直属企业，由于这些企业集团大多原是中央单位或中央有关部门直属企业，层次高、规模比较大，现在党的关系和领导班子的管理仍属中央工委，许多企业集团建立公司工会希望直接接受全国总工会或相关全国产业工会的领导，需理顺其领导关系。二是需要研究跨地区企业集团公司工会经费管理体制问题。按照《规定》的要求，企业集团公司所属子公司在外地的，其经费上缴渠道和比例不变。但许多集团公司工会表示，集团公司工会往往需要围绕集团的中心工作统一开展一些活动，还要对子公司工会工作进行必要的指导，没有经费的保证，工作不好开展。三是国防系统原来的五家国家总公司成立了十大企业集团，目前正在按照现代企业制度进行规范。这些企业集团如何建立集团公司工会、其工会组织与地方工会和产业工会的关系，以及工会经费管理体制等问题，均需加以研究和明确。

工会领导机关机构存在着一些需要解决的问题。工会领导机关的机构设置没有随着突出维护职能和工会工作重点的调整而调整，机构设置不合理，使一些部门工作单一、人员过剩，而另一些部门则任务过重，顾此失彼。不少省总工会的同志反映，省总组织部要对口接受全国总工会组织部、基层工作部、经济工作部的业务指导，完成上级布置的各项任务，实在难以应付。机构设置职能交叉、工作重复。工会领导机关人事制度改革滞后，工会干部队伍的结构不尽合理，工会领导机关尚未能建立起有效的激励约束机制。

其一，工会组织体系不完善、组织结构不合理。建立乡镇、街道工会，加强对乡镇企业和街区企业工会工作的指导，是当前工会组织建设面临的一个重要课题。这方面存在的主要问题包括：一是乡镇、街道工会不够健全；二是乡镇、街道工会无编制、无机构；三是乡镇、街道工会的性质、职责和任务不够明确。外商投资企业、私营企业工会联合会需进一步规范和完善。其组织形式、机构设置、干部配备、职责任务不明确，各地具体操作时随意性比较大。新建企业工会组建进展缓慢，改制企业工会组织解体现象突出。

其二，产业工会面临的问题。对于产业工会地位作用的认识存在着较大的差异。一是地方工会往往把产业工会视为自己的一个部门，常常部署许多非产业特色的工作，使产业工会不能集中精力抓产业特色的工作。二是地方厅局并未把厅局工会作为一级产业工会来对待，实际上是当做厅局的一个附属机构，产业工会难以发挥作用。在改革中，一些厅局撤并，厅局所属工会也随之撤并。特别是随着企业多元化经营和大集团、大公司的发展，产业界限日益模糊。一些地方党政领导包括工会系统的某些同志认为，全国和省级产业工会可以撤销。这些问题的存在，严重制约了产业工会作用的发挥。

产业工会设置遇到的新情况、新问题：一是在政府机构改革中，一些部委（厅、局）被撤并或重新调整，其产业工会组织设置、机构编制、干部配备等都没有得到相应的解决。二是一些政府专业经济部门改制为控股集团公司（资产经营性公司）后，原设在其部门的产业工会如何设置成为问题。三是在机构改革中把工会与党委的群众工作部门合并或合署办公的现象比较突出。

（2）职工代表大会制度的职能与制度约束。

①职代会是工人参与管理的重要渠道。20世纪80年代以来，职代会逐渐成为工人参与管理的重要渠道。职代会由一个企事业单位中选举产生的职工代表组成，他们将参与决策以便监督管理。它的主要职能包括：检查企事业单位管理责任人（或者部门）的生产计划和预算；讨论和决定将企事业单位资金用作福利和奖金；决定有关管理结构、报酬体系与培训的变革；对管理进行评价，并对上级机关提出有关奖励、提升、批评和撤换的建议；选举经理和管理人员。

20世纪90年代初以来，中国进行了一系列企事业单位管理的民主化改革。主要原因如下：

来自于企事业单位内权力集中现象，即政治原因。就是说，职代会制度在起源和设计上，不是处理利益冲突的代表机制，也不是自发协调群体之间紧张的组织。改革初期中国领导者认为，参与战略有助于政治稳定。

要把劳动者结合于决策过程，以提高生产积极性、改善产品和服务质量。这主要是经济方面的考虑，中国领导把劳动者参与结构看做提高生产积极性和建设经济现代化的有效工具。

受到"文化大革命"的影响，中国共产党需要形成工人阶级参与形式合法化的制度，引导工人阶级支持党的政策。按照1982年宪法，在企事业单位内确定民主管理参与的原则，工人阶级在车间、党组织、社会里发挥主导作用。这表明，政府已知道改革和现代化目标的成功需要劳动者的支持和拥护。

中央领导认为，应该制订职代会条例，加强企事业单位的民主管理。

由此可见，对企事业单位进行的民主管理改革，不是发起于劳动者组织，而是发起于政府部门。

②企事业民主管理的发展滞后。随着中国经济布局的战略性调整，企事业单位的战略性改组和非公有制经济的快速发展，企事业单位产权关系、劳动关系、职工队伍结构发生了一系列变化，以职工代表大会为基本形式的企事业民主管理制度正面临着新的挑战。

在改革过程中，职代会工作出现制度不健全、组织不落实、程序不规范、职权不到位、代表不培训、到期不换届的现象。产生这种现象的原因有：

法律法规严重滞后，职代会组织设定的依据不准确。职代会的范围主要局限于公有制企事业单位。由于缺乏相应的法律依据，非公有制企事业单位大多没有建立职代会组织；而相当一部分原来建有职代会制度的集体企事业单位在进行公司制改造时，也以不同形式淡化或取消职代会。

法律法规内容不统一。劳动法、公司法与职工代表大会条例相比，在职代会的工作内容、职权范围、法律地位的表述上出现弱化的趋势。

职代会现行五项权力对全民和集体企事业单位以外的其他所有制类型的企事业单位不适用，对改革中的公有制企事业单位本身也难以适用。现行法律法规已经不能完全适应公有制企事业单位的需要，而大多数非公有制企事业单位的职工民主管理又没有专门法律规范，这种实际状况迫切需要迎接挑战，积极探索，推陈出新，在实践的过程中坚持和发展职代会制度。

有限制工人阶级主人翁地位的主张。一种观点认为，"主人翁"是一个政治概念，不宜将其引入日常的经济生活中，主要理由是它不能解释"谁听谁的"。这种观点主张，如果职工在企事业单位中真的处于主人地位，那就应享有选举经营者和决定企事业单位重大决策的权力，对厂长的决策也应有否决权，那企事业单位经营如何正常运行下去呢？这种观点不仅与企事业单位效率论，而且与劳动者无能力论相关，也是大部分产权论者（私有产权派）的主张。甚至有些人主张，职工代表大会是计划经济的产物，与市场经济无关，而且企事业单位的生命在于效率，企事业单位里不需要任何民主。

③职代会发展面临着制度危机。20世纪90年代以来，随着以股份制为中心的现代企事业单位制度建立的加强推进，职代会制度面临着危机。现代企事业单位制度以产权清晰、所有权和经营权分离为目标进行改革，在这个过程中，出现股东大会、董事会、监事会等新的制度，这些制度与职代会之间的关系逐渐模糊。因此，"新三会"和"老三会"之间的矛盾突出，因为关于股份制企事业单位基本结构的公司法只提出设立职代会的应当性规定，而不规定关于职代会的具体权限，使得这种情况变得更为严重。

5.3　初级政治市场（二）：利益集团与政策垄断

利益集团（interest group），亦称为压力集团（pressure group），指那些有某种共同的目标并试图对公共政策施加影响的组织。政府部门是一种"特殊"利益集团或利益部门。为了避免论证过于宽泛、分析对象模糊，除专门说明外，作者所述利益集团是指行业管理部门、具有行业垄断地位的大型国有企业、地方政府及其官员，以及有较大社会影响力的社会团体和组织机构等。

5.3.1 典型案例

以下 3 个典型案例可以证明，在现阶段中国经济政策形成过程中，利益集团对中央部门的决策具有较强的影响力[①]。

1. 行业管理部门对中央部门的政策制约力

20 世纪 80 年代中后期，养老保险费用系统统筹的获准，从一个方面深刻证明了行业管理部门对中央部门的政策制约力。

航空、电力、邮电、石油等行业的企业不愿参加地方社会保险机构组织的养老保险费用统筹，先后向国务院申请自行搞统筹。这主要是因为这些行业在不同程度上具有国家垄断的特点，在国家的政策保护下，获得高额的垄断利润，在职职工的工资待遇高，退休待遇明显高于其他行业。而且，这类行业的职工年龄结构年轻，养老负担轻，若参加地方组织的养老保险费用统筹，则缴纳的保险费明显多于从社会保险机构领取的养老金。

1985 年年底，水利电力部向国务院申请实行本行业系统统筹。国务院接到申请后，征求当时的劳动人事部意见，劳动人事部对此表示反对。理由有：一是经济体制改革的总的方针是实行政企分开，政府对企业实行间接管理，绝大多数企业要下放地方、依托于中心城市，由水利电力部直接组织养老保险统筹，不利于实行政企分开；二是中央领导同志指示职工养老保险要逐步推行以县、市、省为单位的统筹制度。

国务院考虑到水利电力行业是重要的国民经济支柱产业，从经济发展战略上来说，政府应保护这类行业的利益。因此，1986 年 4 月，国务院同意了水利电力部的请求，批准其作为第一个养老保险费用实行系统统筹的行业。

[①] 案例的介绍文献参考了北京大学蔡亮博士写于 1998 年的毕业论文《利益冲突过程中的制度变迁》中第 3 章第 4 节的部分内容。

这对其他行业起着强烈的示范效应。在以后的 1987 年和 1988 年两年中，铁道部、邮电部、中国建筑工业总公司及石油天然气总公司都先后向国务院提出申请，并先后得到了国务院的批准。此后，国务院意识到了系统统筹的负效应，不准备再批准新的系统统筹行业。

然而，1989 年 7 月，交通部要求对本部直属企业实行养老保险系统统筹。当时，劳动部坚持主张中央部属企业参加地方统筹是统筹制度的主流，是社会保险制度发展的方向，中央部属企业（除国务院已批准的）不宜再搞系统统筹。

对此，国务院很为难。因为从已经批准的五个实行系统统筹的行业的运行情况来看，确实出现了不少问题。但交通部门所属企业与已经批准实行系统统筹的企业具有非常相似的特点，交通部门也是国民经济的命脉，必须加以支持和保护。完全否定交通部提出实行系统统筹的要求是不行的。因此，经国务院办公厅协调，劳动部答复交通部，同意交通部直接组织水上运输和水上施工企业养老保险系统统筹。但由于地方劳动部门的抵制，到 1992 年 6 月尚未落实。

交通部再次提出：在中国未实行养老保险费用社会统筹之前，实行交通部直属企业固定职工、合同制工人养老保险系统统筹。考虑到劳动部向国务院反映了系统统筹所带来的不良影响，对于交通部的以上请示，国务院没有给予及时答复。

为引起国务院的足够重视，1992 年 8 月，交通部联合中国人民银行、中国民用航空局、中国船舶工业总公司、中国统配煤矿总公司、中国石油天然气总公司、中国核工业总公司及中国有色金属总公司等部门给国务院呈递了《关于拟实行养老保险系统统筹的请示》。

尽管劳动部为阻止新的系统统筹做了最大努力，但鉴于交通部等部门的强大的谈判力量和国务院自身的利益，国务院于 1993 年 10 月同意交通、煤炭、银行、民航、石油、有色金属等六个部门实行系统统筹。这在各地引起强烈反响，陕西、山西、湖北、福建等各省人民政府向国务院递交紧急报告，陈述中央企业参加地方统筹的可能性及必要性，建议国务院改变政策。然而，国务院文件既然下发，只能遵照执行。

2. 地方政府与行业管理部门的冲突

关于此问题的典型案例是海南省与 11 个行业部门发生的政策冲突。

1993 年 12 月，海南省人民代表大会常委会审议通过了《海南经济特区城镇从业人员养老保险条例》，并于 1994 年 2 月报全国人民代表大会和国务院备案。该条例规定：适用范围包括在特区城镇的所有从业人员，包括中央部属企业都要参加海南省地方统筹。

1994 年 4 月，省政府向国务院呈报了《关于请求特许中央在琼单位一律参加海南省养老保险统筹的请示》。考虑到海南是经济特区，又一直是国家体制改革委员会社会保险制度改革的试点地区，同时国务院当时也没有意识到这将是一场异常激烈的冲突的开端，所以国务院并未明确不同意海南的请求。

1994 年 8 月，海南省政府颁布了《〈海南经济特区城镇从业人员养老保险条例〉实施细则》，进一步明确规定适用范围包括"原实行养老保险中国系统统筹"的行业。海南省经济政策局依法行事，要求实行系统统筹的各行业在海南省的各单位遵守地方法规，参加地方统筹。但这些单位以已经国务院批准实行行业统筹和各主管部门不让参加地方统筹为由，拒绝参加海南省的养老保险费用地方统筹。

海南省与实行系统统筹的行业之间发生激烈冲突。邮电部等 11 个行业认为海南省经济政策局的做法是不妥的，要求国务院法制局和有关部门对海南省地方统筹与系统统筹之间的矛盾能尽快予以协调解决，要求劳动部作为社会保险工作的主管部门给予干预和协调。劳动部自始至终是反对系统统筹的，理应支持海南，但考虑到 1995 年 3 月国务院发布的《国务院关于深化企业职工养老保险制度改革的通知》中已明确规定：已经国务院批准实行系统统筹的企业仍然实行系统统筹，劳动部作为国务院职能部门，必须不折不扣地执行国务院决定，有 11 个部门设在海南的企业应参加系统统筹。所以，接到中国人民银行和邮电部的报告后，劳动部感到左右为难。经认真研究，劳动部决定暂采取"尽量超脱，默然处之"的态度。

从以上各部门的意见看，除劳动部可能理解和同情海南省的做法，但又不能明确表示支持外，其他各部门都认为海南省的做法有损于国务院的权威，是不对的。

1995年6月，邮电部、中国人民银行、民航总局及中国工商银行、中国农业银行、中国银行、建设银行、交通银行、中国人民保险公司等9家单位联合向全国人民代表大会常委会反映情况，希望能尽快妥善解决这个问题。11个系统统筹部门一起上访国务院办公厅秘书四局反映情况，要求国务院出面协调。国务院办公厅秘书四局电话通知劳动部，要求劳动部出面协调，并致函劳动部。海南省经济政策局强行要求他们参加地方养老保险统筹。

1995年7月，由国务院法制局和劳动部组成联合调研组，赴海南调研，分别听取了海南省人事劳动厅、省经济政策局、省法制局、省高级人民法院行政庭的意见，并召开了邮电、民航、银行三个部门企业的座谈会。调查组赴海南期间，做了大量协调工作，经海南省人民法院院长批准，暂缓对有关单位的强制执行处罚，并赴京向最高人民法院作了汇报；同时，海南省人民代表大会常委会副主任也带队来京，分别向全国人民代表大会常委会及法律工作委员会、国务院办公厅、国务院法制局做了汇报。

在调查组拟定给国务院有关领导的《关于妥善处理海南省与中央有关部门（单位）养老保险纠纷问题的请示》（以下简称《请示》）中，调查组认为，这一事件关系到中央政府与地方代议机构的关系问题，国务院法制局和劳动部都没有权力作出直接处理的决定，此事最终要通过中央、国务院这一层次的裁决来了结。

调查组提出两个协调解决的方案：一是养老保险维持系统统筹，失业、工伤、医疗保险仍维持地方统筹，并通过地方新闻媒介进行宣传一下，给海南省一个面子；海南经济政策局和中央在琼单位同时撤诉，不再提养老保险参加地方统筹之事。调查组认为，这一方案的好处是由法律诉讼降为行政协调，有利于缓解矛盾；从形式上看，双方均有所得，不存在哪一方"完全失败"；维护了国务院文件的权威性。主要问题是海南省方面的基本要求未能达到，很难接受此方案，因此事态很可能不会就此平息。二是由国务院批准海南经济特区进行统一社会保险制度改革的试点，其中包括中央各在琼单位参加地方统筹。这一方案的好处是回避了"谁的法律效力大、谁服从谁"这一敏感问题；由国务院决定试点，有利于体现国务院控制全局的权威性；局限在海南省试点，可以避免连锁反应；通过试点，可以探索今后改革的途径；因为双方诉讼对象没有了，可以自动取消法律诉讼。

《请示》指出，在海南进行统一社会保险制度改革试点，有较为有利的条件：海南是中国最大的经济特区，又是唯一的省级经济特区，有可能"特事特办"，其他地区难以攀比；海南的劳动力市场发育相对成熟，企业已逐步取消隶属关系，劳动者的身份界限也已打破，双向选择、合理流动的机制初步形成；海南地方立法的进度较快，社会经济运行法治化的程度相对较高；海南省的收入水平相对较高，进行试点后，不至于发生中央企业职工因收入下降而不满的问题。这一方案的主要困难是，有关系统统筹部门可能不愿意接受此方案。调查组明确表态，倾向于第二方案。

《请示》主要反映了劳动部的意见。实际上，从《请示》中提出的解决问题的方案中，可以进一步发现，劳动部试图说服国务院以海南省是经济特区为名义，在海南省首先把各个系统统筹单位纳入地方统筹，因为劳动部一直不主张搞系统统筹。可以说，如果海南省能打赢这场官司，则对劳动部来说也是一个胜利。

1995年12月，国务院有关领导主持会议，研究海南省请求在海南经济特区进行统一社会保险制度改革试点问题。劳动部、人事部、国家计划委员会、国家经济贸易委员会、国家体制改革委员会、财政部、铁道部、邮电部、中国人民银行、国务院法制局的负责同志参加了会议。

会议认为，考虑到11个部门和单位中有的实行系统统筹时间不长，为保持政策的连续性和防止其他地区攀比，已经国务院批准实行系统统筹的部门和单位继续按现行规定执行，其直属企业不参加当地养老保险统筹。实行系统统筹的部门和单位的范围不再扩大。至此，历时一年多的海南省与11个系统统筹部门和单位之间的纠纷，以11个系统统筹部门和单位不参加海南省养老保险统筹宣告结束。

由此可见，现阶段经济政策中利益集团具有强大的政策影响力。

3. 中央政府与利益集团的政策博弈

中央政府取消系统统筹遭到阶段性失败的案例表明，中央政府与利益集团围绕经济政策存在深刻的民意分歧。1996 年 10 月，国务院有关领导就取消系统统筹问题召集会议，听取国家劳动部、财政部、体制改革委员会、经济贸易委员会、计划委员会 5 个综合部门的意见，又责成国家劳动部、体制改革委员会两家共同召集 11 个部门和单位进行座谈并征求意见。5 个综合部门和 11 个系统统筹部门都认为，从长远来看，随着养老保险制度改革的深化，逐步取消系统统筹的方向是对的。但在具体步骤上存在着较大的分歧意见。

5 个综合部门认为，当前，地方统筹主要还是在地、县级的较低层次上，系统统筹纳入地方统筹确有困难。但现在国务院已提出在"九五"期间要逐步取消县级统筹，并向省级统筹过渡；在已经实现省级统筹的地方，系统统筹部门和单位应将其直属企业纳入所在地的省级统筹，并逐步取消系统统筹。

11 个系统统筹部门和单位听说要取消系统统筹，则共同攻击劳动部。各部门和单位深知，取消系统统筹是劳动部的企图，要继续维持系统统筹，必须说服国务院。因此，电力工业部、煤炭工业部、铁道部、交通部、邮电部、水利部、中国人民银行、民用航空总局、石油天然气总公司、有色金属总公司和中国建筑工程总公司等 11 个部门和单位联合给国务院送上《关于企业职工养老保险行业统筹问题的紧急报告》。

作为城镇社会保险主管部门的劳动部认为，目前一下子把系统统筹纳入地方统筹面临客观困难，11 个行业部门又极力反对，国务院只好暂时放弃立即进行经济体制改革、推行国家统筹的计划。《国务院关于建立统一的企业职工基本养老保险制度的决定》明确提出，待中国基本实现省级统筹后，原经国务院批准由有关部门和单位组织统筹的企业，参加所在地区的社会统筹。虽然表面上中央政府、行业主管部门及地方政府都认为系统统筹弊多利少，应该取消，但事实上行业管理部门在这场经济政策博弈中表达了对中央政府经济政策决策极强的制约力。

5.3.2 利益集团与政策垄断：数理分析

1. 问题描述

制订经济政策时应当考虑不同主体的利益，才能保证经济政策有利于帕累托效率的实现。但是，当前几乎所有的理论研究和政策建议都是从政府部门的角度讨论问题，很少有研究报告和政策建议从经济政策利益相关者——需求者（企业、居民、非政府组织等）的视角看问题。一个典型的证明是政府强迫企业负担经济政策的成本，如在准备时间不足的情况下，强令企业缴纳社会保险费、按照劳动合同法应缴的各种人力资源费用（最低工资、岗位补贴等），而理论界只是为这种政府行为进行合理性诠释，并不考虑居民、企业、利益集团的民意（未共谋条件下）和现实困难。因此，本节的论证将基于这样一个价值判断：符合帕累托效率要求的经济政策必须基于对处于多数但分散化的主体民意的尊重（即利益的保护），而不能仅仅考虑政府和利益集团的利益。

本节以一个非对称信息模型讨论经济政策中的利益集团和政策垄断问题，主要分析政策市场背景下利益集团[①]与作为经济政策主要制订者的中央部门（如国务院、国家发展和改革委员会等，以下简称政府部门）的关系。模型主要解决以下问题：①利益集团的政策影响力（如果利益集团的行为可以引起政府部门反应，则说明利益集团具有政策影响力）；②经济政策对利益集团和政府部门的影响；③民意信息结构和共谋对政策市场和居民、企业等主体的影响。

2. 模型的构建

（1）利益集团的行为成本函数。该函数可用下式表达：

$$C = (\beta - e)q \tag{5-1}$$

式中：C 是利益集团行为成本（为影响经济政策的总支出）；q 是经

---

① 为了增强论证的针对性和现实性，此处的利益集团主要指行业政府部门。

济政策供给总量;β 是行为成本或技术参数,β 为遵从两点分布的随机变量:以 υ 的概率出现高效率(低成本)状态 $\underline{\beta}$,以 $1-\upsilon$ 的概率出现逆效率(高成本)状态 $\bar{\beta}$,e 是利益集团领导者的努力程度,$e \in (\underline{e}, \bar{e})$。基于中国现阶段利益集团在经济政策方面享有一定的政策垄断,把这种"政策垄断"定义为经济学意义上的转移支付(即获得来自居民、企业等其他主体的收益)。因此,利益集团的效用函数可以简单地定义为:

$$U = t - \Psi(e) \geq 0 \tag{5-2}$$

式中:$t \geq 0$ 表示政府部门的转移支付;$\Psi(e) \geq 0$ 表示利益集团的痛苦函数,即努力影响经济政策的工作(劳动)付出,假定 $\Psi'(e) > 0$,即付出是努力程度的严格增函数。该式也可以理解为政府部门制订政策时,对利益集团形成的参与约束(或称政策约束)。显然,如果该式小于 0,利益集团不会去从事影响经济政策的活动。

(2)政府部门的效用函数。假定政府部门根据其自身收入约束办事,则政府部门也存在是否进行管理的问题。根据中国的现实情况:政府部门从财政获得固定收入(按人头的财政拨款),在假定人员总数不发生大的变动的条件下,其获得的收入是外生变量。因此,政府部门的效用函数为:

$$V = s - s^* \geq 0 \tag{5-3}$$

其中:s 为政府部门的实际收入;s^* 为最低必要收入。同理,该式是政府部门进行管理的约束。

(3)社会。假定仅考虑经济政策领域,社会的福利总量来自经济政策基金收益、政府部门的效用和经济政策服务消费部门(居民和企业)的政策消费的福利剩余累加。因此,社会福利函数为:

$$W = U + V + \{S(q) - P(q)q - (1+\lambda)[s+t+(\beta-e)q - p(q)q]\} \tag{5-4}$$

把式(5-2)和(5-3)代入,有:

$$W = [S(q) + \lambda P(q)q] - (1+\lambda)[s^* + (\beta-e)q + \Psi(e)] - \lambda U - \lambda V \tag{5-5}$$

式中:λ 是政府对于经济政策进行财政转移支付的"影子价格"或

机会成本，通常以实际利率表示；在经济学意义上，$S(q)+\lambda P(q)q$ 表示居民的全部剩余，是社会福利的净增加项；$s^*+(\beta-e)q+\Psi(e)$ 是全社会维持经济政策体系运行的总成本，乘以 $1+\lambda$ 表示贴现值；U 和 V 在数量上表示政府部门凭各自在政策市场的政策垄断获得的租金，显然，政府"不喜欢"此种租金存在，因此在福利函数中表现为减项。

（4）民意信息结构。政府部门可以通过某种渠道（社会调查或数据搜索等）获取利益集团民意信息 σ。存在 w 的概率，政府部门得到真实民意信息，即 $\sigma=\beta$；存在 $1-w$ 的概率，政府部门没有得到任何民意信息，即 $\sigma=\phi$。因此，存在四种情况组合：存在 vw 的概率，政府部门能够观察到利益集团的高效率状态 $\underline{\beta}$；存在 $v(1-w)$ 的概率，政府部门不能够观察到利益集团的高效率状态 $\underline{\beta}$；以此类推，对于利益集团的逆效率状态 $\bar{\beta}$，同样存在两种可能，在此不赘述[①]。

问题在于，政府部门面向企业、居民等主体的民意信息披露存在一定特殊性。例如，为了维护社会稳定，或基于其他种种原因，政府部门一般不公开它所掌握的民意信息（如企业对于社会养老保险负担不均的不满、农民对经济政策城乡差别的不满等信息）。因此，在本模型中，作如下假定：①政府部门的民意信息披露集合为：$r \in \{\sigma, \phi\}$，即它可以向社会公开其实际观测值 σ，也可以把其观测值定义为机密或绝密级资料 ϕ；②为了便于下文分析，对政府部门民意信息披露方式作以下简化：当政府部门没有得到任何民意信息，它就如实向代议机构（如全国人民代表大会）汇报 $r=\phi$；当政府部门得到真实民意信息时，它有两种选择：如实汇报 $r=\beta$，或宣称没有发现问题 $r=\phi$。下文的分析将证明：无论该民意信息结构的形成是何种原因，都会导致政府部门管理制度的扭曲。

3. 经验性观点

一个由利益集团对经济政策进行垄断的局面不利于政策市场的运行。

[①] 利益集团的高效率状态指对于政策的影响力很强的状态；利益集团的低效率状态指对于政策的影响力很弱的状态。

利益集团极大地损害经济政策的公平性。利益集团对经济政策的影响力未引起政府宏观经济决策部门的足够重视。通过法律和法规建设，控制或约束利益集团对经济政策的影响力，是政策市场趋向帕累托效率的必要前提。

建立主体民意信息表达制度极其必要。在民意信息对称的状态下，共谋问题很难发生。可以尝试不断完善主体民意信息表达的有关法律和法规，例如推行经济政策听证制度是一种积极的尝试①。

5.4 政策供给市场（一）：经济政策与政府失灵

5.4.1 政府机构规模增长的状态与趋势

改革开放30年来，在国家经济政策影响力不断提高的同时，政府部门规模增长的事实是毋庸置疑的。

政府规模增长既可以表现为绝对规模增长，也可以表现为相对规模增长，前者用税收和政府支出绝对量的扩大来刻画，后者用人均所纳税额和人均支出额或税收和政府支出分别占GDP的比例来表示。自20世纪80年代以来，政府部门的规模有了令人瞩目的增长。

5.4.2 政府失灵的表现

1. 政府"越位"与决策主体的"垄断"

任何政策的决策，必须服务于主体的利益，必须考虑主体民意。政府不能完全替代居民、企业等对经济政策的选择和决策，只有充分考虑居

---

① 参阅本书第8章第3节的论述。

民、企业等的民意才能完成经济政策的产生过程。但是，当前经济政策产生过程中，政府包揽了大量的应由居民、企业等主体作出的关于经济政策的决策，对经济政策进行决策"垄断"。这种经济政策决策"垄断"的做法已经违背了市场经济的基本要求。

与西方国家相比，中国经济政策的决策主体还是十分单一的，基本上处于决策主体的"一元化"。政府（主要是中央政府）是当代中国经济政策的"核心"，居民、企业、非政府组织等主体在经济政策中所发挥的作用很小。在政府职能转变的背景下，要求居民、企业、非政府组织等主体参与原来被政府垄断的经济政策的决策。同时，居民、企业、非政府组织等主体自身也有一个学习和熟悉相关知识和法律程序的过程。

2. 经济政策决策的管制缺位

没有法定的经济政策决策程序，就没有政策的科学化与管制化。决策的法定程序是指以法律或法规的形式确定经济政策的制订步骤、决策顺序、决策形式和政策有效期限等。其中，包括法定的听证程序、政策公开程序、政策审查程序、政策发布程序等。在实践中，具体的经济政策决策的内容各不相同，但决策程序却可以实现统一。有了规范的法定经济政策决策程序，可以使纷繁复杂的经济政策决策达到基础性的统一，既可以减少经济政策决策的随意性，提高行政效率，又可以使居民和企业等的参与、中介组织的咨询获得合法介入的依据。

现阶段中国关于经济政策决策程序的法律和法规的建设尚处于"初级阶段"。所谓"初级阶段"主要内涵包含两点：一是涉及经济政策决策程序的法律和法规的数量极少，种类残缺（如表5-1所示）；二是现存的仅有的几个法规和行政文件中的规定一般可操作性不强，且具体操作的随意性很大。例如，国家发展和改革委员会等中央部委曾下发关于成立专家咨询委员会的通知，强调调研、咨询的重要性。这一初衷是好的，但是由于这一措施对于政策咨询程序仅仅作出了提示性的简要说明，没有清晰地界定咨询的程序、咨询中的权责关系、咨询连带的法律责任和咨询的报酬等，客观上使咨询工作缺乏激励机制，效率不高。

表 5-1　　　涉及经济政策决策程序的主要法律和法规①

序号	法律法规名称	提出者	涉及经济政策决策的内容要点
1	关于成立国家发展和改革委员会等部委专家咨询委员会的通知	国家发展和改革委员会等	强调对经济政策的调研、咨询的重要性；对于政策咨询程序仅仅作出了提示性的说明
2	国家发展和改革委员会等行政复议条例	国家发展和改革委员会等	规定了国家发展和改革委员会行政复议的一般原则和办法
3	关于在国家发展和改革委员会系统推行政务公开的意见	国家发展和改革委员会等	间接强调经济政策决策的公开性、公示性原则
4	全国人民代表大会组织法、地方人民代表大会组织法	全国人民代表大会	强调了人民代表大会对经济政策的质询权
备注	文献检索时间范围：1999—2010 年		

除本表所列的仅存的行政性文件外，中国现阶段几乎不再有专门的关于经济政策决策程序规范的正式法律和法规。

3. 中介组织不规范、不发达加剧了经济政策的负作用

现阶段经济政策的失败之一是政策的不公平性与居民、企业等主体的不满。② 经济政策的设计失败的一个重要原因是提供政策咨询的咨询（信息）机构完全内置或者部分内置于政府部门，不具备激励约束机制，也不是作为独立的法人主体参与经济政策的决策过程。例如，国家发展和改革委员会等的政策咨询主要依赖相关研究所，而自身与它们仍然存在行政性联系。这些咨询（信息）机构还不能对经济政策的设计失败承担法人责任。

目前，政府的政策咨询系统尚未完善。虽然，在中央部门建立了部分带有行政从属性的政策咨询机构，但是，从总体而言，社会性的高水平的政策咨询机构还是一个空白。由于经济政策制订过程的公开程度不够，政府的经济政策决策活动缺乏必要的透明度，在制订经济政策时咨询渠道单一，信息来源单一（主要依靠执行系统提供信息），缺乏政策预案的比

---

① 本表格依据 1999—2010 年国家发展和改革委员会等部门有关法规和文件编制。
② 参阅本章第 2 节的有关内容。

较，导致经济政策失误的概率增加。

同时，由于现阶段对与政府部门存在联系的咨询机构的性质属性、行为方式、行为保障、工作评估、奖惩等无明确要求，有关保证咨询机构发展的法规、政策和措施不健全，所以，这些咨询机构是否发挥作用主要取决于政府部门领导者的民意，基本没有法律、法规作保证。这些政策研究咨询机构基本变成了秘书班子，甚至是闲差。当前各级政府部门所属咨询机构的运行机制基本上是"条块分割"，互相封闭。对同一个问题的研究，各为其主，客观公正性不够。重复研究、重复劳动的情况时有发生。兼之这些政策研究咨询机构专业化程度不高，有水平的研究成果不多，更加重了政府部门对咨询机构的轻视。

5.5 政策供给市场（二）：政府寻租及其制度化

1967年G．塔洛克提出了寻租（rent seeking）问题的有关理论[①]。目前，寻租问题研究已经成为当代经济学的重要研究内容。由于行政权力干预市场经济活动，导致不平等的竞争环境，从而形成一些非正当利益（租金），而对这部分租金的寻求和窃取活动就是寻租。寻租本质上是一种追求利益的行为。"租"，也叫"租金"，或者称"经济租"，在经济学中的原意是指在一种生产要素的所有者获得的收入中，超过这种要素的机会成本的剩余。

5.5.1 政府行为与寻租

同其他公共管理领域相似，政府行为是权力和利益在政府与居民、企业等主体之间的重新分配。政府行为的结果极为复杂。如果政府部门通过公开、公平等方式实现政策市场交易，则属一种正当行为；如果是政府部门利用自

---

① 1974年6月美国学者A. 克鲁格（Ann O. Krueger）在《美国经济评论》第64卷第3期的论文《寻租社会的政治经济学》中正式使用"寻租"这一术语。

身所拥有的特殊地位获取政策市场中的超额利益，则属于政府寻租。

分析政府寻租，一般可以关注三个层次：一是地方政府、行业管理部门直接进行经济政策疏通或者政策购买（如行业管理部门的"说情"、"打招呼"等）；二是直接进入政治，即争取或者影响制订政策的政府决策者的支持；三是影响关于经济政策的社会舆论，间接影响经济政策的决策过程（如利益集团扩大自身的倾向性宣传）。

政府寻租的关键是政府作为政策决策者和政策供给者的双重身份结合在一起。政府所能获得的经济收入与它的权力大小相关，这种政府利益机制是政府寻租行为的根源。政府寻租的具体表现是多样的。

5.5.2 经济政策公共选择与政府寻租表现

1. 政府通过政策配置政策资源的范围过大且政策垄断性强

现阶段出现了一些政策垄断有所放松、政策垄断逐步缩小、经济政策越来越多地由市场配置的局部现象。但是，从总体上看，政府几乎垄断了一切经济政策的配置。在经济政策领域，政府职能还没有实现转换，建立服务型政府任重而道远。经济政策分配基本是以政府部门直接制订和执行经济政策的方式来完成，而经济政策的制订和执行过程缺乏管制，缺乏应有的透明度和公开化。这种经济政策公共选择必然使得某些主体千方百计地向政策制订者和执行者寻租，以得到政策特权和政策优惠，而某些政府部门和政府官员正好设置租金，谋取私利。

此类的例证不胜枚举。例如，很多地方存在的政府部门与地方企业达成合谋，以受贿为条件，"默许"地方企业拖欠上缴税收和社会保险金。再如，很多医院向当地的社会保险基金管理中心的负责人行贿，以获得作为参加医疗社会保险的"定点"医院的资格。

2. 政策的制订和执行缺乏监督和评价机制

例如，1951年政务院就颁布了《中华人民共和国劳动保险条例》，为城镇劳动者建立劳动保险制度，但近60多年过去了，全国人民代表大会目前尚未颁布完整的社会保障法。目前，社会保障方面的政策主要是依据行政法规、地方性法规和"红头文件"运作，主要依靠行政手段推行。

在这种背景下，政府和居民、企业参与政策公共选择的手段是不同的。政府依靠权力直接参与经济政策的制订和执行，而居民、企业主要运用宪法所规定的"名义的权力"监督政策的制订和执行。在法理上，居民、企业有权对经济政策的制订和执行进行监督。为了实现这一点，必须建立和完善对权力的监督控制制度，防止权力损害居民、企业的权利。权利对权力的监控是现代权力制约体系的重要组成部分。在经济政策的制订和执行过程中，这样的监督和评价机制尚未健全。对权力的制约缺乏有效的手段，居民、企业的权利行为组织性差，法律保障不够。在经济政策制订者和执行者的选拔、业绩评估和考察、政策议程的确立、政策方案的制订选择、政策执行的监督评估等方面，尚未建立起严密的服务于居民、企业的权利参与和权力保障的法律和法规。

例如，政府引导社会舆论对经济政策的制订和执行进行评估、监督的工作，还未提上议事日程。再如，居民、企业对政府部门某些"腐败"现象的抨击很难转化为对经济政策的评判，结果只是"就事论事"，使得某些有问题的经济政策（如税收、信贷不公平、极度不公平的社会保险等）得不到及时终止，某些政策制订者和执行者无以为诫。这表明经济政策权力的运用离开了居民、企业的有效监督，必然会被私用和滥用，经济政策必然出现失误。

3. 政策决策权力过度集中于中央政府部门

政府经济学原理和决策科学原理说明，单一的权力结构必然导致绝对的政府腐败。如果把权力过多地授予一个决策主体，必然发生决策的个人（或者集团）权力凌驾于法制权威和组织权力之上而无人制约的后果。现阶段经济政策决策的权力系统的主要弊端之一是权力过度集中于中央政府部门，这种过分集权把公共选择变为一个中央部门的一元选择，政府管制事实上变成"人治"。权力过分集中必然造成政府部门的官僚主义，必然导致各种政策决策错误。应当强调，政策决策上的过分集权是经济政策公共选择存在的比较严重的弊端。

4. 政策执行中政府部门之间缺乏相互制约和监督

虽然政府部门中有专职的监督各级权力的机构,但是监督权和被监督权之间明显失衡,有些监督者隶属于被监督者,监督机构的职能作用受到极大的限制。决策学原理说明,权力越大,越是应当受到更好的规范和约束。而现实权力体制中的这种情况却是相反,权力地位越高,受到的制约和监督却越弱。权力制约和监督的薄弱,为权力在体制内的滥用提供了机会、降低了风险。

例如,很多省市的人力资源和社会保障厅(局)为了强化监督设立了监察机构,但是,这些监察机构行政上隶属于所在人力资源和社会保障厅(局),所监督范围局限于日常行政事务,难以对地方性社会保障政策的制订和执行情况进行评价、监督。在日常行政监督中,这些监察机构对其所在单位部分领导者的行为也难以进行有效监督,因为目前这些监察机构的人事权大多集中于人力资源和社会保障厅(局)少数领导者手中。

5.6 政策执行市场:监督制度缺位

5.6.1 关于经济政策执行监督的法律和法规供给缺位

目前,关于经济政策执行监督的法律和法规极不健全,远不能满足对经济政策执行进行有效监督工作的需要(如表5-2所示)。

表5-2所列的关于经济政策执行的措施多为行政性法规,尚未成为规范的法律。严格地讲,中国现阶段还没有专门的关于经济政策执行监督的成熟的操作性良好的正式法律,所谓"依法监督"实际上是一句奢谈。

5.6.2 政府对社会保险基金管理部门的监督尚未制度化

以社会保障领域为例。虽然,2001年5月国家颁布了社会保险基金行政监督办法、社会保险基金监督举报工作管理办法，12月颁布了全国社会保险投资管理暂行办法，2002年7月又发出了关于加强社会保险基金监督管理工作的通知，但是，现阶段很多地区的社会保险基金管理还很不规范。例如，诸多地方的社会保险基金在征收、日常管理、发放、划拨和临时性调用上不按照规范的法律法规运作。

表5-2 涉及社会保障政策执行监督的主要法律和法规[①]

序号	法律法规名称	颁布时间	制订者	涉及社会保险执行监督的内容要点
1	原劳动保障部等行政复议条例	1999年11月23日	原劳动保障部等	规定了社会保险管理中行政复议的一般原则和办法
2	社会保险行政争议处理办法	2001年5月27日	原劳动保障部等	强调了依法解决社会保险执行中的行政争议
3	社会保险基金行政监督管理办法	2001年5月18日	原劳动保障部等	对社会保险基金行政监督作出简要规定
4	社会保险基金监督举报工作管理办法	2001年5月18日	原劳动保障部等	规范社会保险基金监督举报的工作程序
5	关于在全国劳动保障系统推行政务公开的意见	2002年4月17日	原劳动保障部等	间接强调社会保险执行的公开性、公示性原则
6	中华人民共和国工会法	2001年10月27日	原劳动保障部等	强调了工会组织对社会保险执行的监督权
7	社会保险费征缴监督检查办法	1999年3月19日	原劳动保障部等	规定社会保险费征缴监督检查的具体办法
8	社会福利机构管理暂行办法	2001年12月30日	民政部	规定了社会福利机构管理的一般原则
备注	文献检索时间范围：1999—2008年			

地方政府在财政紧张的时候通过变动社保基金使用方向，临时动用社保基金的情况时有发生，在很多地方仍然存在省长、市长对于社会保险基

[①] 本表格依据1999—2009年人力资源和社会保障部、原劳动和社会保障部有关法规和文件的汇编资料编制。

金"想动就动"的情况。

从社会保险基金管理的角度看,根据政事分开的原则,相关政府部门对社会保险基金管理部门的管理应属于间接性的、宏观的管理。政府主管部门通过制订社会保险方面的方针、政策、法律和法规,来规范社会保险基金管理部门的行为。具体来讲,中央部门主要对以下工作负有职责:制订社会保险方面的法律、法规;组织研究社会保险长期预测和规划,编制国家长期的社会保险发展规划;制订中国统一的社会保险缴费和支出标准;对社会保险基金管理部门进行管理、监督和检查;对社会保险基金管理部门给予财政上的支持,主要是为其支付工资。而社会保险基金管理部门要在这些法律、法规的约束下,独立地进行社会保险业务,即社会保险费用的收缴、发放、资金投资,建立和管理基本养老金和医疗保障金的个人账户,同金融机构等组织做好相应的服务工作等。政府还应建立相应的社会保险仲裁机构,对社会保险管理中出现的法律纠纷进行调解和仲裁。

政府应该对社会保险基金管理部门进行制度化、法规化监督。政府有责任组织社会保险监督机构对社会保险基金管理部门的工作进行检查和监督。监督组织应由政府代表、企业代表、居民代表(包括职工、个体经营者、离退休人员)组成,定期听取社会保险金收支、营运及管理的汇报,并应委托审计部门或审计机构,对社会保险基金管理部门的财务收支、资金管理和运营情况进行审计,及时向社会公布。

目前,从社会保险发展全局看,应当鼓励社会保险资金参与资本市场的运营。同时,也要强调加强社会保险资金运营管理,尽可能化解基金制社会保险方式所固有的风险。对于社会保险资金的投向,不同于其他税种的税收收入,而应该严格规定在法定的范围内,通常用于购买国家所发行的定向国债。应当制订具有针对性的法规,避免地方政府、地方社会保险的政府部门违规调用资金寻租。

5.6.3 政策执行部门的内部监督弱化

政策的执行主要是由省市县各级政府部门承担的。政策问题与居民的生活密切相关,政策执行的好坏也直接影响到居民、企业等主体。如何保证基层政策部门能够高效地工作，并且提供良好的服务，是政策内部管理的核心内容之一。首先，省市县各级政府部门应进一步规范具体的与政策有关的财务、会计、审计和统计制度，保证政策划拨资金的合理流动。其次，国家发展和改革委员会等部门应联合建立中国统一的宏观经济管理信息系统，这不仅方便居民、企业对政策的查询、提取，也有利于政府部门的具体工作。政府部门的服务质量问题应受到重视。伴随着政府部门规模的膨胀，难免会出现官僚主义、管理混乱、服务质量差和工作效率低等问题。同时，政府部门服务态度将直接影响到居民、企业等主体对政府部门的评价，进而影响居民、企业等主体对于政策的民意取向。

5.7 本章小结

首先提出了经济政策公共选择的规范标准，以此为参照从经济政策公共选择中的初级政治市场、政策供给市场、政策执行市场的角度，对经济政策公共选择中的逆效率现象进行了分类分析。

结合初级政治市场，对主体民意表达的制度约束、利益集团对经济政策的影响、政府的经济政策垄断行为，及其产生的逆效率进行了系统的分析。

结合政策供给市场，研究了经济政策与政府失灵、政府寻租及其制度化等问题。

结合政策执行市场，研究了经济政策执行的监督制度缺失。

第6章
经济政策公共选择范式的国际比较

【本章导语】

　　政策体制不仅是经济的结果,更是历史的产物。进行经济政策的国际比较,可以使各国政策体制的特点长短互见,有利于政策层面上的操作。

对不同范式进行抽象的概括和归纳,可以发现其共性和个性特征。探讨了经济政策公共选择范式分类的依据,针对经济政策公共选择归纳出了完全公开化范式、美国的政府主导型多元主体谈判范式、原苏联的一元主体封闭范式和新加坡的有限元主体谈判范式。

6.1 经济政策公共选择范式分类

6.1.1 范式的类型

从不同角度研究经济政策公共选择范式,可以归纳为不同的类型。

1. 根据参与主体的数量,经济政策公共选择范式分为一元主体型和多元主体型

一元主体型是指广义的民意表达不能得到保证,政府[①]垄断经济政策的提议权、审议权、决策权、执行权、监督权、评价权,也就是完全控制政策公共选择过程,政府既是政策的制订主体也是执行主体,政策的形成(产出)由政府全面而直接地承担。一元主体型一般会导致公共选择权力集中,形成行政控制,政府成本高和政府逆效率。

多元型是指广义的民意表达得到充分保证,由政府和其他主体共同享有经济政策的提议权、审议权、决策权、执行权、监督权、评价权,共同参与经济政策公共选择过程,他们之间职能分开,各自独立开展活动。在

---

① 此处专指中央政府。

多元型范式下，政府与其他主体不是隶属关系，而是协商（谈判）关系、权力平等关系。多元型有利于政府精简机构、提高效率，有利于充分发挥非政府主体的作用，也有利于合理配置政府资源，提高经济政策的效用。

2. 根据主体地位和职能的不同，经济政策公共选择范式分为封闭型与谈判（协商）型

封闭型是指政府垄断经济政策供给及其相关公共选择权力，其他主体只是被动地执行政府决策，没有自主行使决策与执行的公共选择权力。谈判（协商）型是指通过法律规定，政府和其他主体均享有公共选择权，他们可以在各自的权限范围之内就经济政策进行谈判（协商），并负相应的责任。封闭型有利于统一各项经济政策，维护经济政策秩序。但不利于调动其他主体的积极性，不便于因时、因地、因事而灵活地实施决策。随着信息化社会的发展，封闭型将被谈判（协商）型所取代。

3. 根据程序和流程的规范程度，经济政策公共选择范式分为程序型和非程序型

程序型是指按照政策程序和流程，最终形成政策的产出。非程序型是指不按照程序、流程运行（操作），或者尚不存在程序和流程，即形成经济政策的产出。非程序型结构不清晰，对政府直接决策者的主观依赖性很强。

4. 根据权责明确程度，经济政策公共选择范式分为执行受控型与执行非受控型

执行受控型是指决策者与执行者截然分开。前者只负责对经济政策中遇到的问题进行决断，提出并选择决策方案，然后交由后者执行，对决策执行不负责任。后者只履行落实决策方案的职责，对决策过程及决策正确与否不负责任。执行非受控型是指决策者与执行者相对分开，却又有某种程度的重合。其中，决策者对执行负有责任，执行者有机会也有责任参与决策。执行受控型执行体制有利于决策者、执行者集中精力、全力以赴地完成自己的任务。执行非受控型体制有利于沟通联络，不利于划清职责。

5. 根据决策主体占有的信息数量划分，经济政策公共选择范式分为理性型和非理性型

理性型是指以必要的征询和科学咨询、充分的信息、规范的论证为依据的经济政策产生过程。反之，属于非理性型的范畴。

6. 根据政府所处地位和发挥作用的不同，经济政策公共选择范式分为政府主导型和社会主导型

政府主导型是指在经济政策形成过程的各个程序中，政府都发挥重要影响。社会主导型是指在经济政策形成过程的各个程序中，政府的影响相对较小，而由其他主体发挥主导作用。

可以针对以上类型进行如表6-1所示的多种组合①。

表6-1　　　　　　　　经济政策公共选择范式的组合

组合 类型	多元主体型	协商型	程序型	执行受控型	理性型	政府主导型
多元主体型	多元主体范式	多元协商范式	多元程序范式	多元执行受控范式	多元理性范式	多元政府主导范式
协商型	协商多元范式	协商范式	协商程序范式	协商执行受控范式	协商理性范式	协商政府主导范式
程序型	程序多元范式	第二方管制范式	程序范式	程序执行受控范式	程序理性范式	程序政府主导范式
执行受控型	执行受控多元主体范式	执行受控协商范式	执行受控程序范式	执行受控范式	执行受控理性范式	执行受控政府主导范式

---

① 表6-1并未包括以上范式的划分类型的全部组合结果，制表分析只是为了说明范式的多样性。

续表

组合 类型	多元主体型	协商型	程序型	执行受控型	理性型	政府 主导型
理性型	理性多元范式	理性协商范式	理性程序范式	理性执行受控范式	理性范式	理性政府主导范式
政府主导型	政府主导多元主体范式	政府主导协商范式	政府主导程序范式	政府主导执行受控范式	政府主导理性范式	政府主导范式

此外，还可以从不同的角度对经济政策公共选择范式进行划分，此处不赘述。

6.1.2 经济政策公共选择的功能

不同范式的经济政策公共选择实现的功能不同，这些功能主要包括三个：

1. 民意表达（信息反馈）功能

民意表达（或称信息反馈）功能是经济政策公共选择最基本的功能。民意表达功能就是把执行经济政策情况的信息及时、准确、全面地传递给主体，以便使政府决策主体能够根据反馈信息及时纠正调整决策。当代经济活动的复杂性和重要性使得民意表达功能尤显重要。面对错综复杂的经济情况，政府决策者可能因考虑不周或受知识、专业、经验限制作出错误的或含有错误成分的决策；经济政策外部环境的变化使原本科学、合理的决策已经不能适应新环境的需要；突发事件的发生要求及时掌握情况，快速作出新的决策，减少因此而造成的损失。经济政策公共选择反馈的信息是决策主体完善决策、追踪决策的首要依据。为充分发挥民意表达功能，公共选择过程的各构成单位、人员应充分认识信息的价值，强化民意表达意识，做好民意表达工作。同时，应设置民意表达机构或配置专职人员，专门负责在经济政策执行中收集、加工信息，承担民意表达任务。

2. 执行功能

政策公共选择过程不同，其执行功能的实现程度有所区别。显然，政策是执行的依据，执行是对经济政策的落实。经济政策的效率首先取决于政策的科学化、合理化，但任何科学、合理的政策离开公共执行都是毫无意义的。政策公共选择过程专门承担执行任务，正是通过各类执行机构与人员的工作才使政策目标得以实现；通过确定执行机构与人员之间的合理关系，有效利用各种资源；通过规范机构与执行人员之间关系和各项规章制度及工作程序，防止执行中偏差的出现或及时消除执行中的偏差。追求决策的科学化和合理化与确保执行功能的充分发挥具有同等重要的价值。

3. 监督约束功能

监督约束功能包括执行机构与人员内部的自我监督和对下级机构与人员的层级监督，以及委托者与受托者之间、授权者与受权者之间、合同双方之间的相互监督约束。它是否具备以及发挥的程度如何，是评价公共选择过程是否完备的标准之一。当代经济活动的广泛性、复杂性及其在社会发展中的地位与作用决定了公共选择过程监督约束功能的重要性。正是监督约束功能的存在并发挥作用，才保证了一切执行活动依法进行，依法展开；保证了各项决策准确、全面地贯彻执行，防止决策在执行过程中扭曲、变形；保证执行人员正确行使公共选择权力，充分履行岗位职责，防止争功诿过或滥用公共选择权力，逃避责任；保证了各种资源合理分配，有效利用，减少资源浪费。完善监督约束功能是当代公共选择过程的重要内容。

6.2 国际比较

经济政策公共选择范式在各个国家以及同一个国家的不同历史阶段会有不同的表现形式和特征，会有各自的特殊性。进行抽象的概括和归纳，可以发现经济政策公共选择范式的共性特征。这对认识经济政策公共选择范式的内在规律，指导中国经济体制改革具有积极意义。

6.2.1 理论范式

完全公开化范式是指经济政策的咨询、信息交流、谈判、运行、执行与评价等因素，及其各个因素之间的关系完全由广义的主体①通过谈判（协商）决定，国家只提供公平的法律保证，维护公共选择的正常程序和流程的秩序。

这种范式的主要特征如下：全部主体对经济政策的民意得到全时段的完全表达、全部主体参与所有程序、完全公开谈判（即不计算交易成本）、政策产出绝对程序化、执行绝对受控、完美理性决策等。在这种范式下，经济政策机构只是政策执行的载体，所有公共选择决策均是由主体根据民意自主地分散进行，经济政策按照利益最大化原理完全由政策市场来配置（如图6-1所示）。

完全公开化范式的主要优点如下：经济政策的政策咨询、信息交流、谈判、运行、执行与评价等因素是由政策供求关系决定的，相互联系十分紧密。各个主体既是公共选择的组织者和决策人，又是过程的参与者。因此，主体对政策市场需求供给信息非常敏感。他们必须及时对经济政策需求供给变化作出快速反应，不断地适应政策市场的新变化。这就决定了这种范式对主体具有激励作用，民意表达十分活跃。

---

① 参阅本书第1章关于广义公共选择主体的概念界定。

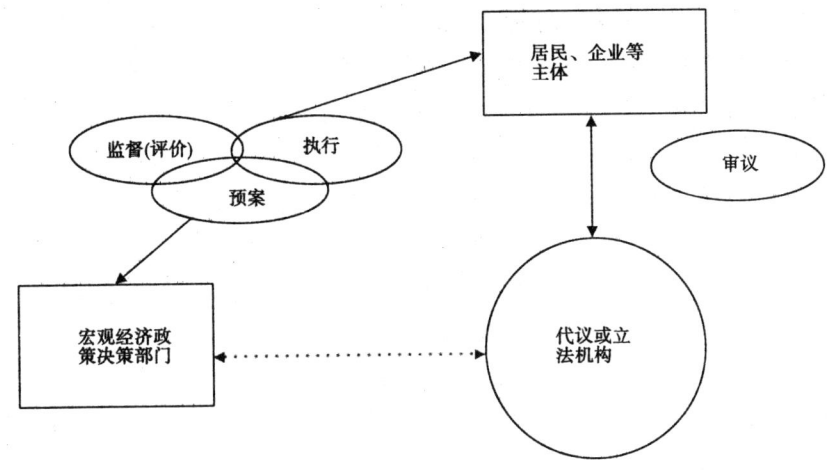

图 6-1 完全公开化范式

完全公开化范式的主要缺点是经济政策产出的交易成本过高并且交易成本有随着谈判、协商的时间延续而递增的可能，排除谈判、协商引致的直接费用，时间本身也是一项高额的交易费用。因此，这种范式不可能行之于经济之中。但是，提出完全公开化范式，对于更好地认识理解经济政策公共选择问题具有参考价值。

6.2.2 美国范式

美国范式的主要特点是多元主体谈判。

1. 美国经济政策的公共选择

1929年10月24日，在美国历史上被称为"黑色星期四"，美国经济陷入了经济危机的泥淖。为拯救美国经济，美国第34届总统富兰克林·罗斯福开始实施"新政"。"新政"的主要内容可以用"3R"来概括，即复兴（Recover）、救济（Relief）、改革（Reform）。在罗斯福的要求下，美国国会通过了《紧急银行法》，实施整顿金融的非常措施，对收拾残局、稳定人心起到了巨大的作用。公众舆论评价，这个行动犹如"黑沉沉的天空出现的一道闪电"。在"新政"期间，罗斯福在解决银行问题的同时，还竭力促使议会先后通过了《农业调整法》和《全国工业复兴法》，这两部法律成了整个"新政"的左膀右臂。罗斯福要求资本家们遵守"公平竞争"的规则，定出各企业生产的规模、价格、销售范围；给工人们定出最低工资和最高工时的规定，从而限制了垄断，减少和缓和了紧张的阶级矛盾。在得到大企业的勉强支持后，罗斯福随之又尽力争取中小企业主的支持。"新政"的另一项重要内容是救济工作。1933年5月，美国国会通过《联邦紧急救济法》，成立联邦紧急救济署，将各种救济款物迅速拨往各州，第二年又把单纯救济改为"以工代赈"，给失业者提供从事公共事业的机会，维护了失业者的自力更生精神和自尊心。

从1935年开始的第二阶段"新政"，在第一阶段的基础上，着重通过社会保险法案、全国劳工关系法案、公用事业法案等法规，以立法的形式巩固"新政"成果。1938年，美国正式颁布《社会保障法案》，这是美国在联邦范围内建立统一的社会保障制度的标志。美国社会保障主要包括社会保险和社会福利两部分。其中，社会保险主要由政府与私人机构共同负责，社会福利大部分由政府负责。到1939年，罗斯福总统实施的"新政"取得了巨大的成功。

自20世纪50年代至今，虽然美国经济政策公共选择过程出现了很多阶段性的新现象和新特点，但是从理论上进行总体性的抽象分析，可以将美国经济政策公共选择过程的主要特征归结成一种政府主导型多元主体谈判范式。所谓政府主导型多元主体谈判范式是指主体对经济政策的民意表达得到法律和法规的维护，经济政策的决策建立在有广义的主体参加的充分谈判（协商）的基础上，同时，在经济政策形成过程的各个程序中，政府发挥主导作用，进行有效的干预。

这种范式的主要特征如下：

（1）多元民意表达具有管制保证。这些管制主要表现为维护公民、企业等的经济政策权的法律和法规（如表6-2所示）。

表 6-2　　美国社会保障领域的典型法律文件[①]

序号	法律法规名称	颁布时间	提出者	内容要点
1	军人调整法	第二次世界大战结束后	美国国会	为复员军人提供教育津贴，使800万名复员军人受到了高等教育
2	社会保障法修正案	1954	美国国会	老年、遗属和残疾保险范围扩大，绝大多数就业人员在退休后能领到退休金
3	社会保障法修正案	1956	美国国会	为50—65岁的残疾工人和残疾者的未成年子女提供现金残疾津贴。随后，此项救助的范围进一步扩大，允许对50岁以下的残疾工人及其赡养的家属提供津贴
4	国防教育法	1958	美国国会	为公立大学提供补助，为私立大学提供贷款，为贫困大学生提供贷款
5	全面住房法、食品券法、医疗保险法	1964	约翰逊政府	尊重黑人的社会保障权，反贫困
6	残疾人社会保险法规	1970	尼克松政府	对有工作而收入低的人实行最低工资法，扩大失业保险的适用范围
7	社会保障津贴与生活费用支出指数挂钩的系列法案	1975	美国国会	社会保障津贴与生活费用支出指数挂钩，自动调整人均社会保障水平
8	降低社会保障支出水平	1978—1980	里根政府	运用税收政策刺激私营企业退休计划和个人退休计划的发展，缓解了社会保障信托基金的支付危机
9	健康安全法案	1993	克林顿政府	所有美国公民和合法居民均可享受医疗保障，建立地区性健康联盟，参加建立健康联盟所需要支付的保险费由雇主和雇员共同负担
备注	在第9项中列出的法案遭到了美国国会的否决，但是受到美国各界的高度关注，所以在此列出			

[①] 表 6-2 的制作依据是散见的多种有关美国法律、美国社会保障法等方面的资料。

（2）在经济政策产出程序中，政府居于相对主导地位①。

（3）在法律和法规的规范下，居民、企业、社会团体②、中介组织等多元主体通过参与经济政策咨询、听证会、社会舆论批评、新闻调查、投票支持或反对政治家的经济政策、旁听议会党团关于经济政策的辩论等多种渠道普遍参与社会性的公开谈判（协商）过程。

（4）经济政策的提出、审议、制订、执行、评价受到社会的有效控制，实现了管制化，即经济政策形成的各个程序一般都受到相关法律和法规的制约。由于美国采用了一个经济政策项目建立一个管理服务系统的方式，导致所颁布法律和法规过于庞杂。仅以社会保险为例，如果从1920年美国政府为联邦公务员建立退休金制度算起，至今美国已经相继颁布了300多部有关社会保险的法律和数以千计的相关行政法规。在美国一项经济政策从提出、审议、制订到执行，其间涉及的法律程序大多属于行政法和政府管理法的范畴。

（5）理性决策。一方面，严格的法律和法规对经济政策决策形成管制约束；另一方面，社会的高度信息化，为科学的经济政策决策提供了条件。美国从20世纪30年代开始建立经济政策的社会化服务体系，现在从属于社会保障署的社会保障信息管理系统成为仅次于国防部信息管理系统的第二大网络系统。

2. 美国范式的总体特征

对政府主导型多元主体谈判范式的若干特征进行抽象概括，可以得出结论：从本质上分析，这一范式下的经济政策的形成程序具备"自下而上、政府主导"的总体特征，"自下而上"是指由居民、企业、社会团体、中介组织等多元主体广泛参与、推动和监督经济政策形成过程；"政府主导"是指政府仍然是经济政策的预案制订和经济政策执行的主要承担者，其职能不可替代。

---

① 政府居于相对主导地位是指，政府对经济政策产出程序的干预受到议会、司法部门、社会舆论等的有效制约。

② 例如，总部设在华盛顿的全美退休者协会，拥有50岁以上的会员3300万人。

需要指出,这种"政府主导型多元主体谈判范式"的存在前提是,经济政策可以很快被主体所了解,并能够通过公开的管制化的途径或方式展开投票过程(包括参加选举、社会性的讨论和辩论等),且找到政策妥协的办法;居民、企业、社会团体、中介组织等多元主体能够界定自己的利益,可以进行社会性的组织活动,说服他人支持他们的政策民意,能够接近政府官员,从而影响经济政策运行,同时监督政府经济政策的执行(图6-2)①。

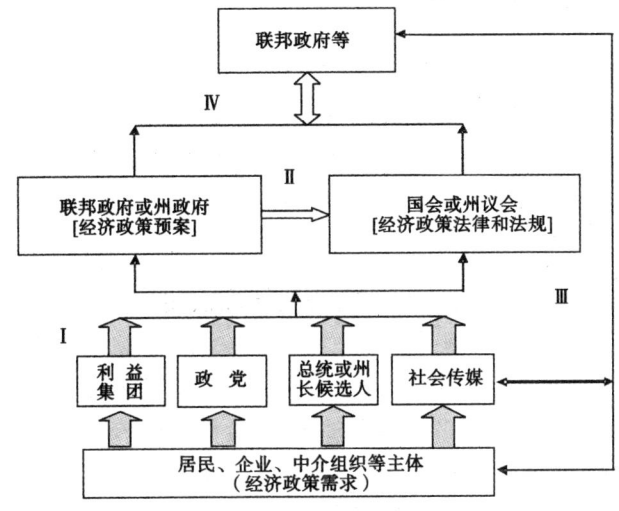

图6-2 美国范式

图6-2中,[Ⅰ]预案谈判(直接投票谈判):主要参加对象为居民及企业等主体、利益集团、政党、社会传媒等;

[Ⅱ]政策制订与审议(间接投票谈判)谈判:主要参加对象为政府部门、议会、政党、候选人、利益集团等;

[Ⅲ]行政反馈谈判:主要参加对象为联邦政府、劳工部、健康和公共服务部、州保险局、居民及企业等主体、社会传媒等;

[Ⅳ]立法反馈谈判:主要参加对象为议会、联邦储备委员会、社会保障署等。

---

① 这里假设排除利益集团行为。

如图 6-2 所示，在自下而上的经济政策公共选择过程中，一项重要内容是进行公开的政策谈判。通过政策谈判将居民、企业、利益集团等主体的民意转化为经过"妥协的"经济政策。同时，利益代表集团充当了居民、企业与政府之间重要中介人的角色。政党的作用也必不可少，主体的意见通过政党被转化为经济政策。社会传媒支持自下而上的经济政策公共选择范式，积极反映主体普遍关心的经济政策问题。

3. 美国范式的具体特点

在第 4 章已经证明，不同类型的经济政策公共选择过程，其构成要素是相同的，只是构成要素的组合结构不同。美国范式作为经济政策公共选择在特定条件下的一种具体表现形式，仍然遵循以上原理。也就是说，政府主导型多元主体谈判范式具有以上所述总体特征的原因在于 MPEOG 系统要素组合方式或组合结构，即这种范式是 MPEOG 系统的主体、政策市场、政治环境、行政决策机制开放程度、政府偏好等 5 个经济政策公共选择要素形成的一种特定关系的结果。

（1）主体要素[①]。依据本书第 4 章的论述，主体要素分析主要涵盖两个问题：①主体的结构；②主体是否具备民意表达的有效路径或有效机制。这两个因素决定了政策市场中主体对经济政策的影响力。

从美国的实际情况看，主体要素的状态可以概括如下：

①主体结构呈现政府、居民、企业、利益集团、中介组织等多元主体共存的态势，而政府在经济政策形成过程中具有重要的影响力。一方面，解决贫富差距拉大、种族歧视严重、劳资关系不稳定、就业机会不足等社会问题，在客观上要求美国政府必须加强经济政策；另一方面，经济政策是共和、民主两党竞选对策的重要内容。例如，1969—1972 年，共和党尼克松总统在第一个任期内，接连在推进强制性养老保险制度的发展中采取三项比较大的措施，主要是因为尼克松要在竞选连任中争取老年人的选票。同时，解决市场失灵问题，也是美国政府加强其在经济政策形成中的作用的重要原因。

---

① 参阅第 4 章公共选择主体要素的概念。

美国政府在经济政策中作用的不断加强。例如，截至1985年，美国参加社会保险计划的总人数已达到12300万人，是1940年的35000多倍。社会保险项目的覆盖范围（不包括1935年以前已参加商业保险的人）已占全部劳动者的95%，社会福利和社会救济项目也覆盖到应享受人员的95%以上。

通过管制建设，各级政府之间的经济政策权责划分基本清晰。不同的保障项目由不同级别的政府负责，分别采用联邦立法和各州立法的形式。例如，基本养老保险实行全国统一制度和标准，而失业保险由各州负责实施。

在经济政策的制订和执行中，虽然管理部门和管理层次比较多，但主要职责比较明确。联邦经济政策署、劳工部、健康和公共服务部或州保险局等分别负责联邦和州的经济政策事务，按项目由联邦、州、地方各部门、各机构和民间机构分别管理，能够相互协作、相互制约。美国社会保障署的全国办事机构就有1300多个，各类管理人员达到65000多人。

美国政府对经济政策的影响力主要表现如下：控制经济政策预案的提出，即控制经济政策作为立法预案的决定权；政党、利益集团、总统、国会、企业、居民共同参加政策谈判或者协商；通过政党、利益集团、总统和国会的政治行为，将经济政策合法化（将政策进行立法）；通过组织经济政策行政机构人员、公共支出以及行政代理机构的行为执行经济政策；组织政府之外的顾问、媒体和主体，对经济政策进行评估。

②主体具备民意表达的多种路径或机制。美国的居民、企业、社会团体等主体民意表达的路径是多样的，并受到相关法律和法规的保障。例如，参加选举，投票支持某一候选人的经济政策；投票支持某一政党的经济政策；参加关于经济政策的听证会；控告政府对其经济政策权的侵犯等。这促使美国的经济政策公共选择过程具有多元型范式、谈判（协商）型范式的重要特征。

（2）政策市场要素。政策市场要素的状况主要反映在经济政策的供求情况上，即是政策过剩还是政策短缺。

从美国的实际情况看，经济政策的供求总体上处于平衡。一方面，美国政府对经济政策的供应数量很大，基本满足主体对经济政策的需求。例如，从1920年至今，美国仅在社会保障领域就颁布了300多部法律，现阶段社会保险项目的覆盖范围占全部劳动力的95%以上。另一方面，经济政策的种类很多，划分细致，满足了人们不同层次的需要。例如，美国的社会保险主要包括老年退休保险、残疾保险、医疗保险、失业保险以及铁路行业社会保险等项目，其中的老年退休保险具体有以下三种类型：老年遗属保险、私人退休计划、个人退休计划。再如，美国的铁路行业作为特殊行业，拥有自己专门的社会保险制度，即联邦铁路退休法和失业保险法。

政策市场的均衡态势说明它作为经济政策公共选择过程的构成要素，对于最终的经济政策公共选择要素的组合结构不会发挥重要影响。

(3) 政治环境要素。政治环境要素状况反映在经济政策形成的有关法律、法规的规范或完善程度，以及社会舆论对于经济政策形成是否规范的关注程度等方面。

美国经济政策形成的有关法律和法规相当完善，社会舆论对于经济政策给予高度关注。因此，这促使美国的政策公共选择过程具有程序型、执行受控型、理性型的特点。

(4) 行政决策机制开放程度要素。行政决策机制开放程度要素[1]的状况主要反映在政府制订和执行经济政策的行政程序的公开化（透明化）程度，以及与相关管制直接关联的政府部门内部的组织运行结构的公开化（透明化）程度等方面。

美国经济政策立法进程快，法律体系完备。[2] 联邦和州政府提供的经济政策项目和经济政策行为都是通过立法的形式加以确定的。政府部门、司法机构、民间组织及个人都要接受法律的监督和制约，做到有法可依。因此，这也促使美国的经济政策公共选择具有执行受控型、程序型的部分特点。

(5) 政府偏好要素。政府偏好要素[3]的状况反映在中央政府对经济政

---

[1] 参阅第4章关于行政决策机制开放程度要素的概念。
[2] [美]詹姆士·科林曼：“困惑美国社会保障的政府管理部门问题——混乱的制度”，《经济与管理译丛》1955年第4期。
[3] 参阅第4章关于政府偏好要素的概念。

策以及相关管制的倾向性方面。

美国政府不断采取措施完善经济政策。例如，针对部分社会成员尚未纳入社会保险体系的现实，时任美国总统的克林顿提出了《总统健康保障法案》，旨在向在职人员提供医疗保险和健康服务。再如，美国政府为降低社会保险的管理费用开支，美国社会保障署于2000年将管理人员压缩了7%，将高层管理人员与普通工作人员的比例由1:8改为1:15。这也是美国的经济政策公共选择过程具有政府主导特点的反映。

综上所述，主体要素、政府偏好要素决定着美国的经济政策公共选择具有政府主导范式的特点和多元型、谈判（协商）型的重要特点；政治环境要素、行政决策机制开放程度要素促使美国的经济政策公共选择具有程序型、执行受控型、理性型的部分特点；政策市场的均衡态势对于政策公共选择要素的组合结构不会发挥重要影响。因此，政府主导型多元主体谈判范式下的经济政策的产出程序才具备"自下而上，政府主导"的总体特征。

4. 理论启示与政策借鉴

发展中国家可以从美国等发达国家涉及经济政策公共选择的制度中获得有益的启示。

在政策层次，有助于吸取规范市场经济条件下的美国经济政策实践的经验教训。例如，美国社会保险支出逐渐增大，负担日益沉重；社会保险税率不断提高，引起了居民、企业等对政府的不满；社会保险机构繁多，管理费用开支巨大；福利政策过分地依赖于政府供给，在赤字财政的压力下，政府难以满足主体对福利的需求，难以寻求转移财政压力的支点等。

目前，中国正在进行市场化改革。如果我们参照美国的经验，对经济政策进行反思与修正，有利于规避可能遇到的政策陷阱。例如，如何约束政府对经济政策的影响力；如何确定科学的税率（费率）政策，保证经济政策的公平性；如何形成针对经济政策的比较完备的法律体系；如何建立居民、企业等主体对于经济政策的民意表达的有效路径；如何实现政府制订经济政策的程序化、理性化决策等。美国经济政策的公共选择，可以为此提供多方面的启示。

在理论层次，中美面临的某些经济政策问题具有相似性。由于中美两国面临的问题具有相似性,如政府部门规模膨胀、行政效率降低、经济政策支出压力大、经济政策的质量有待提高等,而美国也在寻求新政策和新途径。因此,研究美国经济政策的公共选择有助于研究中国的同类问题。

6.2.3 原苏联范式

原苏联长期实行计划经济,经济政策在这一体制下表现为计划指标和经济任务在联邦和加盟共和国政府、部委部门和国有企业范围内被分解的过程。

1. 原苏联及东欧社会主义国家经济政策的逆效率

在相当长的历史阶段,原苏联及东欧社会主义国家的政府已经习惯了由政府一元化地制订和执行经济政策而不考虑居民、企业等的民意(偏好)。政府缺乏与居民、企业针对经济政策的民意信息交流,决策缺乏评估和验证,缺乏居民对政策的有效监督;社会不存在针对经济政策的投票规则(投票机制),主体[1]没有路径参与讨论经济政策事务。这是原苏联及东欧社会主义国家居民对政府失去信任的重要原因。

事实上,原苏联及东欧社会主义国家的居民、企业十分需要在全社会范围对包括经济政策在内的很多问题进行协商(谈判)。但是,原苏联及东欧国家的政策市场、政治环境、政府偏好、行政机构的开放程度等要素不能保障这种民意的实现,最终导致了居民、企业等主体在政策领域表现出冷漠、不信任的态度。

2. 一元主体封闭范式的概念

1917年十月革命成功以后,苏维埃政权就颁布了近300多部社会经济法规。以社会保障为例,原苏联的社会保障制度主要由社会保险与社会福利组成,原苏联养老金的替代率在50%—100%,平均水平为65%,具体数额与退休前的平均工资成反向变动关系,即工资越高,替代率越小;反之则相反。这种规定旨在保证低工资退休人员的生活水平不致降低过

---

[1] 此处专指政府之外的狭义的公共选择主体。

多，同时适当缩短高低工资收入者在退休后的生活水平差距。从原苏联社会保障建设情况可以看出，政府和社会对于社会保障制度是很重视的。

但是，在实践中，由于最高苏维埃代表大会的职能长期不健全，① 实际上不能行使对于社会保障等经济政策的审议权，而在当时的特定政治环境下，居民、企业无法对经济政策进行有效评价和监督，因此，事实上部长会议和全苏工会中央理事会具有对经济政策的提出、制订、审议、执行、评价和监督的政策垄断权，形成了一元主体封闭范式。

一元主体封闭范式是指政府垄断经济政策的提出、审议、制订、立法、执行、监督、评价的各个程序，将居民、企业等主体排斥于这些程序之外，且针对经济政策的投票规则（投票机制）和谈判（或协商）缺位。这种范式的主要特征是政府对经济政策决策的高度垄断（图6-3）。

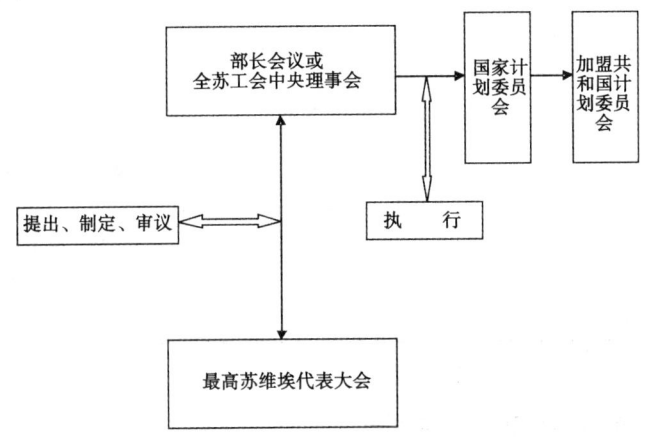

图6-3 原苏联范式

---

① 最高苏维埃代表大会的职能不健全是指其在立法上为原苏共的很多错误政策所干扰，在组织上为原苏共的错误政治路线所左右。

表6-3　　　　　原苏联社会保障领域的部分法律法规①

序号	法律法规名称	颁布时间（年）	提出者	内容要点
1	教师和科技人员的退休金制度	1925	最高苏维埃	
2	纺织工人退休金制度	1927	最高苏维埃	
3	丧失劳动能力或失去家庭生计者的社会保险法	1928	最高苏维埃	
4	新宪法	1936	最高苏维埃	确定了苏联公民在年老、患病和丧失劳动能力时享受的物质保障权利
5	国家退休金法	1956	最高苏维埃	
6	集体农庄庄员退休金和津贴法	1964	最高苏维埃	对有工作而收入低的人实行最低工资法，扩大失业保险的适用范围
7	新宪法	1977	最高苏维埃	重申了苏联公民在年老、患病、全部或部分丧失劳动能力以及失去抚养者的情况下拥有的享受物质保障的权利
备注	注释：有关法律法规的全名省略。			

3. 一元主体封闭范式的成因

一元主体封闭范式具有上述特征，也是5个经济政策公共选择要素组合的一种特定制度结构。

（1）主体要素②。政府在经济政策提出、审议、制订、立法、执行、监督、评价中发挥着垄断性作用。原苏联实行以公有制为基础的国家保障型体制，个人在社会保障方面不承担任何责任和费用。在原苏联的制度中，所有社会成员都有权享受社会保障的福利待遇和社会服务。就社会保

---

① 表格的制作依据是有关前苏联法律、前苏联的劳动法律等方面的资料。
② 参阅第4章公共选择主体要素的概念。

险而言，个人不需缴纳保险费，所有费用由国家和企业负担。

原苏联的经济政策形成过程大体如下：部长会议或全苏工会中央理事会首先提出经济政策预案，然后交最高苏维埃代表大会会议通过并颁布。联邦的国家计划委员会负责具体执行。由于政府部门林立、职能交叉，经济政策在部门之间的协调很费时间和精力。例如，在1978—1988年，以苏共中央、最高苏维埃代表大会、部长会议名义颁布的经济政策性法律、法规、管理办法和其他规定，其中一半以上是批转联邦计划委员会提出的经济政策预案；以苏共中央、最高苏维埃代表大会、部长会议名义颁布的经济政策性文件，多数也是由联邦计划委员会直接代为起草的，并不存在向居民、企业等征求意见的制度规定。

原苏联及东欧社会主义国家的政治绝对"一元化"、高度集中的计划经济体制，直接导致政府缺乏与居民、企业等的民意信息交流，不能保证居民参与经济政策决策的合法权利，也使居民、企业等缺乏表达对经济政策的民意的有效路径，难以与政府建立起互相信任、互相合作的关系。

（2）政策市场要素。原苏联经济政策的成本最终要由社会负担。以社会保障为例，原苏联社会保险完全由国家和企业承担，是一种事实上的现收现付制，即一切保险费用列入国家财政预算和企业成本，被保险人不需要承担任何责任和费用。这使国家和企业背上了沉重的经济负担，不仅效率低下、浪费严重，而且直接导致政府财政收支恶化和企业竞争力下降。同时，原苏联社会保险项目设置不全，突出表现为没有设置失业保险。

简言之，原苏联的政策市场事实上处于一种经济政策的长期供给短缺，只是这种经济政策短缺被僵化的制度"人为"掩盖起来，也掩盖了居民、企业等主体对于经济政策需求方面的真实民意。

（3）政治环境要素。原苏共在国家经济政策的决策中处于核心领导地位，这主要体现在：①国家经济政策的重大问题都是由苏共首先提出，再由最高苏维埃审议，由政府贯彻执行，或直接交由政府实施；②党政不分：苏共可以要求各级政府直接执行经济政策，这经常使党和政府的经济政策互相干扰，十分混乱。这是原苏联经济政策公共选择过程具有封闭型范式特点的重要原因。当时苏共认为，原苏联的制度是世界上最好的，是社会主义优越性的表现，不需要进行改革。

（4）行政决策机制开放程度要素。从经济政策公共选择看，原苏联在权力分配结构上集权色彩很浓厚。在横向的权力分配上，一方面强调苏共的领导，结果导致党政不分、以党代政；另一方面与其他部门一样，在国家计划委员会和加盟共和国计划部门普遍存在着权力集中于主要负责人、经济政策执行监督缺位的问题。

（5）政府偏好要素。政府允许各级工会组织参与经济政策的管理工作。以社会保障为例，根据列宁关于劳动者必须参加社会保险管理工作的原则，作为劳动者最有代表性的组织，原苏联的全苏工会中央理事会和各级基层工会都参与了社会保险的管理工作。全苏工会中央理事会与各加盟共和国的社会保险部均为原苏联经济政策机构。

但是，原苏联的各级工会组织在职能方面逐步蜕变成一个"实质上"的政府部门，丧失了作企业和事业单位职工对经济政策民意表达的（或表达）代言人的重要职能，反而"异化"为政府与居民、企业沟通民意信息的障碍。但是，在封闭的政治经济制度下，原苏联工会组织蜕变为一个政府部门显然是符合原苏联政府偏好的。岂不知，没有居民、企业与政府的民意交流、政策协商与合作，符合现代制度需要的法制的、公开的、合作的市民社会就不可能产生。

综上所述，主体要素、政府偏好要素的状况，决定着原苏联的经济政策公共选择过程具有政府进行政策垄断（封闭型范式的特点）、居民和企业缺乏民意表达路径的特征；政策市场要素和行政决策机制开放程度要素的状况，导致居民和企业缺乏民意表达路径的情况被掩盖；政治环境要素的状况，加剧了经济政策执行非受控、决策非理性和非程序。因此，作者将原苏联的经济政策公共选择过程概括为"一元主体封闭范式"。

6.2.4 新加坡范式

新加坡范式的主要特点是有限元主体谈判。

第 6 章 经济政策公共选择范式的国际比较

1. 有限元主体谈判范式的概念

有限元主体谈判范式的本质是在经济政策公共选择过程中,只有有限数量的主体的参与,从而减少交易费用(如图 6-4 所示)。

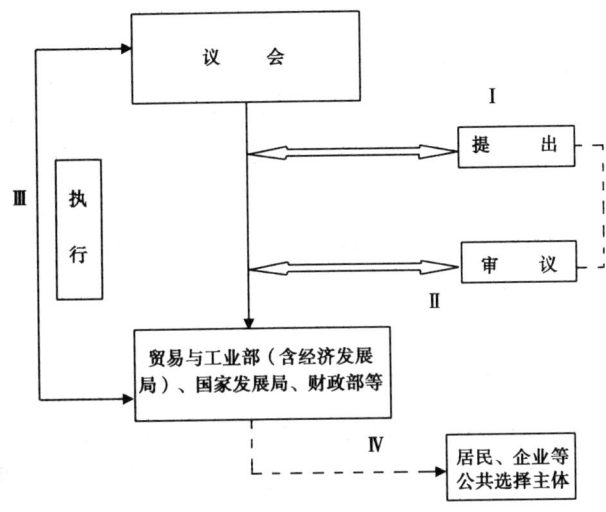

图 6-4 新加坡范式

图 6-4 说明贸易与工业部(含经济发展局)、国家发展局、财政部等代行了审议和执行程序,议会进行监督,从而最大限度地降低了交易费用。当然,前提是管制的完备和居民、企业参与中央公积金局的管理。这些特点是由 MPEOD 系统的要素状况决定的。

2. 基于 MPEOG 系统的层次分析

(1) 主体要素。新加坡参与经济政策工作的部门包括政府部门与私人机构。政府部门主要负责制订经济法规、政策,并管理和使用财政资金。私人机构主要是一些民间团体、组织,如各种基金会等,根据国家政策主要从事社会福利和救助工作,国家对这些机构提供一定的优惠政策,所需资金主要由社会各界捐赠。

①高度重视家庭经济的作用,高度关注主体民意。新加坡十分注重家庭在经济发展中的作用,强调以家庭为中心维持社会稳定和经济发展,建

立良好的社会经济秩序。在新加坡的福利制度方面,政府采取以家庭为中心的策略来处理社会问题,以期达到建立一个有凝聚力、有爱心、有人情味的温暖社会这一目标。在中央公积金制度方面,政府通过建立子女对父母公积金的填补制度,使子女提高家庭意识,增强子女对父母的责任感,从而密切了家庭成员之间的关系。

②政府通过制度向社会表达鼓励节俭和勤奋工作的民意。新加坡政府建立的制度的指导思想和具体措施,是以鼓励自食其力为中心,调动社会成员自我保障的积极性。政府所实行的社会福利制度,不以救济为主要目的,而是鼓励个人工作,避免了西方福利制度造成的消极影响。例如,中央公积金制度与个人收入密切相关,收入越高,雇主为雇员存入的资金越多,雇员可动用的资金也越多。这种机制一方面提高了个人工作的积极性,鼓励其取得较高的收入;另一方面也达到了合理使用公积金的目的,尽可能为个人退休或购房等留有更多的资金。

③政府重视维护居民经济权益。政府建立的中央公积金制度的成功之处还在于这种制度不仅解决了人们的养老、医疗等问题,还利用中央公积金的支付期较长的特点,分期偿还购房或租房费用,从而解决了人们的住房问题,使中央公积金得到了充分合理的使用;让新加坡居民从加入中央公积金计划之初,就感受到中央公积金带来的利益。

(2) 政策市场。政府注重立足国情,结合本国特点,推出适应居民、企业需要的经济政策。例如在社会保障方面,新加坡政府以立法形式确立了完全积累式的个人账户。1955 年,新加坡议会通过了《中央公积金法》(后又多次修改),实行强制性的、以个人储蓄为主的中央公积金制度。这个制度实行完全积累的筹资范式,个人账户资金归个人所有,并解决了个人基本生活上的多方面需求,使每个人得到了实惠,因而受到拥护。同时,由于采用了完全积累的筹资范式,受人口老龄化的影响也比较小,不会随着人口老龄化而使国家和企业背上沉重的包袱,因而,这一政策也受到政府与企业的拥护。

(3) 政治环境。国家立法比较完备,法治化程度高。政府部门职责清晰,行政审批实行公开化,程序规范,运行效率很高。行政审批实行公开化,贸易与工业部(含经济发展局)、国家发展局、财政部等在经济政策制订中发挥着重要作用。

(4) 行政决策机制开放程度

①政府部门权责明确。

A. 贸易与工业部（简称贸工部或 MTI）是商务主管部门，其主要职责是从宏观角度促进经济发展，创造更多就业，指导国家经济发展方向。经济发展局（简称经发局或 EDB）成立于 1961 年，是隶属贸工部的法定机构。经发局是负责制订和实施商业与投资策略的主导机构，协助加强新加坡作为商业与投资环球中枢的地位。

B. 国家发展部主管形态发展和规划，具体的职能部门是城市重建局，地区政府不具有规划职能。规划法授权国家发展部部长行使与规划有关之各种职责，包括制订规划法之实施条例和细则、任命规划机构之主管官员、审批总体规划、受理规划上诉，并可直接审批开发申请。

C. 财政部在经济政策中的职责，主要表现在以下几个方面：

一是参与制订、修改经济政策。政府规定，任何一项社会福利政策或社会保险制度的制订和发布，必须征求包括财政部在内的政府综合经济部门的意见，涉及财政收支的政策，由财政部决定。

二是通过税收政策给予缴纳中央公积金适当优惠。无论雇主还是雇员，缴纳的公积金都享受减免所得税的优惠，而且如果用现金填补最低存款，还可以享受所得税扣除额。政府通过减免所得税的优惠政策鼓励人们参与中央公积金计划，为自己养老、住房、医疗等方面增加储蓄。

三是负责政府用于经济政策支出方面的预算安排。根据年度经济政策事业发展计划，提出经济政策支出的预算数，并负责办理拨款事宜。

四是根据年度财政预算执行情况，提出财政盈余分配计划。新加坡财政盈余一部分用于弥补经济政策方面的支出，如弥补中央公积金、保健基金等。

五是向中央公积金发行债券。通过下属金融局向中央公积金发行政府债券，保证债券利率不低于法定的公积金最低回报率（2.5%），并负责将筹集的公积金用于公共住房投资和社会公益事业上。

D. 其他部门在经济政策方面的职责分工。

社会发展部：负责制订社会福利政策，推动各项福利计划的实施；制订与协调有关家庭价值观的政策，发展和促进健全的家庭；指导和管理各种社会福利团体、志愿人士，并为他们提供服务；安排、使用政府用于福利事业的各项支出。国家社会服务理事会隶属于社会发展部，是管理和协调全国志愿福利团体的专门机构，其主要职责是领导和协调各福利团体的活动，策划发展和改进福利服务，筹款和支付附属团体的各项费用。

劳工部：负责职业介绍、就业人员安置及培训。

内政部：负责自然灾害的预防及应对政策。

人力部：负责政府部门退休政策和管理。

中央公积金局：隶属于劳工部，负责中央公积金的收缴和支付，管理公积金会员的各类账户，制订中央公积金的投资计划，为会员提供各种服务。

建屋发展局：隶属于国家发展部，负责政府提供住房的建设和翻新，并向贫困家庭提供住房津贴和租金①。

②机构设置精干合理，办事效率高。例如，中央公积金局下设会员服务、雇主服务、人事、行政、电脑、内部审计等6个部，各由一名高级经理负责（人事部只由一名经理负责）；每个部下设若干支部，由一名经理负责；支部下设若干处，各由一名助理负责。全局除设一名副总经理外，一律不设副职。全局600多名职员，每个部门、每个岗位、每个人都有确定的责任、公共选择权力和明确的工作程序，因此整个工作有条不紊、效率很高。

③管理人员训练有素、廉洁奉公。例如，中央公积金局是事业机构，每年为公积金营运创造了数以亿元计的利润，但公积金局职员实行的是类似政府部门的职级工资制。

（5）政府偏好要素分析。政府重视各项经济政策的社会福利效应。例如，中央公积金结余绝大部分用于购买国家债券。政府规定，中央公积金99%用于购买政府发行的债券，政府将这部分资金用于改善人们的住房及其他公益事业，确保中央公积金的安全与完整。同时，允许居民用公积金购房及进行各种有选择的投资，使公积金能够获得最大利益，保证了

---

① 吕学静：《各国社会保障制度》，经济管理出版社2001年版有关论述。

居民在养老、住房、医疗、教育等方面的需要，减轻了政府在这方面的责任和压力。另外，由中央公积金局提出投资计划，居民自己选择投资的办法，不仅分散了风险，而且也避免了中央公积金局的直接投资责任。

3. 政策启示

新加坡经济政策存在的问题是税负（付费）较高，企业负担重，不利于市场竞争；低收入者难以享受到经济增长所能够带来的利益，存在一定数量的贫富不均的社会现象。

对中国的政策启示：

首先，协调民意是经济体制的重要功能和内容。新加坡之所以能够顺利推行制度，重要原因在于较好地处理了各方面的民意关系，一是正确处理了政府与社会团体、居民之间的利益关系，强调了经济政策事业是大家共同的事业，不能单纯依靠政府；二是在推行中央公积金制度时，正确处理了已退休人员的养老问题，强调家庭要在社会中发挥应有的作用。借鉴新加坡的经验，中国制度改革面临的主要问题也是如何正确处理各种利益关系的问题，如眼前利益与长远利益、中央与地方的利益、单位与个人的利益、老人与新人的利益等等。这些利益关系制约了制度的进一步改革，必须在深化改革的过程中处理好这些利益关系，只有这样才能保证改革的顺利进行。

其次，要多层次动员参与建立和完善经济政策公共选择的制度机制。随着中国经济体制改革的深入，中国经济结构和经济成分发生了很大变化，私有经济、个体经济快速发展起来，相当一部分人走上了致富道路，但是也有一部分人需要依靠制度的保护。应借鉴新加坡的经验，由政府提供一定的基础条件或优惠政策，引导、鼓励先富起来的人群积极参与经济制度建设，可以通过税收优惠、设立专项基金以吸收社会资金等方式，帮助贫困者维持基本生活。

6.3 本章小结

经济政策公共选择范式在各个国家以及同一个国家的不同历史阶段会有不同的表现形式和特征，会有各自的特殊性。对此进行抽象的概括和归纳，可以发现这一范式的共性和个性。这种国际比较研究有益于借鉴和吸收国外经验，更好地推进中国经济体制改革。

第7章
第三方管制：
中国经济政策公共选择范式

【本章导语】

在经济政策出台的过程中，主导方是谁？是政府抑或代议机构抑或居民、企业？1929年的大萧条、20世纪70年代的滞胀、1997年的亚洲金融危机、2008年国际金融危机等世界范围的经济动荡，都说明各国现行的以政府为主导的政策制订范式不能有效避免重大的经济政策失误，只能作为一种过渡范式。

应当推行以"自上而下"为主导的,由代议机构和部门对政府的政策行为进行制约的非均衡耦合结构的第三方管制。在第三方管制条件下,政策市场可以实现价格均衡与政治市场均衡。第三方管制作为经济政策公共选择过程的一种具体形式,具有非均衡耦合结构的特征。

7.1 政府管制、社会性管制与第三方管制

7.1.1 政府管制类别

政府管制(government regulation, regulatory constraint)不仅存在于私人物品市场,而且存在于公共物品市场。

按照制度的目的和实现方式的不同,政府管制可以划分为直接管制(direct regulation)和间接管制(indirect regulation)。直接管制是以治理与自然垄断、信息不对称、外部不经济等有关的经济负效应为目标,依据法律手段直接介入经济主体决策。直接管制一般由政府行政部门实施。间接管制是以维持市场竞争并提供相关制度为目标,不直接介入经济主体的决策。间接管制一般由司法部门通过司法程序实施,通常依据商法和民法等来实施。

政府管制也可以分为经济性管制和社会性管制两部分(表7-1)。经济性管制是针对存在垄断和信息不对称的部门(如电力、城市燃气、自来水、交通运输和金融等行业),为了防止资源配置的逆效率,运用法律手段对企业的进入、退出、价格、服务的质量、投资、财务等方面的行为

进行管制①。社会性管制的本质内涵在于其针对的是外部不经济、信息不对称和非价值物等问题②，为了保护劳动者和消费者的安全、健康、卫生等，对物品和服务的质量以及相应产生的各种活动运用管制给予禁止或限制（如安全性管制、健康管制和环境管制等）。

表 7–1　　　　　　　　　政府管制的简明分类

类别 \ 组合后的特征	经济性管制	社会性管制
直接管制	直接的经济性管制	直接的社会性管制
间接管制	间接的经济性管制	间接的社会性管制
备注	本表格并未涵盖表中概念的全部组合关系	

7.1.2　政府管制与宏观调控的区别

国内经济理论界习惯于把政府所有与经济活动有关的行为都称之为宏观管理或宏观调控，其实这种叫法很不准确。

把与市场和企业相关的所有来源于政府的公共经济政策作如下排列：①财政和金融政策；②公共事业投资、社会公共服务的提供及社会福利政策；③反垄断及反不正当竞争的政策和法律；④针对具有自然垄断性质的公用事业的进入、退出及定价行为所实施的管制政策；⑤处理外部不经济的管制政策；⑥处理内部不经济或信息不对称的管制政策。

在以上政府职能中，只是第①项与宏观经济有关，它的调控对象是作为宏观经济总量的国民经济一项。而②至⑥项只与微观经济活动有关，它们的目的是维护公共利益或私人利益不受个体经济决策的损害。这就是本章要讨论的政府管制。很显然，这一部分政府职能是以直接的方式来干预经济活动，其对象是具体的微观经济主体（如企业和居民），大到某个行业的状况，小到单个市场主体（如居民）的交易行为，如强制

---

① ［日］植草益：《微观规制经济学》，中国发展出版社 1992 年版有关分析。
② 非价值物指依照道德伦理规范应在一定程度或者全面限制其生产销售的物品，如毒品等。

征收经济政策税等。但其作用的时间、覆盖的区域及影响面都远远小于经济政策。

7.1.3 第三方管制的概念

作者首次提出的第三方管制,已经不同于传统的政府管制理论,已经超出了现有政府管制理论的分析体系。

传统的政府管制一般是指政府通过法律、法规或者其他政策措施对居民、企业和行业的某些特定行为进行限制。从结构性关系看有两方,一是管制方——政府,一是被管制方——居民、企业和行业组织。可以说,这也是传统政府管制理论的一个局限性,即没有区分所谓"政府"中行政机构和代议机构在行为内生变量、行为目标、行为外部环境和行为约束条件上的重大差异。同时,传统政府管制理论也忽略了对于政府机会主义、悖德行为的分析,从而使这些政府行为缺乏制约,进而使传统政府管制理论的操作存在逻辑上的矛盾。

而作者首次在理论界所提出的"第三方管制"(或者称为"代议管制""立法管制""第三管制""第三元管制"等),其本质是把传统政府管制理论中的所谓"政府"划分为政府(行政意义上的政府)、代议机构和部门(代议意义上的政府),或者说,"第三方管制"是指将代议机构和部门作为"第三方""第三者",是指代议机构和部门对政府围绕经济政策的提出、制订、审议、执行、评价和监督等行为进行限制和规定,尤其是程序性的限制和规定;或者说,针对经济政策的提出、制订、审议、执行、评价和监督的政府行为的管制在本质上和范围上都属于第三方管制。第三方管制在形式上表现为指向关于经济政策的有关政府行为的法律法规和司法指令、司法行为及特定条件下(如国际金融危机、重特大自然灾害等)的部分司法行政行为等。第三方管制与政府管制的重要区别在于第三方管制的制约对象是政府,而一般政府管制的制约对象是居民、企业或行业,也就是说,传统的政府管制所谓的管制主体是政府,管制对象是居民、企业或行业,而第三方管制的管制主体是代议机构和部门,管制对象恰恰是政府本身。

第三方管制产生和存在的原因和主要依据是：政府"行政垄断"经济政策所产生的外部不经济；代议机构和部门与政府之间的信息不对称；针对政府围绕经济政策的提出、制订、审议、执行、评价和监督过程给予监督的有关制度和机制的缺失；政府的政策产品供给过程中官僚部门的逆效率行政行为和错误行政惯例产生的效率损失；等等。必须指出，因为现有的政府管制理论仅仅局限于经济性管制和社会性管制，如果作为对经济政策公共选择过程进行管制的理论依据，显然具有不可克服的局限性[①]。因此，作者认为排除类似于经济性管制和社会性管制存在的一般性原因，对经济政策公共选择过程适用第三方管制的主要原因是防止政策垄断，即政府"行政垄断"经济政策所产生的外部不经济和减少代议机构和部门与政府之间的信息不对称（asymmetric information）的外部效应。

1. 防止政策垄断

政策垄断是指政府规避立法或司法部门和有关法规，独占（控制）经济政策的提出、制订、审议、执行、评价和监督过程，维护或默认自身和利益集团（如国有企业等）在政策市场交易中的有利地位。政策垄断是一种损害了居民收益和社会福利的行为。在政策市场上，政府支持利益集团凭借政府支持谋取超额利润，对居民和社会福利造成损失，这种损失基本包括：（1）制订垄断性的政策价格，谋取政策上的超额收益。如图7-1所示，假设政策（产品）平均成本不变，并由直线 $M_c = A_c$ 表示，政策供给量为 Q_1，价格为 P_1。如果政府进行政策垄断，那么政府或利益集团能够以 P_2 的价格售出 Q_2 的政策（产品）而获得最大收益。此时，企业、居民福利的损失相当于梯形 P_2P_1CA 的面积，其中矩形 P_2P_1BA 的面积属于供给增加的政策福利（社会福利），而三角形 ABC 的面积则是政策（社会福利）净损失。（2）政策性供给不足。如果因政府或利益集团追求政策的垄断收益而出现供给不足的话，那么其不仅制约市场的扩张，而且还直接影响企业、居民的福利。（3）政策（产品）及服务的质量将

---

① 这主要是指理论的针对性不强。

下降。由于存在政策垄断，政府或利益集团会失去提高产品及服务的质量的积极性。

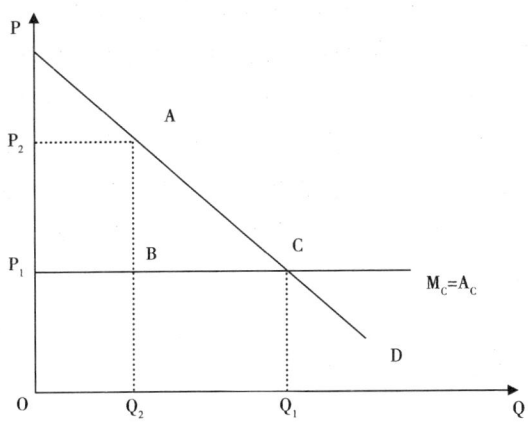

图 7-1　政策垄断造成的社会福利损失

2. 信息不对称的外部效应

政府、利益集团和居民、企业等主体之间的信息不对称，是指政策市场中政府作为市场交易的一方比另一方拥有更多的关于经济政策信息的状态，这对市场的运行有很大影响。作者参考乔治·阿克劳夫（George A. Akerlof, 1970）关于"柠檬"市场模型（the market for "lemons"）的分析，结合政策市场，首次提出了以下关于政策市场的信息不对称模型。

假定有两种经济政策——高效益（高满意度）的和低效益（低满意度）的，在完全信息对称条件下居民和政府都充分了解经济政策的信息，就会存在图 7-2 中的 a 和 b 两个市场。图中 S_H、D_H 是高效益经济政策的供给曲线和需求曲线，S_L、D_L 是低效益经济政策的供给曲线和需求曲线，居民能够进行自由选择。这时，高效益经济政策价格为 100 元，低效益经济政策价格为 50 元，每种经济政策推出 50 个。但是，由于信息不对称，政府对经济政策了解的信息比居民更多。

当居民不具备分辨经济政策效益的能力时，只能把经济政策看做是中等效益的。图 7-2 中，对中等效益经济政策的需求用 D_M 表示，它低于

D_H 但高于 D_L。这时，高效益经济政策从 50 个下降到 25 个，而低效益经济政策从 50 个上升到 75 个。当居民、企业开始知道，政府推出的大多数经济政策是低效益的时候，他们的需求转移了，可能是 D_{LM}。这一移动会使经济政策的组合进一步转向低效益，直到最终由于市场价格太低而不能使任何高效益经济政策进入市场，市场中推出的只有低效益经济政策。信息不对称使低效益经济政策把高效益经济政策逐出市场。因此，当被作为交易对象的经济政策的效益在很大程度上受控于拥有大量隐藏信息的政府时，就产生了逆向选择问题，即交易中居民希望得到高效益经济政策，而政府只愿意提供低效益经济政策。

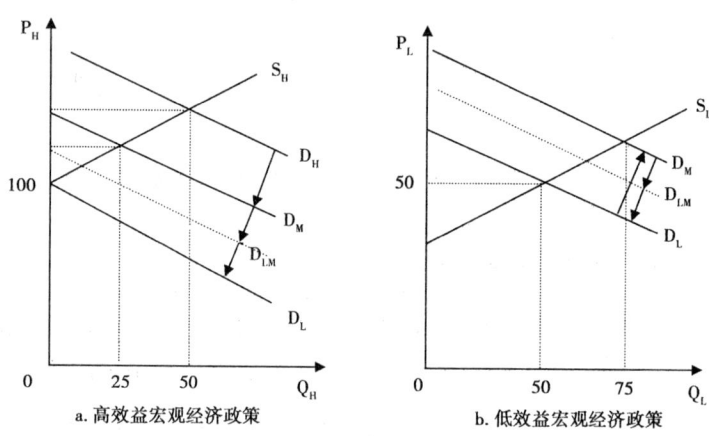

a. 高效益宏观经济政策　　b. 低效益宏观经济政策

图 7-2　政策市场的信息不对称

信息不对称所导致的对居民、企业福利的损害是第三方管制的主要理论根据之一，与有关经济性管制相比，这类第三方管制更专注于保护居民、企业在经济政策信息了解方面的基本权益。一般而言，由于信息搜寻费用高昂以及居民自身的知识、能力等方面的限制，居民、企业是不可能获得有关经济政策的足够信息的，但其中一部分信息又直接关系到居民、企业的收益。为此，有必要针对政府有关经济政策信息的披露进行强制性的管制。

7.1.4　政府管制与第三方管制

第三方管制在本质上是一种目标范式，它的提出是基于这样一种认

第7章 第三方管制：中国经济政策公共选择范式

识，即中国经济政策的提出（投票规则）、制订、审议、执行、监督、评价等程序的法律和法规尚未发育或残缺，需要政府、利益集团、企业、居民等参与政策协商，尤其要对政府的行为进行制约，并通过法律法规进行管制。

从代议机构、行政部门的关系分析，第三方管制是指在经济政策公共选择过程中，代议机构和部门通过法律途径或行政手段（如行政法规），替代一部分尚未发育、缺位或运行失效的管制，直接介入（或干预）主体①对经济政策的民意选择和政府对经济政策的决策、执行、评价和监督等程序，形成经济政策公共选择过程，促进经济政策的合理配置和有效运用。对于像中国这样的发展中国家而言，第三方管制的目的在于通过确立一种制度安排或规则，在民意、政策决策等方面建立起相对完整的法规，对政府机会主义进行制约，以推动经济政策公共选择制度和机制的完善。

对中国而言，最为缺乏的不是资本、技术，而是有效的制度。虽然从表面上看，第三方管制的有关制度不发育或残缺往往反映为资本、技术要素的稀缺，如人均收入水平低、经济政策信息知情的群体少、对政府进行制约的资金的短缺等，但是相对而言，最缺乏的是能够有效地组织、配置各种政策要素以优化整个经济政策体系的制度安排。第三方管制不发育或残缺的本质同样在于制度稀缺，即缺乏一种能够推动经济政策公共选择过程优化的制度安排。

在这里所谈的制度稀缺，不能简单地看成所谓的"滞后反应"，即制度供给的不足。这种制度稀缺，本质上是一种基于第三方管制不发育或残缺而形成的"表面上"的制度需求的相对不足。这是从中国的立场，从其追求组织或管理的"后发性利益"的角度来认识制度稀缺。如果忽视了这一点，将势必把制度稀缺看成是完全适应于不发育或残缺的第三方管制运行的"正常现象"，因而也就没有了以制度创新方式扩大制度供给的需要。从主体外部不经济的很多事例可以看出，解决此类问题的主体行为成本之高，使得任何一个单个主体都无法解决类似的问题②。一种替代的

---

① 此处指不包括政府的狭义公共选择主体。
② 这里主要指谈判、协商、信息搜集等形成的高昂的交易费用。

办法是代议机构和部门对政府的管制。代议机构和部门要逐步建立一整套有关第三方管制的制度。代议机构和部门的优势就在于，如果需要的话，它能够完全或部分避开政府，而主体却做不到，所以代议机构和部门有能力以低于其他主体（如居民、企业、中介组织等）的成本进行政策活动。

总之，第三方管制是代议机构和部门为克服第三方管制不发育或残缺的制度稀缺，以强大的行政力量所进行的制度创新和制度供给。它具体表现为代议机构和部门通过法规，对一部分不发育或残缺的、涉及第三方管制的立法意义上的法律进行规范，直接地组织第三方管制。其主要目的在于，在民意、经济政策的决策、执行、评价和监督等方面，作出能够实现各个主体利益妥协的制度安排。

在未来的"理想阶段"，代议机构和部门应该既担当经济政策提出、制订、审议、执行、评价、监督等程序的规则制订者，又担当第三方管制的裁判者。在规范的市场经济中，经济政策提出、制订、审议、执行、评价、监督等程序规则的制订者一般都是代议机构（议会），政府只是这些规则的执行者。

目前，中国代议机构和部门要制订经济政策形成的规则，以便有所参照，并在实施规则过程中对政府行为进行制约。显然，其他主体（居民、企业、咨询机构、地方政府部门等）都不具备为全社会普遍认同的权威。虽然，政府作为主体也参与部分经济政策的提出、制订和执行，但是，"过渡阶段"要求代议机构和部门作为经济政策的程序规则的"阶段性"决策主体，因为唯有它才可能具备制订经济政策公共选择规则并进行监督的资格与能力。

7.1.5　第三方管制与经济政策公共选择范式

按照演化进度划分，可以将中国经济政策公共选择范式划分为传统范式、过渡范式和目标范式。第三方管制是一种目标范式（如表7-2所示）。

表7-2　　　　　　　　中国经济政策公共选择范式分类

要素类别	特征要点	传统范式	过渡范式	目标范式
1	总体特征	一元主体程序受控范式	政府主导有限元主体谈判范式	第三方管制
2	主体要素	政府进行政策垄断；利益集团影响很大；代议机构职能残缺	政府的政策决策未受到有效监督；存在利益集团行为；代议机构职能缺位	居民、企业广泛参与政策决策；有效的民意表达路径；政府行为受到法律制约和监督
3	政策市场要素	供给短缺；政策需求被人为压抑	政策供给缺口；政策需求不完全表达	政策供求平衡
4	政治环境要素	人治社会	行政法规体系不完善	立法比较完善
5	行政决策机制开放程度要素	政务尚处于封闭运行缺乏激励约束机制行政程序混乱	政务未公开；行政程序不健全	规范的行政程序；高效的人力资源制度；行政公开
6	政府偏好要素	政府缺乏服务、法制和公开化观念	政府法制观念缺位	政府偏好受到法律有效制约
备注	参阅第6章第1节对规范的第三方管制的说明			

与第三方管制相对照，中国现阶段的经济政策决策体制处于一种过渡状态，因此，第三方管制与作为其制度背景的经济政策决策体制的状态存在同构性。也就是说，过渡性的不稳定体制在逻辑上符合这种决策体制对第三方管制的阶段性要求。例如，中国社会保障政策的决策体制就反映了以上所述经济政策公共选择的过渡范式的某些特点（如图7-3所示）。

表 7-3　　　　　　　　　社会保障体系的内容①

内容 分类	资料来源	管理机构	管理方式	目标范式
社会保险：				
退休保险 老年医疗 医疗 残疾 生育 工伤 遗属 失业 住房 人寿	保险储蓄 （政府、单位、个人） （单位、个人） （单位、个人） （单位、个人） （单位、个人） （单位、个人） （单位、个人） （单位、个人） （单位、个人） （单位、个人）	准政府机构 商业保险企业 商业保险企业 商业保险企业 商业保险企业 商业保险企业 商业保险企业 商业保险企业 商业保险企业	独立的管理机构执行政府政策，国家制订政策和成立保险、监督、审计机构和国家保险总企业，为保险业保险。	从国家补贴走向收支平衡国家监督，市场决定，收支平衡。
社会救助：				
失业破产 孤寡病残 城乡贫困 自然灾害	（单位、个人投保） 民间捐助，国家基金会，国家拨款，地方和国家拨款，民间捐款，国家基金会	商业保险企业地方政府专职机构管理中央和地方政府专职机构管理	国家政策，中央、地方、社会合作	逐渐加大保险规模，缩小政府财政补贴规模
社会福利：				
社会津贴 职业福利 福利服务	非盈利机构和 地方福利事业	中央、地方政府	地方为主 中央逐步退出	逐渐缩小规模，中央政府从社会津贴和职业福利退出，社会福利服务完全给地方
优抚保障：				
退伍安置 退休安置 群众优待 死亡抚恤 伤残抚恤	国家经常性财政拨款	地方政府执行	中央政策，中央监督	职业训练和安置市场化，中央管理机构管发给优抚经费

① 本表格的制作参考了蓝志勇的有关论述（蓝志勇：《中央、地方与市场在社会保障上的权责分工》，《中国社会保障体制改革》，经济科学出版社 1999 年版）。

7.2 第三方管制下的政策市场均衡

7.2.1 政策市场结构的非均衡

政策市场结构指在政府、利益集团、居民、企业等主体针对经济政策的行为的相互作用下，经济政策的价格①和供给数量的状态。

作者对政策市场结构的论述借鉴了西方经济学者的已有成果，但是作者的分析与其又存在诸多差异。这种差异显著地表现在两者的分析前提和假定上：（1）极度不完备政策市场假定。西方学者论述过政策市场中的政府失灵、寻租等问题，但是现阶段中国政策市场的极度不完备是西方经济学家们所不能想象的；（2）中国政策市场长期处于非均衡状态；（3）主体民意的多元化；（4）政府行为动机复杂化，存在"政治人"动机②。

中外学者分析政策市场的前提存在差异，主要原因是西方学者分析的制度基础是规范的市场经济制度，而中国正处于经济制度变迁的过程，这种制度变迁的重要特征是转型和发展。转型是指正从不规范的市场经济转向规范的市场经济，发展是指不发达向现代化的转化。这种制度背景的特殊性，使中国现阶段的政策市场的结构、第三方管制等问题尤为错综复杂，是西方的经济政策理论所不能涵盖的。

在制度变迁条件下，中国经济体制改革采用的是渐进范式。从政治体制对经济体制的决定性看，还需要大约15—20年的时间，才能建立比较合理的经济体制。为此，有必要加速建立合理的政策市场结构，而加速这一进程不能依靠经济领域的单一的改革。事实上，各个领域改革政策不配套已经制约了经济体制改革的进度。

---

① 经济政策的价格可以表示为居民、企业为获得于己有利的经济政策而支付的税费。
② "政治人"动机是指政府具有机会主义行为特征。参阅第1章的理论假设。

目前，中国经济政策的市场结构可以简略概括为：由政府的政策垄断被动性地向政策市场的公开化转换。

政策垄断主要表现为政府对经济政策的提出、制订、审议、执行、评价、监督等程序的影响力很大，事实上形成相对封闭的政策市场，以获得较高的政策垄断收益，即以信息的封闭维护政府的公信力或者避免社会的评价。政策市场运行表现为经济政策决策主体的一元化、经济政策及其服务的低质量。政策垄断存在的深层原因是原有计划经济遗留的部分超经济力量仍然在阻碍中国现阶段的政策市场发展，直接原因是政府尚未实现经济政策决策的程序化、法律化和科学化。

在中国特定的社会政治条件下，由于行政权力的作用，形成了一系列评价和监督经济政策的制度约束，使居民、企业等主体对经济政策的评价和监督弱化，这也是政策垄断程度过高的重要原因。总之，中国现阶段的政策市场结构与规范的市场经济的要求尚存相当大的差距。

7.2.2 政策价格均衡

在政策市场中，推行第三方管制的政府部门与主体之间的相互作用表现为：(1) 政策市场的居民、企业和利益集团可以影响官员；(2) 主体以法律诉求形式表达对政策的民意。显然，政府和被管制者的相互作用涉及第三方管制下的政策价格均衡问题。一般分析，政府是通过对政策市场中的利益集团和影响力较小的居民、企业等主体推行不同的政策实现管制目标。在斯蒂格利茨（Stigletr, 1971）模型[1]基础上，作者依据政府管制理论，进行理论创新，得出了第三方管制下政策市场价格均衡模型（如图7-3所示）[2]。

图7-3中，利益集团的成本、居民和企业的成本都是机会成本，因为居民和企业对政策的影响力小，所以其机会成本高于能够影响政策的利

---

[1] Stigler G. J. Public regulation of the securities market. *Journal of Business*. 1964.
[2] 作者提出的理论假说借鉴了 Daniel F. Spulber、乔治·施蒂格勒、约瑟夫·斯蒂格利茨和植草益有关产业组织、政府规制的理论。

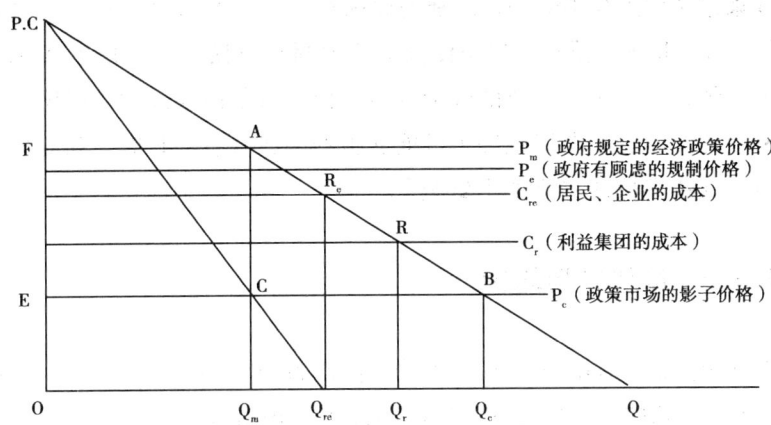

图7-3 第三方管制下政策市场的价格均衡

益集团的成本。政策市场的影子价格指经济政策得到最佳配置时的价格。政府有顾虑的管制价格是指政府可以采用但是会给自身带来政策风险（如财政支付风险）的价格。

如图7-3，这一模型主要说明了政策市场中对政策影响力较小的居民、企业等主体与对政策影响力较大的利益集团面对同一管制价格在租金（主要是收益）收益上的差别，产生这种收益上的差别的直接原因是第三方管制引致的最终转入经济政策价格的政策成本的存在。居民、企业等主体只能面对无补贴价格①。

定义7.1 政策成本指由第三方管制导致的只由影响力较小的主体而不由利益集团承担的实际税收成本。

这种政策成本主要表现为政府对政策市场中的利益集团和影响力较小居民、企业等主体采用不同的实际税率政策而导致的额外成本。政策成本的存在使居民、企业等面对无补贴价格②。

定义7.2 无补贴价格指居民、企业等影响力较小的主体面对的政府给予利益集团事实上的补贴（税收上的优惠等）后形成的政策市场价格。

---

① 本书的无补贴价格概念有专指性，不同于一般文献的界定。关于无补贴价格概念，参阅本页定义7.2。

② 同上。

政策市场中产生 Cre、Cr 差别的原因在于不一致的政府政策。总租金损失就等于 ABEF，而不仅仅是传统上认为福利净损失的三角形 ABC。这是因为单纯针对居民、企业的政策成本是由政府部门导致的，居民、企业争取平等地位的竞争费用就等于可能获得的潜在收益。政府与利益集团存在政策上互相支持的"事实上默契"。

7.2.3 政治市场均衡

在托里森（Tollison，1991）模型和佩尔兹曼（Peltzman，Sam，1976）模型[①]基础上，结合现阶段中国政策市场结构、利益集团行为和政府行为的实际情况，作者进行理论创新得到广义的考虑政治均衡的政策市场均衡模型。

所谓"广义"是指这一模型考虑了开放经济条件下利益集团、居民对政府的投票选择（即满意度），即形成政治均衡。

针对政策市场，政治均衡模型的分析前提是政府偏好的内生化[②]。这种政府偏好的内生化是与政府行为的政治外部性相联系的[③]。

定义 7.3 政治外部性指政府行为过程中政府所经受的政策成本和政策收益。此处的政策收益一般以获得的投票数（即公众满意度）表示[④]。

图 7-4 所示纵轴为收益，横轴为价格，分别代表利益集团和居民（或企业）的民意，AB 曲线表示居民的收益随价格变化的函数，AB′曲线表示利益集团收益随价格变化的函数，购买政策获得的剩余与价格成反比。而追求选票（或居民满意度）最大化的利益集团即在利益集团和居民之间寻求价格转移。在政策市场中，V 是利益集团与利益集团之间的"等选票"（ISO – VOTING）无差异曲线 $V_1 > V_2$。V′是利益集团

[①] Peltzman, Sam. Toward a more general theory of regulation. *Journal of Law and Economics*. 1976.
[②] 在政府规制均衡模型中，一般假定规制者是作为一个具备明显偏好的个体而行动的，规制者偏好被假定为外生的，由加总的消费者偏好来表示，由企业收益函数来排序。
[③] Stigler, G. J. Public regulation of the securities market. *Journal of Business*. 1964.
[④] 参阅第 1 章第 4 节关于政策成本和政策收益的概念。

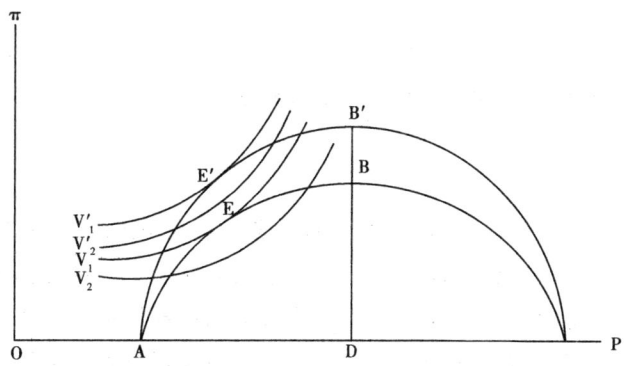

图 7-4 第三方管制下的政治市场均衡

与居民之间的"等选票"(ISO-VOTING)无差异曲线 $V'_1 > V'_2$。在 A 点上,利益集团收益为零,意味着经济政策垄断的消失;在 B、B'点上居民、利益集团分别实现收益最大,也就是在某个时点上经济政策被它们单方面完全垄断,而排挤了另一方。利益集团管制价格在 A 和 B、B' 点都不能过渡到政策市场均衡的必要条件是,利益集团或居民的利益被完全忽略了。

如果实行政府对经济政策的价格管制,则会得到政策市场均衡 E、E' (即政府同时获得利益集团和居民的支持)。在这一点上,政府使自己的边际政治替代率(居民的满意度的变化或收益变化带来选票)等于无差异曲线 V_1、V'_1 与收益曲线 AB、AB' 切点的斜率。

综上所述,可以得出以下推论:

推论 7.1(狭义推论) 对经济政策的同一管制价格在租金(主要是收益)收益上的差别并不影响利益集团和居民取得各自可以接受的收益,即在合理空间内并不影响利益集团进入政策市场影响政府的政策。

推论 7.2(广义推论 1) 政府管制行为过程中的政治外部性并不使政府管制机构(即政府)失去在利益集团和居民间同时获得投票的可能性。

推论 7.3(广义推论 2) 政府管制行为过程中政治外部性的引致成本应受到控制,因为最终要由居民、企业等负担。

7.3 政策市场与政府管制强度

合理的政策市场结构是经济政策体系不断优化的一个必要前提。但是，通过历史比较分析可以发现：在民主政治体制下，部分国家形成合理的政策市场结构的历史进程中，经济政策资源损耗构成的成本付出极其巨大。显然，中国当前的国民经济无法承受这样高的改革成本（指经济政策资源损耗）。而由代议机构和部门制订一系列涉及经济政策决策程序、综合考虑主体民意、限制利益集团行为的法律法规，则可以加速形成以制约政府的"政策垄断"行为为主要特征的合理的政策市场结构。

在建构合理的政策市场结构过程中，代议机构和部门不仅不能单纯拘泥于以立法手段引导政策市场运行，而且要打破常规，保持政府管制的合理强度。从政策市场结构分析，这种保持一定强度的政府管制主要是指代议机构和部门制订涉及经济政策提出、制订、审议、执行、评价、监督等程序的规则（行政法规），采用直接管制影响经济政策领域的政府行为。

要确定第三方管制的合理强度，首先要分析代议机构和部门对政策市场的管制能力。这是因为代议机构和部门对政策市场进行管制，是以代议机构和部门具备的对政策市场的管制能力为基础的。

作者所提出的代议机构和部门管制能力的概念，是对代议机构和部门为了建立政策市场运行规则，规范主体行为，针对政策市场所进行的系统性和总体性的调节和控制的一种理论概括。制度变迁条件下，中国代议机构和部门对政策市场的代议机构和部门管制能力直接表现为代议机构和部门调节和控制政策市场运行状态的能力。对政策市场运行的代议机构和部门管制主要包括三项内容，即管制的强度、范围和方向。需要说明的是，由于篇幅所限，作者只从政策市场的角度，探讨代议机构和部门管制强度。

7.3.1 代议机构和部门管制强度：政策市场运行分析

作者对制度变迁条件下政策市场运行的代议机构和部门管制强度的分析，是以代议机构和部门、利益集团和影响力较小的主体之间的政策地位不对称（不公平）为假定的。

一般分析，在政策市场中，政府、利益集团使居民、企业等影响力较小的主体处于不利地位；政府、利益集团与主体之间信息不对称，一方面形成政策成本，另一方面使代议机构和部门管制必须维持一定强度，以保证代议机构和部门对政府、利益集团的管制的有效性。

$$对经济政策市场的政府管制强度 = \frac{代议机构监督的政策市场运行活动}{政策市场运行活动总量}$$

一般分析，当这个强度为100%，说明代议机构和部门行为导致了高度理想化的市场经济、法制经济的复归。当这个强度愈逼近100%，说明代议机构和部门管制强度愈大；反之，说明代议机构和部门管制强度愈小。当这个强度为0，说明代议机构和部门未参与政策市场运行活动。目前，鉴于中国政策市场结构的非均衡，这个强度应保持在较高水平，即阶段性的"高强度代议机构和部门管制"。

7.3.2 政策市场的代议机构和部门管制范围分析

应当明确对政策市场进行代议机构和部门管制的范围，否则，将对政策市场产生消极影响。目前，政策市场中的代议机构和部门管制范围应该相对广泛一些：（1）维护主体的政策参与权和监督权，建立有效的民意表达制度；（2）代议机构和部门进行经济政策监督的程序方面的法律法规建设；（3）经济政策监督中各级代议机构和部门之间的关系。目前，代议机构和部门管制应指向政策市场运行中最无序领域。例如，利益集团的政策垄断行为[①]；经济政策代议机构和部门的政策制订过程、执行过程

---

① 参阅第5章第3节的有关论证。

的完全封闭；主体缺乏表达民意的路径等。

政策市场的代议机构和部门管制政策目标的实现是以代议机构和部门管制能力为基础的。从政策市场运行分析，代议机构和部门管制能力主要包括以下三个方面：(1) 对政府干预能力，这主要表现为代议机构和部门对政府行为的影响；(2) 对行政决策机制开放程度干预能力，这主要表现为政府部门政策执行受到监督的程度，或者与公共选择谈判的政策数量；(3) 对政治环境干预能力，这主要表现为关于经济政策的法律法管制订和执行情况。

代议机构和部门总体规制能力 =

$$\frac{\text{对政府干预能力} + \text{对行政决策机制开放程度干预能力} + \text{对政治环境干预能力}}{3}$$

式中：

$$\text{对政府干预能力} = \frac{\text{供政府选择的政策} + \text{向公共选择主体提供的其他服务}}{\text{公共选择主体占有的政策总量}}$$

$$\text{对行政决策机制开放程度干预能力} = \frac{\text{受到监督的政策数量}}{\text{执行的政策数量}}$$

或

$$\text{对行政决策机制开放程度干预能力} = \frac{\text{谈判形成的政策数量}}{\text{执行的政策数量}}$$

$$\text{对政治环境干预能力} = \frac{\text{政府执行的政策数量}}{\text{代议机构和部门制定政策总量}}$$

政策市场非均衡条件下，总体的代议机构和部门管制能力应保持一定强度，否则就是"软立法"了。同时，必须指出：从总体上衡量政策市场的代议机构和部门管制能力不能单纯以评价指标为依据，而要进行综合经济分析。

7.4 中国范式的特征

7.4.1 非均衡耦合结构：第三方管制的制度特征

第三方管制的本质在于代议机构和部门以法律法规替代缺位的有关制

度机制，对政府的有关行为进行制约，以保证经济政策的提出（投票规则）、审议、制订、执行、监督、评价等程序的规范运行，从而实现广义主体的民意协调。具体而言，这种第三方管制的结构特征是：在经济政策形成流程[①]中存在的法律法规上的"自上而下"与社会各类主体之间协商上的"自下而上"的两种机制相结合而以"自上而下"方式为主导的结构，即"非均衡耦合结构"（如图7-5所示）。

"自上而下"为主导并不是贬低这一范式的民主内涵。公共选择的基础价值理念——公开和平等，界定了主体的尊严。公共选择的自由是基本的道德价值理念，不是政府的恩赐，而是属于主体的自然权利。经过被社会认可，通过自由、定期和公开的政策谈判，每一个主体的投票权都与其他人的投票权平等。

在任何社会中的经济政策权力的分配都是不平等的，没有什么政府部门能够保证让其居民全部有效地参与影响他们生活的所有经济政策的制订。

目前，中国经济政策决策权相对集中在政府和部分利益集团的手中。这些集团对政府部门具有很强的政策影响力。

从宏观经济分析，政策决策的参与主体包括：制订政策和调控政策的国家级政府部门（如国务院、国家发展和改革委员会）；行业的政府主管部门；地方政府；地方发展和改革委员会；社会舆论的影响机构（如新闻媒体）；大型企业；其他主体和中介组织。在如何谋求经济政策福利的途径和方法方面，参与主体之间会产生分歧，但经济政策的取舍应考虑采取听证会、研讨会、新闻发布会、听取人民代表大会和政治协商会议代表的意见、社会调查等多种协商（谈判）形式，遵守本质上的"投票规则"。

所谓"自上而下"和"自下而上"相结合，就是一方面发挥代议机构和部门"自上而下"所具有的制约对象和立法目标明确、法规措施协调一致的优点，另一方面又吸取了在社会各个利益集团协商方面"自下而上"所具有的机制上的灵活性和活力，从而将选择的政治过程、立法

[①] 参阅本文第1章第3节的有关论述。

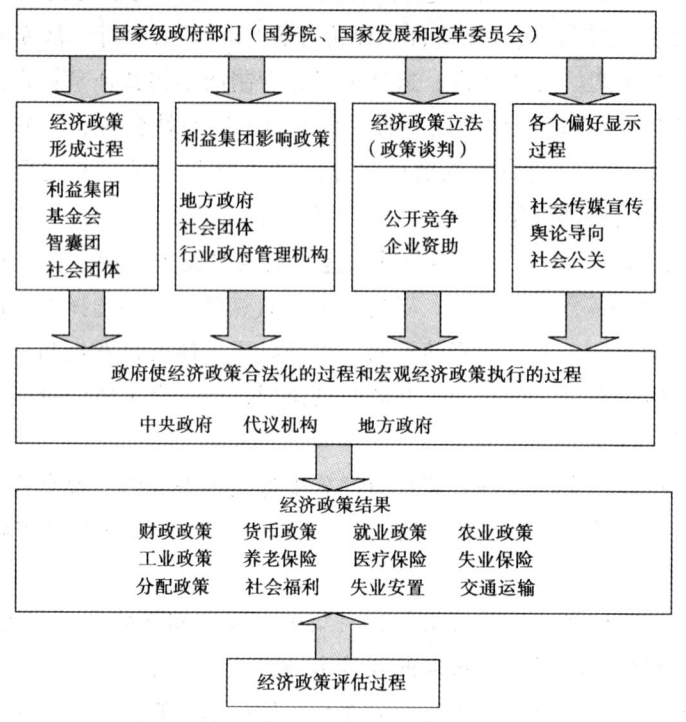

图 7-5 非均衡耦合结构的第三方管制

过程和技术过程、政府的发展目标和居民、企业的民意有机地联结在一起，使社会需求因素和代议机构和部门自身的推动力量相结合，建立一个广泛而有效的立法——协商（谈判）系统，通过协商过程来制约政府的有关行为、来权衡各方面的民意和力量，形成公正的、符合社会利益，同时又符合经济体制优化规律的科学选择。

7.4.2 面向非均衡耦合结构的要素特征

在"自上而下和自下而上"相结合的选择过程中，一般地先"自上而下"，然后再"自下而上"，即先明确制约对象和立法目标，再组织居民、企业、中介组织等提建议而后逐步进行遴选。在有关立法的制约下，通过协商、协调、比较等一系列过程，把民意（偏好）信息有效地在政策制订者、政策执行者和居民、企业之间传递和反馈,从而达到公正、合理地选择政策的目的。

"自上而下和自下而上"相结合的选择过程并非是完全程序化的,在这一过程中,"自上而下和自下而上"相互交织,通过有组织有控制的进程,不断地进行民意信息的反馈和交流,逐步形成协调一致的选择和规划方案。

面向非均衡耦合结构的第三方管制,MPEOG 系统要素主要具有以下特征:

1. 主体要素

针对第三方管制,主体要素主要具备两个特征:一方面,"自上而下"的过程主要是从制约政府的目标出发,来实现选择合理的经济政策。两个过程的配合有可能实现代议机构和部门的目标与其他主体目标的有机结合。另一方面,"自下而上"的过程注重主体推动因素,即主体行为的规律,因此,要注重政府偏好目标和其他主体民意目标的协调。

2. 政策市场要素

在第三方管制下,经济政策的供求常态是短缺。在"自上而下"的过程中,经济政策的制订和执行常常是相互独立的。而在"自上而下和自下而上"相结合的过程中,经济政策的制订者、执行者、评审者之间的可以相互交流民意(偏好),共同提高对经济政策内涵的认识,因此,最终被选中的常常是那些被证明切实可行的,并且政策制订者——政府部门对此政策有倾向性民意的经济政策。

3. 政治环境要素

有关法律和法规应当有序地趋于完善,以保证政策选择的公正合理。在这一经济政策选择过程中,由于充分考虑政府目标和其他主体目标,使来自政府和居民、企业的民意(意愿、意见)有机会相互碰撞和交流,相互影响,从而使政策选择既不完全服从于政府目标(甚至是某些高层官员的意旨),或完全被某些个人所垄断,也不会使政策选择重点和力量分散。能较好地协调和权衡各方面人士的意见,如政府、利益集团、居民等的意见,具有一定的公正性。

4. 行政决策机制开放程度要素

行政决策机制开放程度适宜达到适度的水平,应当趋于公开化和透明化,也要保持运行机制的灵活性。"自上而下"和"自下而上"相结合的政策选择过程常常是非程序化的过程,它不是按某个定式来进行政策选择的,因此在政策选择过程中,具有可调整和可协调性,处理得当,可以使"自上而下"和"自下而上"这两个过程的结合从杂乱无序变得错落有致。

5. 政府偏好要素

政府偏好要素特征反映在政府对建立与经济政策形成程序相关行政法规的倾向性方面。非均衡耦合结构的第三方管制要求政府不仅要支持涉及经济政策形成程序的法律法规的建立和完善,而且要主动在经济政策形成的程序中发挥重要作用。

正是由于上述的这些特点,作者认为,这种在制度上的"自上而下"与"自下而上"相结合的第三方管制是一种理性的选择。

7.4.3 管制程序

第三方管制下经济政策形成的中心环节是,在立法上确保政府以合法、程序化的方式将自己的意愿和其他主体的民意进行协调,并转化为经济政策。为便于分析,作者将经济政策形成的程序设想为彼此独立的,通过这些程序,经济政策实现"自上而下"与"自下而上"相结合的贯通(如图7-5)。这些程序虽有各自的独立性,而且每一个程序都包含一些要素上的差别,但所有的程序的要素都趋向于纵横交织在一起[①]。这样,

---

[①] 关于经济政策公共选择过程中要素的相互影响和相互关系,可以参阅第4章的有关内容,如图4-1、图4-2、图4-3所示。

通过每一个过程的运作,政府的经济政策取舍也就得到同步传达沟通。

1. 初级政治市场

(1) 经济政策的提出程序(投票规则)。政府在提出一项经济政策之前,应当与居民、企业、利益集团进行联系和磋商,了解各个主体的民意状况,以便作为提出政策的参考。例如,利益集团的民意表达为政府直接提供政策参考。

经济政策的提出是一系列主体(如代议机构和部门、行业组织、中介组织、地方政府、企业组织、大型企业、居民等)的博弈。主体影响政策的方式是多种多样的。例如,利益集团影响政策的运作过程通常表现为向政府支付一定的政策偏袒成本(请客送礼等)。

社会舆论(新闻媒体等)扮演着重要角色。社会舆论(新闻媒体等)的作用主要表现在其向社会传达经济政策走向和主体的民意——即告知政府其必须解决哪些问题,同时告诉政府主体如何看待现存的政策。社会舆论还可以引导主体应当如何对待现有的政策。

(2) 经济政策的制订程序。这一程序是对经济政策的确定或者界定,即设定议事日程,是现阶段经济政策形成的最重要的阶段。那些不被提出的问题永远不会成为经济政策,永远不会引起政府部门的关注。可以说,制订政策比执行政策的外部影响更大。经济政策的制订始于社会需求。先确定问题是制订不同的解决方案的前提。

经济政策的大部分内容酝酿在管理部门和预算部门,如国家发展和改革委员会、财政部、国有资产监督管理委员会等行政权力部门。

在这一阶段中,利益集团之间会发生大量的讨价还价行为,政府官员之间也会发生寻租行为,因而这程序最典型地体现了整个经济政策形成过程的特点:在中央政府(国务院)与国家发展和改革委员会之间、在利益集团之间、在社会影响较小主体之间会发生多次、多种形式的协商(谈判)和博弈过程。

(3) 经济政策的审议程序。经济政策的审议程序本质上是一个使经济政策合法化的过程。

使经济政策合法化是政府部门(如国务院、国家发展和改革委员会)、代议机构（如全国人民代表大会）和法院的任务。这些部门是最直接的经济政策审议的参与者。经济政策的合法化过程是经济政策制订的连续过程，应当是一个公开的、透明的过程。

从宪法的角度讲，中国的政府部门（如国务院、国家发展和改革委员会）并没有被赋予经济政策的决策权，然而在经济政策的审议过程中政府部门又在"事实上"具有此种权力。随着社会规模的日益扩大和复杂化，政府部门的权力也随之膨胀。

2. 政策供给市场

政策供给市场的主要内容是经济政策的执行程序。代议机构（如全国人民代表大会）通过表决将经济政策变成法律，由中央政府（国务院）进行行政签署生效后，并不意味着经济政策过程的结束。实际是，经济政策的制订过程进入经济政策的执行过程——即进入政府各个专门的部委或者其他机构里，由它们负责将经济政策贯彻执行。政府部门自己也会制订经济政策的补充规定。

目前，无论执政党还是中央政府（国务院），都再也不能独立地管理整个社会，虽然以前他们还可能做得到。政府部门不得不将其部分的责任义务分流到现存的组织机构中，或者为此创设新的机构，同时将部分法规变化为可操作的规则、规定和章程等，还要雇用工作人员，起草合同协议，并担负行政的责任。

在经济政策执行中，政府部门受到有组织的利益集团的影响。这些利益集团希望政府的经济政策和其利益不发生严重的偏离。代议机构（如全国人民代表大会）也花费大量的时间来监督政府部门——尽力保证使法律的真实意思反映在经济政策中。

3. 政策执行市场

政策执行市场的主要内容是经济政策的评价与监督程序。代议机构和部门会沿着自上而下为主导的第三方管制过程图中（见图7-5）所描绘的路径，得到政策民意反馈。如果经济政策产生了某些效果，那么发现这些效果的过程就是经济政策的评估过程，就是判定这些效果是否为预定的目标结果以及它们是否与经济政策的成本相符合的过程。有些时候政府部门自身也进行经济政策评估。但是，代议机构和部门会直接收到来自其本身所联系的团体组织的信息，并对这些政策民意信息进行分析评估，这种过程就是政策评估和监督。

关于经济政策执行的效果，代议机构和部门还可以从利益集团、企业、居民那里得到民意情况报告，这时代议机构和部门的评估也是自上而下的经济政策评估和监督；或者当新闻媒体报道经济政策的效果，更多情况下是报道经济政策的失败或失误，或者是经济政策的腐败时，代议机构和部门对此的评估也是自上而下的。

7.5 本章小结

从长期分析，政府为主导的经济政策形成过程不是最优化的，它只是一种过渡范式。实际上它只提供了一种短期的政策参照，以便在未来实现第三方管制。

也许很多人会推崇中国宏观经济政策公共选择的目标范式——所有利益主体提供关于经济政策问题的不同解决方案；讨论、争议以及决策的作出都是公开和人人可以参与的；政府关注其他主体民意；社会舆论（新闻媒体等）努力向居民传播关于经济政策的信息，并对居民、企业等进行引导工作；经济政策的制订和选择都是公开的；经济政策的执行是合理的、公平的和尊重主体意愿的。但是，这种经济政策形成过程存在的一个必要条件是政府管制的完备与规范。鉴于现阶段有关法律和法规的缺位，应当努力推行更为符合实际的"自上而下"为主导的，由代议机构和有关部门对政府的政策行为进行制约的非均衡耦合结构的第三方管制的范式。

"自上而下"为主导的第三方管制与公共选择的投票规则和协商（或谈判）原则并不矛盾。公共选择的核心价值观应该是主体自由、私人财产和机会均等。这些内容在第三方管制中都不会受到损害，因为一个权力已经受到法律约束的政府，一个倡导尊重居民经济政策权的政府，可以被认为是一个符合公共选择理论要求的可以充分信任的政府。

第三方管制不发育或残缺的本质在于制度稀缺，即缺乏一种能够推动中国管制改革的制度安排。基于这种认识，本章提出并论证了第三方管制，这一概念是针对现阶段涉及经济政策的提出（投票规则）、制订、审议、立法、执行、监督、评价等程序的法律和法规尚未发育或残缺，需要对政府进行直接管制。

本章论证了第三方管制的价格均衡和政策市场分析，简明分析了政策市场中的第三方管制能力，论证了针对中国第三方管制的总体特征是：在经济政策形成流程中存在的"自上而下"与"自下而上"两种方式相结合而以"自上而下"方式为主导的结构，即"非均衡耦合结构"。

第8章
主体转型：民营经济主体化

【本章导语】

　　经济政策公共选择模式和经济政策调节机制是相互影响、相互制约的耦合结构关系。经济政策公共选择模式和经济政策调节机制，其中一方的变化，都会引致另一方的改变。改革开放30年来，我国民营经济和民营企业快速发展，为我国经济社会发展作出了历史性的贡献，在数量、产值、效率、社会评价和发展前景上都超过了国有经济和国有企业，已经成为国民经济的主导力量。这在客观上要求我国经济政策的调节机制、政策体系必须适应这种经济结构性变化，实现以民营经济主体化为背景的转型。

第8章 主体转型：民营经济主体化

改革开放30年来，我国经济结构和经济布局已经发生了结构性的变化，尤其是民营经济和民营企业的快速发展深刻地改变了市场主体结构，改变了国民经济的所有制格局，改变了我国的产业组织结构和产业布局，民营经济和民营企业在数量、产值、效率、社会评价和发展前景上都远远超过了国有经济和国有企业，事实上已经成为我国国民经济的主导力量和核心竞争力。因此，这在客观上要求我国经济政策的调节机制和政策体系必须适应这种国民经济的结构性变化，改变现存的以国有经济和国有企业为主要调控对象的带有浓厚传统计划经济色彩的经济政策调节机制和政策体系，逐步转型为以民营经济和民营企业为主要服务对象的符合当代市场经济规范的体现"国民待遇"的经济政策调节机制和政策体系。

8.1 历史转折：民营经济的主体地位

改革开放30年来，我国民营经济和民营企业快速发展，为我国经济社会发展作出了历史性的贡献，已经占据了国民经济的主体地位，已经成为国民经济的主导力量。

8.1.1 民营经济的概念和社会地位

1. 民营经济的概念

从现行法律或政策性文件分析，民营经济并非是一个严格的法律概念。我国现行法律或者政策是依据生产资料所有制性质划分经济类型的，比如国有经济、集体经济、个体私营经济等。在提及民营经济的时候，我国法律或者政策性文件一般以非公有制经济的形式表述，未使用民营经济一词。

从经济学分析，本书所述民营经济包含三个层次：一是广义民营经济，指除国有和国有控股企业以外的多种所有制经济的统称；二是内资民营经济，指广义民营经济减去港澳台和外商投资企业，包括集体企业和个体私营及其他混合经济；三是狭义民营经济，单指个体私营经济。本书以分析狭义民营经济即个体私营经济为主。

2. 民营经济的社会地位

我国现行宪法明确规定了民营经济的地位，宪法确认在法律规定范围内的个体经济、私营经济等非公有制经济，是社会主义市场经济的重要组成部分。国家保护个体经济、私营经济的合法权利和利益。国家对个体经济、私营经济实行引导、监督和管理。从宪法角度承认我国民营经济的社会主义市场经济性质的同时也为保障民营经济更健康、更有序发展的立法提供了最高指导性作用。

改革开放30年来，民营经济对我国GDP的增长、就业的解决、国家税收的增长作出了历史性贡献。同时，由于历史、文化、社会、法制等客观条件限制以及民营经济自身管理机制不成熟，使民营经济发展受到了极大制约。美国次贷危机引发的金融危机，使得我国民营企业的融资、进出口以及经营的稳定也受到了巨大的冲击，市场供求关系发生变化而引发的竞争加剧、价格下降、效益锐减、库存增加等都危及企业基本生存。部分外向型民营企业无法正确应对突如其来的宏观经济形势变化而倒闭。国务院总理温家宝2010年3月主持召开国务院常务会议，研究部署进一步鼓励和引导民间投资健康发展的政策措施，强调了民营经济对经济发展的重要推动作用。

8.1.2 民营经济的历史性贡献和主体地位

改革开放以来，建设中国特色社会主义的伟大实践证明，我国新时期最鲜明的特点是改革开放，最显著的成就是快速发展，最突出的标志是与时俱进。改革开放是党在新的历史条件下带领全国人民进行新的伟大革命，在这一伟大的历史进程中，民营经济和民营企业快速发展，民营经济组织和成员迅速壮大，为建设我国特色社会主义和全面建设小康社会作出了历史性贡献。

党的十一届三中全会开启了我国改革开放历史新时期，开始了波澜壮阔的改革实践。党中央根据解放和发展社会生产力、巩固和完善社会主义制度的客观需要，提出了发展多种所有制经济的方针政策。随着改革开放的逐步推进和经济社会的迅速变化，这一方针政策不断发展与完善。党的十二大提出将劳动者个体经济"作为公有制经济的必要的有益的补充"。党的十三大提出要"以公有制为主体发展多种所有制经济"，鼓励个体经济和私营经济发展。党的十四大提出以公有制为主体，"个体经济、私营经济、外资经济为补充，多种经济成分长期共同发展"。党的十五大进一步明确"公有制为主体，多种所有制经济共同发展，是我国社会主义初级阶段的一项基本经济制度。非公有制经济是我国社会主义市场经济的重要组成部分"。党中央关于民营经济和民营企业的方针政策，在随后进行的宪法修改和相关法律法规的制定中得到体现，在经济建设的实践中得到落实。

进入21世纪以来，党中央坚持与时俱进，作出了一系列促进民营经济发展的新的重大决策。党的十六大明确提出"必须毫不动摇地巩固和发展公有制经济"，"必须毫不动摇地鼓励、支持和引导非公有制经济发展"。党的十六届三中全会进一步提出，清除体制性障碍，放宽非公有制经济和非公有制企业的市场准入，鼓励有条件的民营企业做大做强。十届全国人民代表大会第二次会议在宪法修正案中明确规定，"公民的合法的私有财产不受侵犯"，"国家依照法律规定保护公民的私有财产权和继承权"。全国人民代表大会制定了《中华人民共和国物权法》、《中华人民共和国企业所得税法》、《中华人民共和国反垄断法》等重要法律。国务院颁布了《关于鼓励支持和引导个体私营等非公有制经济发展的若干意见》，政府有关部门相继出台配套政策措施。

党和国家制定的一系列关于民营经济和民营企业发展的方针政策和法

律法规，从根本上改变了民营经济和民营企业的发展环境，极大地激发了人们自主创业的热情，使蕴藏在人民群众中的劳动、知识、技术、管理和资本的活力得以竞相迸发。

在改革开放的总方针、总政策的指引下，民营经济迅速增长，不断壮大，取得了举世公认的历史成就，在事实上已经成为我国国民经济的主体。根据国家统计局有关数据测算，目前我国私营企业现已达1000万家以上，占全国实有法人企业的99%以上，成为我国最大的企业群体；个体私营经济已占全国GDP的50%以上，民营经济创造的最终产品和服务价值相当于国内生产总值的65%左右，纳税额约占国家税收总额的50%以上，成为推动经济发展的主要力量；民营经济和民营企业的就业人数占全国城镇就业的80%以上，成为社会就业的主要渠道；私营企业占绝大多数的中小企业提供了大约75%的技术创新、70%的发明专利和80%以上的新产品，成为自主创新的主要源泉。在民营经济快速发展过程中，涌现出众多的私营大企业集团，大量民营企业已成为行业发展的排头兵、知名品牌的创立者、地方经济腾飞的领头雁。

民营企业是我国企业走出去的主力军。企业走出去，这是我国经济社会发展的重要战略。胡锦涛总书记讲，请进来是重要战略，走出去同样是重要战略。从我国民营企业走出去的途径和方式来看，主要包括：在海外建立营销网络、在海外建立工厂、进行跨国并购及海外上市、劳务输出等。其中，海外并购已经成为一个重要的方式，尤其是民营企业海外并购已经成为我国企业海外并购的最大的亮点。吉利收购沃尔沃，就是成功案例。目前，民营企业站在新的历史起点上，在探索国际化的发展道路，特别是国际金融危机之后，受国内产能过剩、市场竞争加剧，资源、原材料紧张、环境压力增大以及国际贸易保护主义的影响，都促使民营企业要转变发展方式，寻找新的发展路径。海外有企业创新、新兴产业发展的机遇，这是民营企业走出去的内在动力。根据商务部统计，目前的2万多家对外直接投资企业中，国有企业数量只占15%左右，民营企业在80%以上。

改革开放的实践证明，与国有经济相比，民营经济的效率普遍更高，表现出更强的市场适应性和更大的市场发展潜力。国家统计局有关数据显示，当前民间投资发展强劲，已经占固定资产投资60%以上。民营经济产业分布更趋合理。近五年，从事第三产业的私营企业在户数和注册资金的增速上均显著高于第三产业整体增速，目前第三产业的私营企业超过750万户，占比近70%；注册资金超过20万亿元，占比达三分之二。在区域经济发展上，在中部地区私营企业户数、注册资金增长的同时，西部地区私营企业户数增长、注册资金增长，中西部私营企业发展均快于东部地区。

民营经济和民营企业的历史性发展，充分证明了民营经济是适应社会主义初级阶段发展要求的最具活力的新兴生产力，推动了改革开放的进程和市场经济体制的建立，丰富了我国特色社会主义的实践和理论，增强了国家综合实力。我国由一个国民经济一度濒于崩溃边缘、农村2.5亿人生活在温饱线以下的国家，一跃成为全球经济最具活力和潜力的世界第二大经济体，人民生活从温饱不足发展到总体小康，民营经济贡献重大，功不可没！

民营经济和民营企业的历史性发展，推动了以民营经济和民营企业人士为主体的新的社会阶层的形成。新的社会阶层在我国经济、政治、文化、社会建设中的作用日益突出。党的十六大作出了新的社会阶层都是我国特色社会主义事业建设者的论断，进一步调动了民营经济和民营企业人士的积极性、创造性。在党的方针政策指引下，涌现出一大批政治上有觉悟、经济上有实力、事业上有贡献、社会上有影响的民营经济和民营企业代表人士。广大民营经济和民营企业人士为强国富民作出了重要贡献，在先富帮后富实现共同富裕、构建和谐社会和践行社会主义道德观等方面，发挥着越来越重要的作用，受到社会的广泛关注和良好赞誉。

民营经济和民营企业的历史性发展，深刻揭示了继续解放思想和坚持改革开放的重要性。正是由于中国共产党解放思想、实事求是、与时俱进，坚持改革开放，不断进行理论创新、制度创新、体制创新，才使人民意气风发、经济充满活力、社会日新月异、国际地位提升，也才有了民营经济和民营企业今天的大好局面，使其成为国民经济的重要组成部分和发展社会生产力的重要力量。

党的十七大站在新的历史起点上，对继续推进改革开放和社会主义现代化建设、实现全面建设小康社会的奋斗目标作出了全面部署，描绘了在新的时代条件下加快推进社会主义现代化的宏伟蓝图,也为民营经济和民营企业展示了更为广阔的发展前景。

8.2 经济政策歧视:民营经济的非国民待遇

目前,《中华人民共和国宪法》已经确立了民营经济的地位,为民营经济的发展提供了根本的法律保障。但是,从宏观经济政策看,在民营经济历史性发展的同时,仍然存在诸多体制性问题和环境制约因素,尤其是由于受国际金融危机的影响和国际市场动荡的冲击,我国中小企业在发展中遇到了一系列困难,主要表现在生产资料、生产要素价格较高,税费负担较重,融资困难,用水用电难,劳动力成本上升,订单减少等方面。

据统计数据显示,2011年上半年规模以上中小工业企业亏损面为12.98%,亏损总额达到1439亿元,同比增长了29.01%。中小企业职工劳动经济权益实现因此受到冲击,面临减薪、欠薪,甚至失业的困境。招工难,结构性用工短缺等障碍,也制约着中小企业的发展,甚至加剧了一部分中小企业的经营困境。很多民营企业面临发展信心和动力不足问题。

当前,民营经济和民营企业面临的问题大多和我国宏观经济政策的僵化、滞后有着深层联系。从宏观经济政策调节机制和政策体系来看,民营经济和民营企业的矛盾和问题更为突出:

8.2.1 体制性和政策性的"歧视"事实上依然存在

我国的民营企业的发展待遇有其历史原因。事实上,民营企业"非国民待遇"是指为了防止民营企业与国有部门进行竞争,而对民营企业的发展实行严格的限制,表现为在对外资企业开放的同时,没有给予国内民营企业相应的对内开放。这实际上就给予了外资"超国民待遇"。

对于外资的超国民待遇、国有企业的国民待遇而言,时下的许多民营企业还不能真正享受到平等的"国民待遇",夹缝中生存的现象仍然存在，受政策和体制制约而无法进入某些行业和领域经营的事件普遍存在。资金与政策对一个企业发展来说绝对重要，甚至起到了决定性作用，但是民营企业在资金上比不过外资，在政策支持上比不过国企。它承受着来自这两方面的双重压力。在"非国民待遇"背景下，民营企业与国有企业、外资企业进行的是不平等竞争，这也是民营企业呼吁要求"国民待遇"的原因所在。

我国加入 WTO 已三年，为了履行 WTO 的承诺，我国将对外资开放更多的领域，外资的先进管理经验和雄厚的资金让民营企业备感压力，而国有企业拥有的政府背景和资金支撑让民营企业望尘莫及。再加上民营企业自身发展存在缺陷，粗放式发展、多元化、资金链薄弱，盲目过热等问题一直困扰着民营企业发展。面对这种内外的竞争压力，民营企业的生存环境让人担忧。

我国经济反复性出现过热，主要原因是投资效益太低。但我们应该看到投资效益和效率低究竟是谁在低。应该说，市场经济发展到今天，民营企业是最讲投资效益和效率的。但是投资利用效益最高、对经济增长的贡献力现在已经超过了三分之二的民营企业从银行获得的贷款比例还不到四分之一。民营企业在这样的压力下做出了占 GDP 近 70% 的成绩，不能不让人进行政策反思。

8.2.2 调节民营经济的政策体系措施不完善

我国现行调整企业政策法律关系的政策法规没有摆脱传统思想，仍然按照所有制投资主体、组织形式、投资区域等原则制定。尽管诸如《中华人民共和国公司法》、《中华人民共和国合伙企业法》等确立了民营企业平等的市场主体地位，但在很多具体的立法和执法中，民营企业仍然不被重视。有法不依、执法不严的现象仍然存在，许多民营企业的合法权益得不到应有的维护和保障，在很大程度上打击了企业家的积极性。

到目前为止，没有一部专门的法律对民营经济进行调整，其受到多部不同法律以及各项政策的规制。《中华人民共和国宪法》确定了民营经济和民营企业的地位。民营经济主体的法律行为又受到《中华人民共和国公司法》、《中华人民共和国合伙企业法》、《中华人民共和国个人独资企业法》的调整,至于民营经济主体在市场经营中的活动又受到《中华人民共和国合同法》、《中华人民共和国证券法》、《中华人民共和国企业破产法》等相关法律制约。与民营经济相关法律法规繁杂,甚至存在相互矛盾和冲突的地方,其中有许多规范性文件是20世纪80年代颁布的,已不适应当前民营经济发展的速度和水平。

8.2.3 行业垄断和市场准入不规范

行业壁垒让民营企业无可奈何又不能理解:对于垄断性行业,国有企业基本已经把牢了垄断地位,加入WTO以后,在许多垄断性行业,已经逐步允许外资企业进入,但民营企业却被拒之门外,眼睁睁地看着市场被占领。民营企业在等待国民待遇的到来,但这种等待已让民营企业失去了最好的时机。民营企业的发展需要一个全新的环境,这个环境不仅要求有相关的政策对它进行规范和约束,也要求这些政策能维系它的持续性前进和提供宽松发展的空间,民营企业需要社会和政府多一点宽容和支持。

我国相关法律、法规就民营企业的经营范围作了严格的限定,对于一些经济效益好、具有发展潜力的行业是禁止或限制民营企业介入的。《中华人民共和国私营企业暂行条例》曾经规定:私营企业可以在国家法律、法规和政策规定的范围内,从事工业、建筑业、交通运输业、商业、饮食服务业、修理业和科技咨询等行业的生产经营,但不得从事军工、金融业的生产经营,不得生产经营国家禁止经营的产品。这些规定不利于市场经济的公平竞争。另一方面,我们也注意到民营企业需要经济政策的引导,其集中时间进入某一行业、某一地区虽然是市场选择的结果,但也存在着极大的盲目性,风险难以控制,对市场的稳定造成威胁。

8.2.4 民营企业税收负担偏重

关于国有企业和民营企业的税收负担,很多国有企业和新闻媒体大多会为国有企业辩护,其论点是我国国有企业的平均税负高于民营企业5%

到10%。但是，我们应当看到三个重要事实：一是国有企业所在的多是垄断型行业，银行、石油、电力、电信、烟草、铁路、民航等垄断行业平均利润率本身就高于民营企业所在的充分竞争行业的二三倍以上；二是国有企业占据了国有商业银行80%以上的金融资源，但是只创造了10%左右的就业率；三是国有企业占据了国家80%以上的项目投资招标资源，但是对国民经济增长的贡献率只在30%左右。通过比较分析不难看出，目前我国中小企业要缴纳和承受的税费较多。比如税，包括增值税、营业税、企业所得税、个人所得税、印花税、房产税、土地使用税、车船使用税、资源税、耕地占用税、土地增值税、契税等；费则包括教育费附加、水资源费、排污费、社会保险费等。另外，还包括有关部门提供有偿服务收取的费用等。作为非税收入的各种费，本来在财政收入体系中居于补充地位，但近年来却已成为地方政府财政收入的重要组成部分。民营企业的各项收费过多、过杂、过乱，例如，建个厂房就有图审费、白蚁防治费、质检行政费、房产测绘费等三四十项收费。因此，取消不合理、不合法的涉企收费项目比落实好各项税费减免政策显得更加重要和迫切。

民建中央与中国企业家调查系统联合发布《2011年千户民营企业跟踪调查报告》显示，成本上升已成为当前民营企业发展面临的主要困难。调查显示，认为从银行贷款"比较难"或"非常难"的民营企业家占49.9%，认为"有难度"的占29.2%，认为"不太难"或"不难"的占20.9%，总体评价值为2.51，明显低于中值3，也明显低于2010年的调查结果。对于"从银行贷款付出规定利率之外的额外费用的情况"，35%的民营企业家表示"很多"或"较多"。不少民营企业选择从民间渠道筹资，30%的民营企业家认为，从民间渠道筹资"非常难"或"比较难"，34.5%认为"有难度"。调查还显示，83.9%的民营企业家认为，当前民营企业的税收负担"很重"或"较重"，15.6%认为"一般"，仅0.5%认为"较轻"，总体评价值仅为1.83，明显低于中值3，也明显低于2010年的调查结果。对于"一年来向各级政府缴纳国家规定以外的收费、集资、摊派占企业销售收入的比重情况"，选择"1%以上"的民营企业占23.6%，明显高于2010年；选择"0.1—1%"的占40%，选择"0—0.1%"的占27.6%，没有的占8.8%。

当前,我国中小企业正处于成本增加、融资难度大、结构性用工短缺矛盾凸显、能源价格变动对企业影响较大的困境中,而劳动密集型的中小企业税费负担偏重,也成为制约其发展的主要瓶颈之一。中小企业税费负担偏重,严重制约了企业进一步扩大规模、推进转型升级,这个问题应引起高度重视,并积极采取措施加以解决。企业减负除了自身练好内功外,更需政府进一步完善税制结构,通过财政补贴、税收减免等多种措施,降低中小企业经营成本,尤其要取消不合理收费,让税费减负政策切实惠及中小企业。

要寻求中小企业结构性减税空间。应进一步完善我国税制结构,取消不合理收费,让税费减负政策切实惠及中小企业。自2004年起,政府就一直进行结构性减税,但这并未缓解中小企业税收压力。而且,尽管中小企业和大企业的适用税率基本相同,但中小企业多处于竞争性领域,利润较为微薄。因此,中小企业对税费负担更为敏感。

中央一直致力于减轻企业"费负"。温家宝总理曾在近年的政府工作报告中多次提到"规范非税收入管理"。从目前情况看,尽管中央政府加强了对非税收入的规范与管理,但一些地方政府为完成增收目标,在税收不同程度下降的同时,又出现财政收入"税不足费来补"的现象,企业负担没有明显减轻。中小企业税费负担没减轻的主要原因,是治理乱收费过多地放在了"运动式"的治理上。而且一些旧的收费项目取消后,又以新的收费名目出现,如此反复地陷入一种怪圈。收费收入在我国政府预算收入中所占的比重很高,比成熟的市场经济国家要高得多。我国减轻税费负担的前提,是做好费改税。税收是国家依照法律规定强制征收的财政收入,而收费是凭借政府行政部门或经济主管部门的权力及有关规章而收取的,具有较大的随意性、非规范性和部门利益性。正因为中小企业一年中承担的"费负"不亚于"税负",偷漏税成为一些企业"自我减负"的做法,"如果'费负'得不到有效遏制,降税的正效应多半会被'费负'增加所抵消"。

当前迫切需要实施全方位的政策引导,通过减税、减费等方式减轻中小企业负担,做到既"晓之以理",又"诱之以利",使中小企业能够轻装上阵,在主营业务领域转型升级。应加大费改税力度,对现有的政府收费进行清理整顿的基础上，用税收取代一些具有税收特征的收费，通过进一步深化财税体制改革，初步建立起以税收为主，少量的、必要的政府收费为辅的政府收入体系，是一种整顿"预算外资金"、规范政府收入机制的有效措施。要切实为中小企业减轻负担，加大对企业负担的专项治理力度，为企业适度减轻营业税、增值税等，取消不合理的行政事业性收费项目，用减免登记费、注册费等方式鼓励创业，从严查处加重中小企业负担和侵害中小企业权益的行为，并将违法违规收取的费用如数退还企业。对存在困难的中小企业，应实行一定时期内的水电费、税金减免政策或缓缴政策，为企业分担一部分"五险一金"开销，帮助这些企业降低成本、节约开支，把有限的资金用到恢复生产上，确保企业不裁员或少裁员，避免欠薪、失业等情况集中恶化，保持职工稳定。应认真梳理中央和地方以及重点产业调整关于减轻企业负担、促进企业发展的各项优惠政策和收费减免政策，以及清理涉及中小企业的收费和不利于中小企业发展的政策规定。要严格审核各类执法依据和法定职权，明确执法权限，规范执法行为，取消中小企业年检，降低中小企业税费。

减轻税费负担，加大改革力度，可以提振企业家发展信心和创新动力。要大力推进结构性减税政策，降低中小型微利企业"门槛"，切实降低小微企业的所得税税率；要借助税收政策鼓励民营企业做大做强。比如对连续几年经营状况好的民营中小企业实行差异化税收政策，以及对于信用记录良好的民营中小企业，可以给予一定的税收优惠。还要完善科技开发税收优惠政策，对于民营企业在技术开发经费方面的支出和引进科技人才方面的支出可适当给予税收优惠，鼓励民营企业加大创新投入，要扩大民营企业税收优惠范围，同时优惠形式也要多样化，由单一的直接减免税，改为直接减免、降低税率、加速折旧、放宽费用列支、设备投资抵免、投资退税等多种形式。

8.2.5 民营企业融资难

我国现有的金融法律法规条文都对民营企业的直接和间接融资设定了诸多限定。从直接融资来看，《中华人民共和国商业银行法》等法律就各金融机构为发放民营企业贷款设置了较高门槛，使得民营企业的直接融资受到阻碍。此外，《中华人民共和国公司法》和《中华人民共和国证券法》对间接融资设定了限制。依据《中华人民共和国公司法》和《中华人民共和国证券法》的规定：发行公司债券的主体，为股份有限公司、国有独资公司、两个以上的国有企业设立的有限责任公司、两个以上的国有投资主体投资设立的有限责任公司。其中有限责任公司作为发行主体，要求规模较大，有可靠的信誉，支持其正常的发展，并应当依法报经国务院证券监督管理机构或者国务院授权的部门核准，且根据《中华人民共和国刑法》规定，企业向个人借贷可能被追究非法集资、非法吸收公共存款的刑事责任。

民营企业融资渠道不规范。民营企业直接融资渠道狭窄，许多金融机构不敢向民营企业提供信贷服务，当然，这里有银行的问题，也有民营企业自身的信用问题。许多民营企业纷纷走向"黑市"进行融资，不但风险极大，而且容易走向恶性循环的怪圈。企业因得不到及时的资金注入而错失了扩大规模的机会的现象经常发生。

8.3 经济政策转型：服务民营经济是第一职能

基于民营经济已经成为我国国民经济主体的事实，我国现行的经济政策调节机制和政策体系应当进行改革和调整，应当把服务民营经济作为第一职能。要实现经济政策调节机制和政策体系的转型，要把税收、投资、金融、价格、汇率、利率等各项经济政策的着力点，转为以服务民营经济为第一职能定位。限于篇幅，这里仅以经济政策中金融政策的转型，说明经济政策调节机制和政策体系的转型。

当前，国际金融危机和国内经济结构性矛盾对我国经济造成的负面影响逐步加大，对我国民营企业的冲击进一步加强，因此，进一步深化民营企业金融体系改革，设立国家政策性民营企业银行的任务十分紧迫。目前的大型国有银行只是民营企业的"继父"，"地下钱庄"只是民营企业被迫认的"义父",商业性民营企业银行能力有限,只是民营企业的"小兄弟",只有未来设立的全国性政策性民营企业银行,才是民营企业的"亲父"。同时,我们应当看到,设立政策性民营企业银行,有利于进一步推进我国金融市场化和国际化,有利于进一步推进金融市场的竞争,有利于从体制和机制上进一步推进国家金融资源的公平分配。

8.3.1 我国广大民营企业陷入"金融瓶颈"和"融资陷阱"

当前要进一步统一认识和解放思想,充分认识民营企业在国民经济中的地位和作用。改革开放以来,我国民营企业发展迅猛,目前已有1100多万户,占全国实有企业总数的99%以上,提供了近80%的城镇就业岗位,完成了75%以上的企业技术创新,创造的最终产品和服务价值相当于国内生产总值的60%左右,纳税额约占国家税收总额的50%左右,已成为推动改革开放的重要力量、保障和改善民生的重要方面、促进科技进步的重要主体、壮大县域经济的重要依托[①]。

但是,我国民营企业发展的一大瓶颈是融资难。当前存在的问题包括:银行对民营企业的贷款不足;民营企业融资渠道单一;为民营企业服务的金融机构数量较少;民营企业缺乏可用于抵押担保的财产,难以取得贷款支持。设立专门为民营企业服务的民营企业银行是破解民营企业融资难的有效办法和途径。目前在民营企业融资中起着重要作用的是各种形式的民间借贷和所谓的"地下钱庄",这些融资方式中有不少处于无序、混乱甚至不合法的状态,而且融资成本过高。据调查,江浙一带有的短期民间借贷普遍是30%以上的利息,有的甚至高达100%—200%的利息。这种现象迫切需要尽快建立一批民营企业银行,为民营企业提供短期资金借贷、结算等金融服务,而不要让民营企业在被逼无奈下只好认"地下钱庄"为"义父"。

---

① 数据引自"黄孟复同志在全国工商联十届七次常委会议上的讲话",2011年6月27日。

1. 大型银行只是民营企业的"继父"

民营企业融资难是一个世界性难题，目前在我国也成为影响经济发展的一个瓶颈问题。之所以如此，就在于民营企业本身具有先天不足的特点。民营企业一是设立时间较短，资本实力较弱；二是设立时已将投资者的资产全部或大部投入，依靠自身难以筹集更多资金，同样没有多少财产可以用来作抵押担保；三是由于经营时间短尚未形成必需的商业信誉，难以取信于人。正因为如此，这种"先天不足"的特点，普遍难以获得大银行的青睐。

由于我国经济体制是从过去的计划经济体制转轨而来，我们的大型商业银行也多是从过去分布于全国各地的几大国有银行分支机构统一改制形成的。当它们改制形成大型股份制商业银行，实行企业化经营后，即从客观上拉大了与民营企业间的距离，使民营企业只作为它们开展业务的"辅助客户"，而不是核心客户，只是在某些分支机构业务量不足时它们才会主动想到民营企业。就民营企业而言，大型商业银行对它们可能只是不得不靠，却又不能全力依靠的"继父"。

2. 民营企业被迫认"地下钱庄"为"义父"

随着我国市场经济的深入发展，民营企业融资难问题日益突出。为根本解决这一问题，政府采取了一系列措施，包括在正式通过的《中华人民共和国民营企业促进法》中就促进民营企业融资问题作了多方面的规定，政府有关部门采取了相应的措施，例如政府出资或参股设立民营企业贷款担保机构，积极研推创业板市场，发展产权交易所与场外股权交易场所等，各类金融机构也在不断地研发新产品，以解决目前存在的融资难。虽然这些措施的实施收到了积极效果，但仍没有从根本上解决这一难题。究其原因，主要是两方面，一是没有形成适应民营企业经营需要的贷款机制；二是民营企业对一些新型融资渠道不熟悉、不会用。民营企业经营对资金的需要是多方面的，既有长期的投资建设与技术研发的资金需求，也有短期设备或生产条件采购所需的资金需求；既有原材料采购及产成品的存放占压资金需求，也有股权投资分担风险的资金需求。不同的资金需求需要社会为其提供多方面的资金融通服务。为此,作为社会管理与服务机器的政府与社会机构需要为他们提供全方位的融资与其他金融服务,包括设立民营企业贷款担保机构完善担保机制,积极推出创业板市场为民营企业的股票发行上市提供方便条件,发展产权交易所及场外交易为民营企业提供多种股权交易场所等。仅有这些直接融资渠道还不够。民营企业的发展同样需要社会为他们提供一种专门为其提供金融服务的间接融资渠道。

8.3.2 设立国家政策性民营企业银行,有利于进一步推进我国金融市场化和国际化

2010年的"两会"期间,温家宝总理在政府报告中对加强民营企业支持、拓宽民营企业融资渠道、切实解决民营企业融资难问题都有明确说明和针对性政策,比如民营企业考核信贷体系、建立民营企业贷款风险补偿基金、建立担保体系以及建立和落实担保记录、免征营业税等。但光有这些政策还不够,还得从体制和机制上着手解决。

当前,我国金融的国际化程度亟待提高。建立全国性政策性民营企业银行,有利于进一步推进金融市场的竞争,是深化民营企业金融体系改革的关键一步。发达国家大多设有大量的民营企业银行。

1. 要大力发展商业性民营企业银行

一般地讲,民营企业银行是指专门为民营企业提供金融服务的商业银行,一般而论,它具有两方面的特点:一是它自身的规模比较小,从资产及其他方面来说,都难以与大型商业银行进行竞争;二是它们主要为民营企业提供贷款及其他金融服务。需要说明的是,这种银行虽然也可以承办某些政策性业务,但它们本身不属于政策性银行。在市场经济发达的国家,大多设有大量的民营企业银行,为民营企业提供相关银行服务。例如美国全国即设有约7000多家中小银行,政府还对它们实行某些特殊政策给予扶持。德国、日本、韩国等国家都设有一批为民营企业提供服务的中小银行。这些民营企业银行有的还在我国设有分支机构,为其到我国投资的企业提供相关服务。

民营企业银行专门为民营企业服务的性质决定了它们必然要以这种风险较高但数量庞大的民营企业群提供其他商业银行不能提供的金融服务，而这种银行的专款专用机制和专业经营经验也能在一定程度上降低其本身的经营风险。同时，这种银行由于规模小、资产实力弱，它们与民营企业间具有不可替代的亲和与血缘关系，其产权设置要以民营企业和一些个人投资为主，它们与一般民营企业的发展背景类似，经营目标相互衔接，经营方式上互为上下游关系。而且它们的经营成本较小，科技含量相对较低，运营规则既要在实践中逐步完善，又要比较灵活，这些特点构成它们与民营企业双方建立和发展业务的基础。由此可以说，它们与民营企业间是天然的利益共同体，它们之间进行的"资金"联姻可以说是"门当户对"。

2. 要参照国际成功经验，设立我国的政策性民营企业银行

据专业信息咨询机构北京银联信息咨询中心监测，仅仅是珠江三角洲一个地区的民营企业就有2万亿—3万亿元的资金需求。彻底解决民营企业融资难，商业性的民营企业银行指望不上，民间融资满足不了，根本的出路在哪里？

从国际经验来看，无论是直接融资为主的国家还是间接融资为主的国家，为民营企业提供融资方面的服务，主要还是政府的政策性金融机构。

目前，我国没有一家如日本民营企业金融公库、韩国民营企业银行、加拿大发展银行、德国复兴银行和平衡银行这样的政策性银行出现。而这才是当下民营企业融资难的根源。生命周期短是一个全球民营企业共同面临的难题。在美国，据劳工部下属的劳工统计局数字显示，只有不到50%的小型企业能够成功跨过4年生存期，只有13%的民营企业能存活10年以上；目前我国新生的民营企业生命周期则更短，平均是3—4年。

仅此一点，已经决定了中小企业发展融资的主力军非专门的政策性银行莫属。

韩国中小企业银行（Industrial Bank of Korea），是韩国三大国有银行之一，是韩国政府设立的专门为中小企业提供融资服务的专业银行。1961年8月由政府出资设立，主要目的是扶持中小企业发展，是韩国三大政策性银行之一，总资产达 1110 亿美元，世界银行排名第 133 位，韩国国内银行排名第 4 位。韩国中小企业银行已发展成为拥有约 160000 家韩国中小企业客户的大型银行，在中小企业金融业务方面占据主导地位，另外设有四家下属子公司。目前，在韩国国内有近 575 家营业网点，在海外有 10 个分行，一个莫斯科办事处，其中在我国大陆有天津、青岛、烟台、沈阳、苏州五个分行。

8.3.3 当前设立国家政策性民营企业银行的条件已趋成熟

在通过发展现有小额贷款公司与村镇银行等推动建立商业性民营企业银行的同时，要及时进行金融政策创新，由国家直接设立"国家政策性民营企业银行"。

1. 现有小额贷款公司与村镇银行是商业性民营企业银行的重要发展基础

目前，各地依法设立了一批小额贷款公司和村镇银行，其中小额贷款公司是有关投资者投资设立的专门为民营企业提供小额贷款服务的金融机构，它们与民营企业银行的最大不同在于，它们不能吸收存款，不能办理结算等业务，所需资金也只能依靠公司本身的资本金或从银行进行融资。村镇银行则事实上就是一种微型商业银行，它们与民营企业银行的区别，主要在于它们的服务范围局限于某些村镇，且不限于企业，还包括一些农户等服务对象。总体上说，这两类机构目前从事的业务分别是民营企业银行业务的一部分。鉴于这一情况，我们认为，可以以这两类机构为基础，结合原农村信用社的改制，进行建立民营企业银行的试点。首先，可以结合小额贷款公司、村镇银行经营和农信社改制的现实情况，依据公司法与商业银行法要求设立银行机构，就其机构与业务而言，应依法报经监管部门批准。但对其注册资本金数额可以考虑适当降低商业银行法的相关要求，对此可采取修改商业银行法或作出相关特殊规定的方式解决。其次，为有效开展经营业务和防范风险，应配备一些必要的专业人员，包括职业经理人和风险控制人员。第三，在业务上，可以先继承原机构现有业务，在此基础上再考虑增加新业务，但对吸收存款业务则应从严审批，只有达到法定条件，并具有一定经营经验后方可向监管机构申请许可经营这一业务。第四，对于试点设立的民营企业银行应要求其改善信贷管理、调整信贷结构，对其民营企业信贷支持比例提出要求，如要求其必须达到贷款比例的80％以上等。同时，对于民营企业银行本身还可以根据自身情况和当地客观条件逐步扩展服务领域，开发适应民营企业发展要求的其他金融产品，为民营企业提供有效的信贷、结算、财务咨询、投资管理等方面的服务。

2. 国家直接设立"国家政策性民营企业银行"

解决民营企业融资难这一问题的有效办法是尽快建立专门为民营企业服务的政策性民营企业银行。由国家直接设立"国家民营企业银行"，即国家政策性民营企业银行。同时，可以考虑在现有的基础上，对原有的城市银行、城市信用社、小额贷款公司、村镇银行进行改制重组，设立和大力发展商业性民营企业银行。民营企业银行专门为民营企业提供贷款及其他金融服务，真正使其服务对象更有针对性，也使民营企业融资渠道更加专业化。国家对这些银行设立专门的评价体系、专门的政策优惠和补贴。这样银行规模和体系是多层次的，企业也是多层次的。它们与民营企业以"资金"为纽带，形成利益共同体，可以说是"门当户对"。

尽管目前人们对于建立专门的国家政策性民营企业银行看法仍不一致，但我认为，总体来看，试点设立这类银行的条件已趋成熟。首先，对于通过多种方式解决民营企业融资难问题的认识已高度一致，经过本轮国际金融危机的冲击，无论从政府部门、专家学者，还是金融机构都认识到这个问题的重要性，并都在积极采取措施解决这一问题。其次，设立国家政策性民营企业银行需要完全按照市场机制进行操作，需要社会设立相应的贷款担保机构，以保证这类银行的正常经营秩序。

同时，要大力发展商业性民营企业银行。设立民营企业银行具有广泛的社会基础。设立民营企业银行要实行"民办官助"，即主要由民间投资，理清产权关系，政府则给予必要的规范与政策鼓励。就民间投资而言，其资本来源主要有定向募集、市场筹集、引入外资、接受捐赠等。此外，国家也可以安排一些扶持民营企业发展的专项资金与税收优惠政策鼓励民营企业银行的发展。目前一些地方已形成一批中小金融机构可以作为民营企业银行设立的基础。近几年，为解决民营企业融资难问题，金融监管机构陆续批准设立了一批小额贷款公司和村镇银行，这些机构的业务都属于民营企业银行的业务内容，它们的设立与成功为发展民营企业银行既积累了经验，又奠定了坚实的基础。设立民营企业银行具有多方面的国际经验可供借鉴。上面谈到，美国等发达国家都设有专门的民营企业银行或中小银行，它们在这方面取得了广泛的经验，可为我们提供借鉴。

8.3.4 深化金融体系改革，提高国家金融政策的公平性

民营企业在我国同国有企业进行公平竞争的难度有多大？事实上，国有企业会获得更加多的金融资源的分配，更加容易从银行拿到贷款，而我国的民营企业获得资本与贷款就比较困难。

我国民营企业与国有企业之间确实有差异，这种差异主要体现在资源配置上。很多重要的资源民营企业难以得到，比如能源、石油、金融、电信服务等领域。造成这种资源配置和行业准入差异的原因是"现存的制度与体制"。因此，要改变它，就需要更深层次的经济体制改革。

银行贷款问题，反而在制度上并无明确的条文规定要倾向于国有企业。一个原因是我国的银行业已经商业化，因此这些银行也需要考虑自己的效益与资本的回报。大型的民营企业在获得贷款上难度并不大。在获得银行贷款方面比较困难的是那些规模不大、效益不好和没有足够抵押物的民营企业。很多大型国有企业之所以能够得到银行优质的金融资源分配，是因为"很多国企借用的是中央政府的信用。贷款给它们相当于贷款给国家，因此实际上是没有风险的。"而那些中小民营企业在资金上的困境，"除了风险之外，还有贷款成本的问题。"对于银行自身来说，贷款的成本是刚性的，无论是贷款1亿元还是贷款100万元，其成本可能相差不大。这让商业银行没有动力去做小额贷款工作。

此外，我国目前融资渠道的单一也是问题。我国没有成系列的PE、VC等金融体系，而仍然依赖于银行贷款。因此，民营企业贷款困难，不

仅仅是银行体系的问题，而是我国资本体系本身也不完美。其实在我国的开放性行业中，民营企业已经基本战胜了国有企业。因此，深化金融体系改革，提高国家金融政策的公平性，在政策上要充分体现对民营企业的公平性。

8.4 本章小结

本章在社会调查和数据分析的基础上，论证了改革开放30年来我国经济结构和经济布局已经发生了结构性的变化，民营经济和民营企业事实上已经成为我国国民经济的主导力量，指出了民营经济遭受"非国民待遇"的政策弊端，证明了我国经济政策的调节机制和政策体系转型的必要性和紧迫性。

第 9 章
制度转型：经济政策社会化

【本章导语】

在民营经济已经成为我国国民经济主体的今天，要使经济政策更好地为民营经济服务，还必须实现经济政策社会化，即经济政策要与社会管理、政治法律杠杆并重，实现从传统的带有浓厚计划经济特点的经济政策调节机制和政策体系向现代社会化的国民经济政策调节机制和政策体系的历史性跨越。

我国现行的经济政策体系是在传统计划经济的劳动工资制度的基础上不断演化形成的,至今仍是我国调节国民经济的结构和水平的主要体制形式。需要指出的是,我国现行的经济政策体系并不是现代的国民经济政策体系,它与现代经济政策体系存在重大差别。这是因为我国现行的经济政策体系的主要特点是针对现期的国有企业、政府、居民(社会成员)消费、投资的规模和结构的进行调节,未把民营企业(主要是中小企业)的消费、投资的规模和结构作为主要的调节对象。现代意义上的国民经济政策体系出现于19世纪中叶,成熟于20世纪80年代,其重要标志是经济政策社会化,即经济政策要与社会管理、政治法律杠杆并重,且把中小企业作为服务的主要对象。现代国民经济政策体系的形成,其重要特征是,在全社会范围内已经培育形成了稳定的中小企业主导的经济结构,全社会从价值观上逐步认同对中小企业消费权益的保护和培育,政府在使用税收、投资、利率、汇率等经济杠杆调节消费和投资的同时,更加注重使用社会、政治等政策工具调节和实现教育、医疗、住房、社会保障、就业和人权等社会、政治资源对中小企业的公平分配,同时建立了实现消费和投资的公平分配所必须的较为合理的社会管理机制和社会政治制度基础。学习借鉴和探索建立工业化国家现行的国民经济政策体系,才能实现从传统的带有浓厚计划经济特点的经济政策体系向现代国民经济政策体系的历史性跨越,才能学习借鉴先进工业化国家国民经济政策体系的改革经验,学习运用先进工业化国家政策管理方式。

9.1 现代国民经济政策体系的构建

目前,新兴工业化国家和一部分经济快速发展的发展中国家正在学习借鉴传统工业化国家的经验，结合国情，积极推行由传统的经济政策体系向现代国民经济政策体系的转型，谋求建立具有本国特色的现代国民经济政策体系，这是作者研究的国际背景。

改革开放30年来，围绕民营企业性质和地位、国有企业性质和地位、民营企业和国有企业的关系等问题，国内经济理论界已经取得了大量的研究成果，以吴敬琏、厉以宁、樊纲、张维迎、赵人伟、胡鞍钢、杨瑞龙等为代表的专家学者所提出设计的很多富有创新性的理论和政策取得了显著成效，促进推动了我国经济政策改革的理论研究。同时，在党中央、国务院的领导下，政府部门积极推动立法保护物权，采用消费税等新税制调节社会的消费结构，使用社会政策和经济政策共同调节分配格局，也得到了社会各界的普遍认同。但是客观地评价，国内理论界对于民营企业性质和地位、国有企业性质和地位、民营企业和国有企业的关系的研究是零散的、局部性的，基本上是以经济制度和机制的研究为主，普遍缺乏系统性和完整性，尚未建立基于现代国民经济政策体系的研究视角，也还未能提出现代国民经济政策体系的基本概念。正是针对这一问题，作者近年来在国内外首次提出和论证了"现代国民经济政策体系"的概念及其调节机制，为我国的民营企业性质和地位、国有企业性质和地位、民营企业和国有企业的关系等问题的研究提供了具有创新性的理论假说和理论工具。

现代国民经济政策体系理论的主要观点包括：

（1）现代国民经济政策体系是典型的社会经济大系统。

（2）形成于20世纪80年代的工业化国家的现代国民经济政策体系，与以往的经济政策体系的主要区别是，它不仅涵盖了以往的经济政策体系所包含的以财税、金融、价格杠杆等经济手段对投资和消费进行调节的内容，而且发展形成了以培育维护中小企业权益为制度价值观，侧重以社会管理、政治、法律等政策杠杆，与经济手段共同调节（引导）居民、企业、政府及其他社会主体的投资和消费及经济心理预期（经济期望）、社会安全心理预期（社会安全期望）、信仰心理预期（信仰期望）等三类预期的运行机制和政策体系。中产阶级的形成是现代国民经济政策体系的主要社会基础。

（3）社会管理、政治法律杠杆和经济政策并重是现代国民经济政策体系的调节方式的主要特征。

（4）现代国民经济政策体系的三大核心社会特征是形成中产阶级且中产阶级占有主导地位、低水平的基尼系数（普遍为4.0以下）和对人权及财产权的法律尊重。

从国际上看，自20世纪初以来，虽然对于经济政策体系等问题的研究形成了诸多理论体系，但是对于"现代国民经济政策体系"的研究尚属一个理论研究的"前沿"领域。作者在进行社会调查和国际比较的基础上，针对"工业化国家现代国民经济政策体系"这个研究命题，结合公共管理、经济学、社会学和政治学相关理论，构建了一个关于"现代国民经济政策体系"的理论分析框架。显然，作者这种集公共管理、经济学、社会学、政治学的交叉研究在国际上属于前沿性研究。

作者认为，要从历史唯物主义的高度，本着实事求是的精神，勇于突破传统的思想禁区，从学习借鉴人类共同文明成果出发，科学地看待和评价工业化国家的现代国民经济政策体系。学习借鉴自19世纪中叶以来工业化国家建立完善国民经济政策体系以及培育中产阶级为主的经济结构的经验和教训，勇于探索建立中国特色国民经济政策体系，实现从现存的仍带有浓厚计划经济色彩的经济政策体系到现代国民经济政策体系的管理体制跨越，这是当前我国解决民营经济地位问题的历史必然，是培育我国中小企业的重要举措，是构建和谐社会和全面建设小康社会的战略选择，是对工业化国家建立完善国民经济政策体系和培育中产阶级的人类普世文明经验和经济社会历史规律的尊重。

1. 经济政策体系转型是当前我国经济社会发展的重大战略问题，是构建和谐社会的重要前提，是全面建设小康社会的关键所在。经济政策体系转型是经济问题，也是社会问题，更是政治问题

改革开放30年来，我国经济社会发展取得了历史性成就，创造了世界经济史上的奇迹，向世界充分展示了社会主义制度的优越性和蓬勃生命力。但在经济社会快速发展的同时，我国也和其他工业化国家当年一样，要面对诸如经济政策体系转型涉及经济、社会、政治的十分复杂的重大问题。当前客观地讲，我国已经出现了较为严重的经济政策体系转型问题，国民经济政策越来越向国有企业倾斜，中小企业发展放缓，加剧企业两极分化的趋势性因素增加。

我国现存的经济政策体系阻碍中小企业的健康成长，严重影响社会稳定。中产阶层是个人投资、声望、文化这三者的综合情况，是若干个阶层的总和。目前我国中产阶层占社会总人口的25%左右，主要包括私营企业主、中高级知识分子、技师等。中产阶级占50%以上的经济结构才符合现代社会的要求。我国现存经济政策体系导致了对民营企业政策歧视，不利于培育中小企业，直接影响社会政治稳定。

2. 学习借鉴和探索建立工业化国家现行的国民经济政策体系，才能实现从传统的带有浓厚计划经济特点的经济政策体系向现代国民经济政策体系的历史性跨越，才能学习借鉴先进工业化国家国民经济政策体系的改革经验，学习运用先进工业化国家社会管理方式，培育民营经济主导的经济结构

现代国民经济政策体系是对传统经济政策体系的结构性超越。我国现行的"国有经济"经济政策体系是在传统计划经济的计划调控制度基础上不断演化形成的，至今仍是我国调节社会投资、消费结构和水平的主要体制形式。需要指出，我国现行的经济政策体系并不是现代的国民经济政策体系，它与现代国民经济政策体系存在重大差别。这是因为我国现行的经济政策体系的主要特点是针对现期的国有企业投资、消费的规模和结构的进行调控，未把民营企业投资、消费的规模和结构作为主要的调控对象。现代国民经济政策体系的主要特点是通过税收、社会保险、金融等经济工具对居民、企业、政府的消费和投资进行调节，中小企业的消费的规模和结构成为主要的调节对象。现代国民经济政策体系出现于19世纪末，成熟于20世纪80年代，其重要标志是，在全社会范围内已经培育形成了稳定的中小企业主导的经济结构，全社会从价值观上逐步认同对中小企业财产权益的保护和培育，政府在使用税收、投资、利率、汇率等经济杠杆调节消费和投资的同时，更加注重使用社会、政治等政策工具调节和实现教育、医疗、住房、社会保障、就业和人权等社会、政治资源对中小企业的公平分配。

3. 工业化国家在建立完善国民经济政策体系方面积累了有益的历史经验和反面教训，亟待我们深入认识和全面总结，亟待我们立足国情，辩证分析和加以运用于完成建立中国特色国民经济政策体系的历史使命

现代国民经济政策体系出现于 19 世纪末，成熟于 20 世纪 80 年代。现代国民经济政策体系出现的标志是德国俾斯麦关于社会保险的立法，其社会保险法包括 1883 年颁布的《疾病保险法》，1884 年颁布的《工伤事故保险法》，1889 年颁布的《老年残废保险法》。社会保障税起源于美国。1935 年，在罗斯福总统的领导和主持下，美国通过了历史上第一部社会保障法，规定美国自 1935 年开始征收工薪税。第二次世界大战后，欧美工业化国家经历了人均投资从一两千美元到三四万美元的经济社会快速发展，尤其是培育形成了占企业 80% 以上的中小企业主导的经济结构。同时，建立了实现消费和投资的公平分配所必须的较为合理的公共服务型政府和公共财税体制，建立了比较完整的社会政治法律体系，使社会实现了 0.4 以下的较低的基尼系数水平。

4. 解决经济政策体系转型问题，探索建立中国特色国民经济政策体系，不仅要着眼于经济政策，也要着眼于社会管理，更要着眼于不断推进行政体制和政治体制改革

通过学习借鉴和探索建立工业化国家现行的国民经济政策体系，我们不仅要学会使用经济杠杆，也要学会社会管理工具，更要学会稳中求进地推进行政体制和政治体制改革，提高政府效率，建立公共服务型政府和公共财政体制，培育中小企业主导的经济结构。

探索推进经济政策体系转型，具有重要的现实意义和价值：

（1）通过学习借鉴国外经验，有利于我国规避从传统经济政策体系向现代国民经济政策体系的转型所引致的经济风险和社会风险

对于工业化国家而言，现代国民经济政策体系的出现和成熟是一个自然历史过程。而对于包括中国在内的新兴工业化国家来说，在政府主导下以赶超战略通过财政税收、金融、就业、社会保障、住房、医疗、教育等多领域的改革在相对较短的时段内建立国民经济政策体系，实行这一路径

选择是必然的，同时也充满了强制性制度变迁引致的经济风险和社会风险，而这正是我们学习借鉴工业化国家建立运用国民经济政策体系的经验和教训的重要意义所在。

（2）通过学习借鉴国外经验，解决好从经济政策体系向国民经济政策体系的转型，才能明确当前我国经济政策改革的正确方向，才能切实推动从经济政策体系向国民经济政策体系的转型，才能促进构建和谐社会和小康社会建设

当前，我国的经济政策改革应当向何处去？经济政策改革的长远目标是什么？这些重大问题仍然未得到准确的答案，且已经直接制约着经济政策的改革进程。通过学习借鉴自19世纪中叶以来工业化国家建立完善国民经济政策体系，以及培育中小企业为主的经济结构的经验和教训，探索建立中国特色国民经济政策体系，实现从现存的带有浓厚计划经济特点的经济政策体系到现代国民经济政策体系的管理体制跨越，是当前解决我国经济政策体系转型问题的正确选择。

（3）通过学习借鉴国外经验，解决好从经济政策体系向国民经济政策体系的转型，直接关系到社会政治稳定

当前我国已经出现了较为严重的经济政策体系转型差距过大、贫富悬殊、非均等化等问题，经济政策体系转型成为涉及社会各界切身利益的关键环节，引起了社会各界的高度关注。通过学习借鉴国外经验，解决好从经济政策体系向国民经济政策体系的转型，有利于切实发挥经济政策体系转型和国民财富分配的社会稳定调节器的功能，有利于克服政府公信下滑，促进保持社会政治稳定。

（4）通过学习借鉴国外经验，解决好从经济政策体系向国民经济政策体系的转型，才能强化社会管理，有力促进行政体制和政治体制的改革，提高政府效率，建立公共服务型政府和公共财政体制，加快培育中小企业，促进早日形成我国中小企业主导的稳定和谐的现代经济结构

学习借鉴自19世纪中叶以来工业化国家建立完善国民经济政策体系，以及培育中产阶级为主的经济结构的经验和教训，有利于我们少走弯路，可以降低我国从经济政策体系向国民经济政策体系转型的改革成本，减少社会震荡。

除上述应用价值外,从经济政策体系向国民经济政策体系转型的理论价值主要表现在其理论具有首创性上。作者在国内外创新性地提出和论证了国民经济政策体系、经济政策体系转型等概念,区分了经济政策体系、国民经济政策体系的主要差异,据此明确划分了工业化国家国民经济政策体系的初期、发展期、成熟期的时段界限,提出界定了划分的多项理论标准,为关于国民经济政策体系的研究建立了较为坚实的逻辑基础。

9.2 经济政策体系社会化的内容指向

形成于20世纪80年代的现代国民经济政策体系,与以往的经济政策体系的主要区别是,发展形成了以培育维护中小企业权益为制度的价值观,侧重以社会管理、政治、法律等政策杠杆,与经济手段共同调节(引导)居民、企业、政府及其他社会主体的投资和消费及经济心理预期(经济期望)、社会安全心理预期(社会安全期望)、信仰心理预期(信仰期望)等三类预期的运行机制和政策体系。这就要求我国现存的带有浓厚计划经济色彩的"国有经济"的经济政策体系向现代国民经济政策体系转型,更加注重对居于国民经济主导地位的民营经济的调节,更加注重经济政策与社会管理、政治法律杠杆并重。由于篇幅和主题的局限,在此仅以运用劳动政策调节民营企业劳动关系为例,说明现存经济政策体系社会化的条件下,经济政策与劳动政策、劳动法律等社会管理、政治法律杠杆共同调节所引发的新变化。

党的十七大提出了坚持实施积极的就业政策,发展和谐劳动关系的重大举措,随后国家又积极推动《中华人民共和国劳动合同法》、《中华人民共和国劳动争议仲裁法》、《中华人民共和国就业促进法》的立法或实施工作,并实施了一系列配套政策。从经济政策体系转型看,就不能再局限于薪酬(工资)等经济杠杆,而要致力于经济政策与劳动政策、劳动法律等社会管理、政治法律杠杆的共同调节。对于我国民营企业劳动关系方面存在的各种问题和矛盾,政府要从经济政策体系的角度予以高度重视,应区别不同情况进行分类指导,坚持用发展的观点和办法解决当前民营企业劳动关系的问题和矛盾。要努力创造条件,积极探索建立符合社会主义和谐社会建设要求的和谐稳定的民营企业新型劳动关系协调机制,不仅要保证民营企业和民营经济的可持续发展,还要着眼于促进社会管理和社会稳定。

1. 当前民营企业劳动关系不断改善

进入21世纪,非公有制经济人士社会属性逐步被明确,在政治上"被松绑",法律上有了重要保障,非公有制经济已成为我国国民经济的重要组成部分。20世纪90年代中期以来,随着民营经济和民营企业的不断发展,民营企业工资增长缓慢、社会保险征缴困难、劳动保护条件差、工会建设滞后、劳动争议逐渐增多等问题日益突出,民营企业的劳动关系日益复杂,劳动关系问题显得越来越重要。在党和政府的正确领导和社会各界的共同努力下,民营企业劳动关系方面的很多问题得到及时处理,有关制度建设不断加强,民营企业对劳动关系问题的重视程度显著提高,积极加强劳动关系建设,民营企业劳动关系保持总体稳定。

(1)三方机制建设循序推进,劳动合同与集体合同制度建设进入"有序发展期"。三方协商机制是市场经济国家调整劳动关系的一项基本制度,三方协商机制的广泛建立和不断发展,为中国的劳动关系调节找到了一个新的社会对话渠道,从过去对劳动关系进行高度集中和统一管理到通过三方协商的办法解决劳动关系中面临的现实问题,是劳动关系调整方式适应市场化进程的重大转变,也是中国的市场经济与世界接轨的重要举措。

①20世纪90年代以来,党和政府推出了一系列政策和法律法规,积极推进三方机制建设。20世纪90年代初,全国人民代表大会常委会批准了国际劳工组织《三方协商促进履行国际劳工标准公约》(第144号公约),劳动和社会保障部协同其他部门建立全国一级的三方协商制度。2001年8月,劳动和保障部与中华全国总工会、中国企业联合会等部门召开会议,通过了《关于建立国家协调劳动关系三方会议制度的意见》,正式建立了以三方会议为基本形式的国家协调劳动关系三方机制。2003年8月,劳动和社会保障部、中华全国总工会、中国企业联合会宣布,国

家全面启动劳动关系三方协调机制建设。2004年全国三方协商会议就已经覆盖了国家、省和大部分市、县、县级市及市辖区,机构总数已经达到5600多个。至2006年年底,全国建立劳动关系三方协调机构达到8213个,绝大多数省、地级市、县都建立了三方协调机制,多数省份的三方协调机构正向区和乡镇、街道、工业园区延伸,从而在全国范围内形成了多层次的三方机制组织体系。①

在各级政府研究和制订劳动就业、收入分配、社会保障、劳动安全卫生等涉及职工切身利益的法律法规和政策过程中,劳动和保障部、中华全国总工会、中国企业联合会积极利用三方机制,反映职工群众的呼声和利益要求,使劳动者的权益在政策上、源头上得到有效维护。

②通过三方机制协调劳动关系,有效促进了企业集体合同与劳动合同制度的建设工作。据统计,2002年年底全国建立平等协商、集体合同制度的企业已达63.5万家,覆盖职工8000多万人,占已建工会企业总数的48.7%,其中,非公有制企业37.5万多家;有15个省(自治区、直辖市)颁布了地方性集体合同法规,27个省(自治区、直辖市)开展了签订区域性、行业性集体合同工作;有3万多家企业开展了工资集体协商工作。② 2006年,劳动和社会保障部、中华全国总工会、中国企业联合会、中国企业家协会共同制订"全面推进劳动合同制度实施三年行动计划",要求到2008年,各类企业都要与劳动者普遍依法签订劳动合同,劳动合同内容趋于规范,劳动合同得到较好履行,基本实现劳动合同管理的规范化、法制化。在劳动和社会保障部、中华全国总工会及其他部门的推动下,近几年民营企业推行集体合同与劳动合同制度的工作取得长足进展(参见表9-1)。至2006年年底,全国与职工签订了劳动合同和已建工会的民营企业76.2万个;签约职工6703.6万人,占已建工会企业职工总数的49.7%,其中签约农民工为1807.2万人,占已建工会企业农民工总数的43.1%。③

---

① "2006年工会组织和工会工作发展状况统计公报",《中国工运》,2007年6月。
② 中华全国总工会:《2002年中国工会维护职工合法权益蓝皮书》。
③ "2006年工会组织和工会工作发展状况统计公报",《中国工运》,2007年6月。

中华全国总工会2007年职工队伍状况调查显示，有55.2%的被调查职工与单位签订了劳动合同，有6.6%签订了聘用合同，有7%签订了劳务合同，合计为68.8%。

表9-1　2005年不同类型私营企业的员工劳动合同签订率[①]　　　单位：%

	用第一种方法计算的平均签订率	用第二种方法计算的平均签订率
东部	74.6	67.0
中部	68.6	57.2
西部	70.8	63.3
499万元以下	67.7	56.9
500万—999万元	74.2	68.4
1000万—4999万元	76.0	73.0
5000万—9999万元	81.0	78.3
1亿元以上	81.9	80.2
改制企业	78.1	73.4
非改制企业	71.4	62.9

③企业集体协商与集体合同制度得到长足发展。2006年，全国签订集体合同86.2万份，覆盖企业153.8万个，覆盖职工11245.5万人，覆盖职工人数已经占到全国企业职工人数总数的58.6%。这1亿多名职工中，既包括非公有制企业的职工，也包括国有企业的职工。[②]

全国工商业联合会2007年7省市民营企业劳动关系状况调查显示，2005年和2006年，样本企业中签订劳动合同的职工人数占职工总数的比例分别为73.08%和74.57%，年度间没有显著的差距。总体来看，职工签订劳动合同的比例达到了一定的水平，离全面签订劳动合同还有一定的差距。另外，企业中只要与职工签订劳动合同，一般都是对大多数职工一视同仁的，只对少数职工签订合同的情况比较少见[③]（参见图9-1）。

---

① 全国工商业联合会：《2006年中国民营企业大型调查报告》，2007年。
② "2006年工会组织和工会工作发展状况统计公报"，《中国工运》，2007年6月。
③ 参见全国工商业联合会2007年7省市民营企业劳动关系状况调查有关资料。

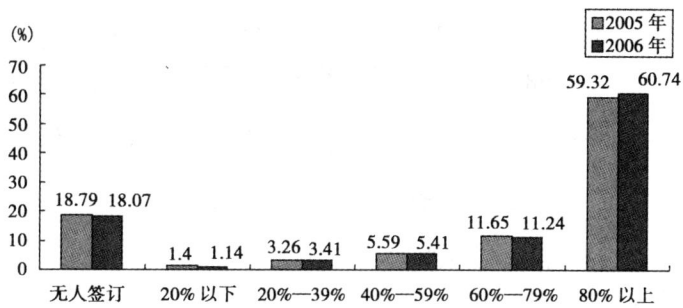

图 9-1 签订劳动合同的职工人数比例

（2）民营企业工资集体协商建设取得初步进展。2000 年 11 月，国家劳动和社会保障部发布了《工资集体协商试行办法》，并要求在全国逐步推行。党和政府希望工资集体协商制不单纯作为维护劳动者权益的制度，而要产生"双赢"效果，形成稳定和谐的劳动关系，推动企业持续健康发展。

中华全国总工会 2007 年职工队伍状况调查显示，21.7%的职工回答所在企业建立了集体合同制度，回答没有的占 32.7%，不知道的占 45.6%。企业建立了集体合同制度的职工，认为集体合同能发挥很大或能发挥一些作用的职工分别占 29.5%和 47%，即给予积极评价的占 76.5%。

全国工商业联合会 2007 年 7 省市民营企业劳动关系状况调查显示，在所有接受调查的企业中，与职工签订了集体合同的占 43.24%，未签订的占 56.76%。开展了工资集体协商的企业占 43.69%，未开展的占 56.31%①（见图 9-2）。

（3）民营企业工会组织建设得到加强。20 世纪 80 年代以后，由于我国实行改革开放政策，企业工资分配打破了"大锅饭"，不同行业和不同岗位劳动者之间的利益开始出现巨大差异，尤其 1984 年以后的一段时间，国家在物资资料分配领域实行双轨制，加大了社会成员之间的利益分化和利益矛盾。1986 年，中华全国总工会组织了第二次全国职工队伍状况调

---

① 参见全国工商业联合会 2007 年 7 省市民营企业劳动关系状况调查有关资料。

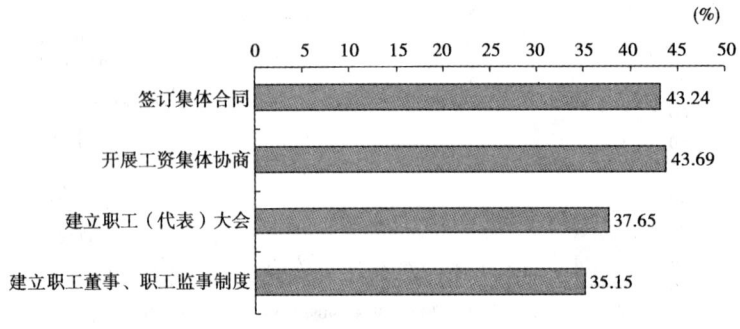

图 9-2 企业制度建设情况

查，调查显示，大多数国有企业的职工不满意工会工作，强烈要求工会组织担负起维护职工合法权益的职责。1988年，中国工会第十一次全国代表大会召开，大会正式提出工会组织具有维护职能、建设职能、参与职能、教育职能，工会组织定位得到进一步明确。

20世纪90年代后民营企业工会建设出现新变化。1992年，党的十四大把建立社会主义市场经济体制作为我国经济体制改革的目标模式，开始对国有企业产权进行改革。1993年，党的十四届三中全会提出要建立和完善社会主义劳动力市场，确立了社会主义国家劳动力也是商品的客观事实。1994年7月，八届全国人民代表大会常委会第八次会议通过了《中华人民共和国劳动法》，这是一部适应市场经济发展，以"保护劳动者的合法权益，调整劳动关系，建立和维护适应社会主义市场经济的劳动制度"为立法宗旨的法律。为适应新形势的需要，1994年12月，中华全国总工会十二届二次执委会提出了著名的"以贯彻实施劳动法为契机和突破口，努力把工会工作提高到一个新水平，在改革发展稳定中更好地发挥作用"的工会工作总体思路，这个总体思路明确了：维护社会主义市场经济的劳动制度是工会的基本职责，调整劳动关系是工会维护职能合法权益的基本途径。党的十五大以后，民营企业得到快速发展。1999年12月，中华全国总工会十三届二次执委会针对民营企业大规模发展，民营企业职工人数不断增长的形势提出了"五突破一加强"的工作目标，明确了工会突出和履行维护职能的基本框架，强调努力实现宏观维护与微观维护的统一与结合。

进入 21 世纪，民营企业工会组建取得新进展。2001 年 10 月，九届人大第 24 次常委会对 1992 年通过的《中华人民共和国工会法》作了大幅修改，通过了工会法修正案，也就是我们所说的"新工会法"。新工会法明确提出中国工会的基本职责是"维护职工合法权益"。通过全国人民代表大会立法的形式，确定中国工会的基本职责，标志着中国工会组织在市场经济体制下的角色定位问题已经得到解决。至 2006 年年底，在全国 88.4 万个企业工会组织中，公有制企业 16.9 万个，占 19.1%；非公有制企业 71.5 万个，占 80.9%（参考表 9 - 2）。非公有制企业职工的入会率为 58.6%，吸纳的职工总数达到了 8161.4 万人。在建立工会的非公有制企业中，外商投资（含台港澳投资）已有 6.1 万家，覆盖单位 8.3 万家，会员达到 1179.7 万人，组建率和职工入会率也分别达到了 54.5% 和 55.5%。①

表 9 - 2　　　　　私营企业内部的组织状况（%）②

	党组织	工会	职工代表大会
1993 年调查	4.0	8.0	11.8
1995 年调查	6.5	5.9	6.2
2000 年调查	17.4	34.4	26.3
2002 年调查	27.4	49.7	27.4
2004 年调查	30.7	50.5	31.0
2006 年调查	34.8	53.3	35.9

（4）民营企业职工工资收入水平提高，民营企业收入分配普遍不规范的局面明显改善。民营企业发展至今，资产规模较小、员工较少的中小企业仍占大多数，这些民营企业工资收入水平普遍较低，工资收入分配制度亟待健全。而上规模的民营企业大多结合自身实际，加大内部分配制度改革力度，积极探索建立适应现代企业制度要求的微观分配机制，工资收入分配机制呈现出多样化特征。除传统工资收入分配制度外，年薪制、加

---

① "2006 年工会组织和工会工作发展状况统计公报"，《中国工运》，2007 年 6 月。
② 全国工商业联合会：《2006 年中国民营企业大型调查报告》，2007 年。

薪、分红、激励基金、股票期权等逐渐成为薪酬激励的重要方式。

最低工资制度逐步完善，民营企业职工工资收入水平提高。在推动各地建立月最低工资标准和小时最低工资标准的同时，国家加大了调整最低工资标准的力度。2006年，指导和督促本年度应调整最低工资标准的20个省、区、市全部完成了调整任务，有9个省、区、市连续两年进行了调整；各地最低工资标准的调整幅度一般都在30%左右，有的省份调整幅度最高达到64%。最低工资制度将使民营企业严格按照国家工资分配政策执行，在一定程度上确保并提高普通职工工资收入水平。① 从全国工商业联合会与中共中央统战部、国家工商行政管理总局等部门进行的第七次全国私营企业抽样调查数据看，在所调查的3420户私营企业中，2006年年底员工工资、奖金总额为201.7万元，员工年均工资为13480元，比2003年人均8033元增长了67.8%，这些私营企业职工工资奖金水平与全国职工平均工资水平的差距在缩小。2003年时，全国国有单位职工平均工资是私营企业职工平均工资的1.8倍，到2005年，这一差距缩小为不到1.2倍。2007年全国工商业联合会7省市民营企业调查显示，接受调查的742家民营企业2005年至2007年的工资增长幅度要大于利润增长幅度，这些企业中工资年增长20%左右的占12.26%，年增长3%—10%的占57.66%，二者合计的比例达到近70%，超过了利润较快增长或稳定增长的企业的比例。

工资指导线制度已在全国范围基本建立。这为民营企业工资集体协商、调整职工工资增长提供了政策和市场依据。劳动力市场工资指导价位制度建设取得较大进展。目前，全国已有127个大中城市建立了劳动力市场工资指导价位制度，发布信息最多的上海市共发布1500个工资指导价位，比2000年增加了近900个岗位。工资指导价位虽然只具有指导性，但对于民营企业招用员工，确定岗位劳动报酬起到了一定的参考作用。②

（5）民营企业社会保险覆盖面逐步扩大，社会保险服务和待遇的水平明显提高。社会保险与劳动关系和谐稳定密切相关，做好民营企业社

---

① 2007年劳动和社会保障统计摘要。
② "2006年工会组织和工会工作发展状况统计公报"，《中国工运》，2007年6月。

会保险工作,对构建社会主义和谐社会具有重要意义。经过20多年的努力,我国社会保险基本实现了"六个转变",即由"企业保险"向"社会互济"转变,由"统包统揽"向"基本保障"转变,由"现收现付"向"部分积累"转变,由"政策调整"向"法律规范"转变,由"城镇保险"向"城乡统筹"转变,由"部分劳动者"向"人人享有社会保险"转变。这"六个转变"有力地推动了民营企业社会保险事业的巨大发展。

2005年2月24日,《国务院关于鼓励支持和引导个体私营等非公有制经济发展的若干意见》,要求非公有制企业及其职工要按照国家有关规定,参加养老、失业、医疗、工伤、生育等社会保险,缴纳社会保险费,积极探索建立健全职工社会保障制度。党的十六届六中全会明确提出到2020年实现覆盖城乡居民的社会保障体系基本建立的目标,要求社会保险覆盖范围扩大到各类企业,更好地体现社会公平、公正。

民营企业参保人数持续增加。2006年年末全国民营企业参加基本养老保险人数约4500万人[1],比上年末增加新增参保人数近610万人。参加基本养老保险的农民工人数为1417万人[2]。全年民营企业退休人员基本养老金全部按时足额发放。大约四分之一的民营企业退休人员纳入社区管理。民营企业在建立企业年金方面取得新的进展。上规模民营企业建立员工保险的比率有所上升。2006年全国工商联民营企业大型调查显示,在接受调查的3837家民营企业中,建立医疗保险的企业占36.9%,比2003年上升3.5个百分点;建立养老保险的企业占43.9%,比2003年上升5.2个百分点;建立失业保险的企业占22.2%,比2003年上升5.6个百分点;建立工伤保险的企业占24.4%;建立生育保险的企业占13.9%。上规模民营企业劳动用工制度不断完善,员工保障机制逐步健全,其中49.11%企业的养老保险、42%以上企业的医疗保险、39.17%以上企业的失业保险的企业内部覆盖面达到80%以上(参见表9-3)。

---

[1] 根据2007年劳动和社会保障统计摘要以及全国工商业联合会调查报告推算。
[2] 2007年劳动和社会保障统计摘要。

表 9-3　　　　　2005 年上规模民营企业职工保障状况①

企业内部覆盖面（%）	养老保险		医疗保险		失业保险	
	企业数（家）	占全部企业比重（%）	企业数（家）	占全部企业比重（%）	企业数（家）	占全部企业比重（%）
<30%	206	7.66	350	13.02	359	13.36
≤30%＜60%	457	17.00	366	13.62	338	12.57
≤60%＜80%	400	14.88	282	10.49	250	9.30
≥80%以上	1320	49.11	1129	42.00	1053	39.17

民营企业社会保险服务和待遇的水平明显提高。通过完善养老金计发办法，调整养老金水平，民营企业职工养老保险待遇水平有了新的提高。在医疗保险方面，运用劳动保障监察等手段，促进混合所有制和非公有制经济组织参保。根据这类企业普遍规模较小的特点，要充分利用银行、邮局等社会窗口，通过委托办理参保缴费等形式，为他们参保提供方便服务。在工伤保险方面，各地加强和改善了维护民营企业职工工伤保险权益的服务工作。根据不同行业的特点，细化和完善了煤矿、建筑等高风险企业的参保政策，方便了民营企业参保、缴费。简化和改进了工伤认定、劳动能力鉴定、工伤待遇给付等工作程序，规范了经办工作业务流程，提高了服务效率。很多地区适应民营企业农民工流动性大的特点，建立了农民工工伤保险服务的"绿色通道"。同时，对跨地区流动就业工伤农民工，规定可选择一次性领取待遇，保证了参保职工特别是农民工工伤后及时便捷享受待遇。2006 年，各级工伤保险机构共为 63 万名职工进行了工伤认定，为 42 万名工伤职工进行了劳动能力鉴定，为 90 万名享受工伤保险待遇人员支付工伤保险待遇 66 亿元②。从各地的实际情况看，民营企业参保职工工伤后，由社会保险机构支付各项工伤待遇均能落实到位，工伤职工与用人单位的劳动争议大大减少，民营企业职工的工伤保险权益得到了切实保障。2006 年全国工商业联合会民营企业大型调查显示：接受调查的 742 家民营企业职工中工伤保险的参保比例最高，达 62.10%；其次为

---

① 全国工商业联合会："2006 年中国民营企业大型调查报告"，2007 年。
② 2007 年劳动和社会保障统计信息。

基本医疗和基本养老保险，参保比例分别为50.91%和48.08%；失业保险参保率较低，为41.14%；生育险最低，为34.54%。当前的社会保险政策基本上得到了样本企业的认同：受访者中有18.66%对国家的社会保险政策表示满意，68.86%表示基本满意。

（6）民营企业劳动保护及福利支出显著增长，劳动条件正在改善。目前，向员工支付劳保费用以及投资改善劳动条件的民营企业增多。第七次全国私营企业抽样调查显示，在接受调查的3837家企业中，有2242家企业按照规定支付劳保费用，占全部企业的58.4%，户均支出14.5万元，员工人均1235.3元，比2003年时的人均439元增加了1.8倍多；有2050家企业投资改善劳动条件，占全部企业的53.4%，户均支出37.3万元，为员工人均支出10877.8元。从线性回归分析结果看，企业劳保费用支出主要受企业销售额和企业工会组建情况的影响[①]。

（7）规模较大的民营企业劳动关系状况更为和谐，部分民营企业劳动关系建设富有特色。民营企业发展实践表明，不同规模民营企业的劳动关系呈现出不同的发展态势。目前，部分大型民营企业开始进入房地产、金融、高科技等利润高、发展潜力大的行业，进入滚动发展状态，可以通过上市进行资本运作，同时又在国有民营企业改制中积极施行资本渗透，中国加入WTO后，国外资本进入中国市场时需要寻找合作伙伴，而大型民营企业无疑是可靠有力的代理和合作伙伴。因此，这种财富向大型民营企业转移的速度呈现加快的态势。[②] 调查表明，规模较大的民营企业，内部规章比较健全，其利润更依赖于高技术人才，先进设备和大量的流动资本，因而劳动关系状况较好。规模较小的民营企业则更加依赖于密集型的劳动力，通过降低劳动力成本来实现高额利润，劳动关系状况相对较差。全国工商业联合会2006年上规模民营企业调研显示，在接受调查的年营业收入在2亿元以上的3191家民营企业中，民营企业劳动用工制度不断完善，养老保险、医疗保险和失业保险在各个民营企业内部基本具有相当

---

① 根据"2006年中国民营企业大型调查报告"测算，这几个回归结果的显著度均为 sig.<0.001。

② 参见知名学者戴建中教授的有关论述。

的覆盖面。2006年有50%以上的民营企业养老保险在民营企业内覆盖面达到80%以上，有接近50%的民营企业其医疗保险和失业保险在民营企业内覆盖面达到80%以上。

调查分析表明，现阶段我国民营企业中实际上存在着两个生产力层次：以手工劳动为主的、半机械化的低水平生产力，在中小型民营企业部门大量存在；以机械化为主的、充分运用现代化科技的高水平生产力也大量存在，那么其作为一个整体的劳动关系也是具有层次性的，而不是绝对单一的和谐或单一的冲突的形式。目前，大型民营企业普遍存在的较为和谐稳定的劳动关系中，一般是以民营企业战略目标为中心构成的。雇主雇员的所有劳动过程与结果都围绕着战略目标的实现，双方依赖于和谐的劳动关系实现自身的利益。

调查分析表明，劳动关系更为和谐稳定的大型民营企业的基本理念一般属于劳资利益一体论。这些大型民营企业在实践中普遍主张民营企业的组织机构和各级组织目标均应符合民营企业整体战略目标的要求，各级管理者的权威应来自最高的唯一管理阶层的层层授权，避免多头领导。此外，在这些大型民营企业内部一般都有一套激励体制，使员工为共同的战略目标而努力工作。因而劳动关系主体尽量避免发生冲突与摩擦，双方的利益完全通过民营企业内部严谨的管理体系和协商机制来实现一致。具体表现在劳动者的各项劳动权益得到了保障，自身利益得到了实现；劳动关系的协调和劳动争议处理机制比较健全；相关保障系统完备（图9-3）。①

（8）政府支持构建非公有制企业新型劳动关系，努力营造"互利共赢"社会环境。规范有序、公正合理、互利共赢、和谐稳定的社会主义新型劳动关系，是构建社会主义和谐社会的重要内容和基础。维护职工合法权益是协调劳动关系和社会利益关系、推动构建社会主义和谐社会的必然途径。2006年8月，《中共中央关于巩固和壮大新世纪新阶段统一战线的意见》（2006〔15〕）文件提出，民营企业要建立新型劳动关系，既要维护企业合法权益，也要维护职工具体利益，努力实现劳资双赢。

---

① 余幂："私营企业劳动关系现状及其层次性"，《兰州学刊》，2006年第6期。

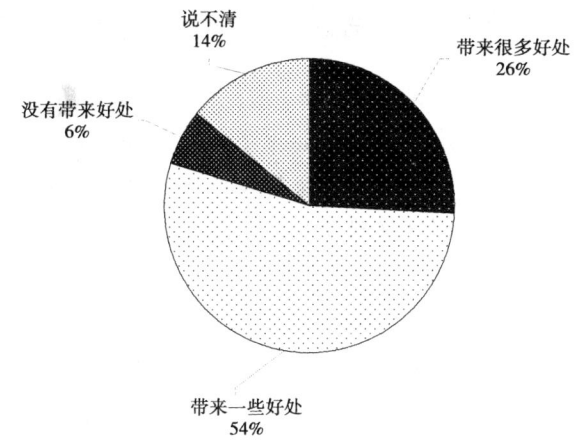

图 9 – 3① 创建劳动关系和谐企业活动是否给您带来好处

民营企业构建和谐劳动关系的法制环境不断完善。2007年6月29日，十届全国人民代表大会常委会审议通过《中华人民共和国劳动合同法》，这是自《中华人民共和国劳动法》颁布实施以来，我国劳动和社会保障法制建设中的又一个里程碑。从民营企业构建和谐劳动关系角度看，《中华人民共和国劳动合同法》的颁布实施，对于更好地保护民营企业劳动者合法权益，构建和发展和谐稳定的民营企业劳动关系，促进社会主义和谐社会建设，具有十分重要的意义。

各级政府和工会组织积极推进民营企业和谐劳动关系建设。在维权领域中，各级政府和工会组织以改制企业和非公有制企业为重点，在维权对象上以进城务工人员、下岗失业人员和困难职工群体为重点，在维权内容上以职工群众的劳动就业、收入分配、社会保障、劳动安全等劳动权益为重点。

北京、上海、河南、陕西、四川等地政府和工会组织相继开展创建民营企业和谐劳动关系活动，促进民营企业逐渐认识和实行以人为本的管理理念，促进了职工劳动经济权益的保护。

---

① 参考全国总工会2007年职工队伍状况调查有关资料。

2. 民营企业劳动关系局部问题突出，潜在的矛盾和问题严重

改革开放以来，我国民营企业劳动关系经历了深刻的变化和巨大的利益调整，但是并未出现爆发性的社会冲突，在总体上保持了民营企业劳动关系和谐和社会稳定，这是党和政府关于非公有制经济发展政策的成功实践，也是我国社会主义制度优越性的具体表现。同时，由于我国民营企业的发展只有30年左右的时间，受到城乡和地区分割、区域发展水平差异、民营企业和国有企业待遇不平等、劳动政策和其他经济社会政策缺乏衔接、劳动市场供求失衡、劳动关系管理制度不健全等多方面因素的影响，当前民营企业尤其是中小型民营企业劳动关系方面还存在诸多问题，不仅侵害劳动者的切身利益，对民营企业自身发展也产生了极其不利的影响，严重阻碍了民营企业和民营经济的可持续发展。

（1）民营企业集体劳动争议明显增加，劳动关系不稳定性增强。当前民营企业劳动关系发生了剧烈而深刻的变化，在部分地区或某些阶段劳资之间的利益分化加剧，尤以民营企业表现突出，在相当程度上影响到经济社会协调发展。当前，民营企业劳动争议问题主要包括：集体劳动争议在民营企业劳动争议中占据越来越大的比重，凸显劳动关系的不稳定因素加剧；引发劳动争议的原因多集中在劳动报酬、保险福利、工伤和解除劳动合同等劳动者基本劳动权益方面，与总体情况略有差别，权利争议是争议的主要特点；劳动者的申诉率和胜诉率高于用人单位。尤其是以下问题对民营企业而言更为紧迫，亟待给予高度关注。

股份、联营、私营等非公有制企业争议数量呈较快增长趋势。2000年，国有、集体企业劳动争议数量是59845件，股份、联营、私营等非公有制企业劳动争议量是34649件，分别占当年总数的44.3%和25.6%；2003年国有企业和股份、联营、私营等非公有制企业的劳动争议数量分别是78989件和102802件，分别占总数的34.9%和45.4%，[①] 非公有制企业劳动争议数量已超过公有制企业。上海市劳动和保障部门劳动争议状况分析报告显示，2004年该市国有、集体企业争议数量继续下降，有

---

① 根据2001—2004年《中国劳动统计年鉴》（中国统计出版社出版）整理计算。

3538件，比2003年减少近一成；民营企业劳动争议7249件，占全市总量的40%，比2003年（6028件）增长20.3%；2004年上海仲裁机构受理民营企业劳动争议7249件，占全市总量的40%，比2003年再增20.3%，是1995年的151倍，数量高居各类企业之首。①

从地方情况看，民营企业的劳动争议持续增加。在上海市2003年受理的劳动争议中，民营企业占到了30%，居各类企业之首。上海闵行等区县10余家法律咨询机构对企业争议的情况统计，涉及小型企业的约占65%，其中民营企业占三分之二。② 据北京市劳动和社会保障局统计，2002年度全市劳动争议仲裁部门共受理劳动争议14467件，比上年增长6.8%，是近年来劳动争议增幅最小的一年。其中，外商投资企业占26%，国有企业占18%。而私企劳动争议比上年猛增了1420件，增幅近50%。③ 民营企业劳动争议案件迅速增多的一个重要原因，是一些新成立的私企竭力追求以最低的成本换取最大的利润，内部组织机构不健全，对国家劳动法规缺乏了解，合同契约意识较差，不及时办理用工手续，不与职工签订劳动合同，或以试工的名义逃避缴纳社会保险费；随意加班加点，却不按法律规定支付劳动报酬。④

和国有企业相比，集体劳动争议在民营企业劳动争议中占据越来越大的比重，凸显劳动关系不稳定因素增多。集体争议是指劳动者一方在3人以上的联合劳动争议以及因履行集体合同发生的争议。中国目前的集体劳动争议以前一种为主。集体劳动争议大量增加是近年来中国劳动争议的一个显著特点，2004年全国共受理劳动争议案件260471件，集体争议案件的数量为19241件，只占总数的7%，而在764981万人的劳动者当事人中，集体争议的劳动者达到477992人，占劳动争议总人数的62.5%。2004年，集体争议涉案人数平均为25人/件。这表明，中国已进入集体

---

① "上海：劳动争议案件10年增7倍劳动者胜诉率达86%"，新华网2005年1月23日。
② "劳动争议凸显三个特点，劳动报酬和保险福利争议案逐年攀升"，中国财经信息网，2004年4月20日。
③ 孙明敏："劳动争议私企占三成"，www.takungpao.com，2003年4月8日。
④ "劳动争议凸显三个特点，劳动报酬和保险福利争议案逐年攀升"，中国财经信息网，2004年4月20日。

劳动争议的高发期，且涉及的劳动者人数有增无减，显示出劳动关系不稳定的波及范围扩大。①

从 2000—2003 年，私营企业集体争议的平均涉案人数分别为 26 人/件、24 人/件、28 人/件和 30 人/件。而同一时期，联营及股份制企业集体争议的平均涉案人数分别为 22 人/件、24 人/件、27 人/件和 29 人/件。这两类企业的集体争议均呈温和上升之势，但远低于 2003 年国有企业 81 人/件的争议规模。从总量来看，2003 年全国共受理上述两类企业劳动争议案件 102802 件，其中集体争议案件的数量为 3782 件，只占总数的 3.68%；而在 263813 人的劳动者当事人中，集体争议的劳动者达到 110789 人，占劳动争议总人数的 42.0%。这显示出，集体争议在私营企业劳动争议中正在占据越来越重要的地位（参见表 9-4）②。

表 9-4 　　2000—2003 年不同所有制企业集体劳动争议数量和涉及人数

年份	2000		2001		2002		2003	
内容	争议数量	涉及人数	争议数量	涉及人数	争议数量	涉及人数	争议数量	涉及人数
总计	8247	259445	9847	286680	11024	374956	10823	514573
国有企业	2203	70942	3217	110936	3387	140566	3623	294794
城镇集体企业	1262	37482	1735	44702	1911	59643	1519	47796
乡村集体企业	181	9863	139	3424	—	—	—	—
外资及港澳台企业	1576	63060	1267	52727	1196	50135	1121	45798
私营企业	1430	36663	1274	30896	1818	51608	1248	37720
联营及股份制企业	998	22005	1631	38450	2074	55709	2534	73069
个体工商户	161	3641	193	2710	261	9589	343	6880
机关社团事业单位	156	2937	201	2223	225	4183	221	3704
其他	280	12852	190	612	152	3523	214	4812

案件处理难度增大，劳动争议双方矛盾的对抗性增强。1997 年在全

---

① "劳动争议凸显三个特点，劳动报酬和保险福利争议案逐年攀升"，中国财经信息网 2004 年 4 月 20 日。
② 本段数据依据表 9-1、《中国劳动保障年鉴（2003）》、《中国劳动保障年鉴（2004）》有关数据测算。

国受理的劳动争议案件中，以调解方式结案的占结案总数的46.3%，以仲裁方式结案的占结案总数的21.3%，其他方式占32.4%。随后的几年调解结案的比例逐年下降，仲裁结案的比例逐年上升。2002年调解结案的比例已下降至28.5%，仲裁结案的比例上升至43.3%。2003—2005年的比例也基本持平。仲裁裁决率不断攀高表明，当事人双方调解的意愿和调解的可能性明显降低，案件的处理难度增大，劳动争议双方当事人的矛盾呈现比较强的对立性和不可调和性（参见表9-5）。另外，劳动争议的调解工作出现滑坡趋势，尤其是企业调解组织大量萎缩，职能作用有所削弱。据中华全国总工会统计，截至2003年9月，全国企业劳动争议调解委员会为153113个，与2002年相比减少11824个，下降7.2%；组建率仅为11.2%，与1997年相比下降56%。[①] 私营企业和联营及股份制企业的仲裁裁决比例均高于仲裁调解和其他方式，表明民营企业劳资之间存在深层利益矛盾（参见表9-6）。

表9-5　　1997—2005年全国劳动争议案件处理方式情况

年度	结案总数（件）	调解结案		裁决结案		其他方式	
		数量（件）	所占比例（%）	数量（件）	所占比例（%）	数量（件）	所占比例（%）
1997	70792	32793	46.3	15060	21.3	22939	32.4
1998	92288	31483	34.1	25389	27.5	35155	38.1
1999	121289	39550	32.6	34712	28.6	47027	38.8
2000	130688	41877	32	54142	41.4	34669	26.6
2001	150279	42933	28.6	72250	48.1	35096	23.4
2002	178744	50925	28.5	77340	43.3	50479	28.2
2003	223503	68000	30.3	96000	42.9	60000	26.8
2004	258678	83400	32.2	110708	42.8	64550	25.0
2005	306027	104308	34.1	131745	43.1	69974	22.8

资料来源：1998—2006年《中国劳动统计年鉴》（中国统计出版社）。

[①] 王娇萍："劳动争议调解，亟待立法支持"，《工人日报》，2005年4月19日。

表9-6 2003年不同所有制企业劳动争议案件的处理方式

	处理方式（件）				
	仲裁调解	比例（%）	仲裁裁决	比例（%）	其他方式
总计	67765		95774		59954
国有企业	13592	20.0 / 34.4	23344	24.4 / 37.4	12592
城镇集体企业	9783	14.4	12487	13.0	7106
港澳台及外资企业	6511	9.6	9182	9.6	4999
联营及股份制企业	21427	31.6 / 46.9	30438	31.8 / 44.2	19797
私营企业	10432	15.3	11910	12.4	8750
个体工商户	3229	4.7	3807	4.0	2276
机关社团事业单位	1806	2.6	2160	2.2	2096
其他	985	1.4	2446	2.6	2338

资料来源：根据《中国劳动统计年鉴2004》（中国统计出版社2004年版）测算整理。

民营企业劳动争议和群体性事件阶段性增加，主要原因是民营企业发展迅速形成较大企业基数、国家相关法律法规不健全、劳动力长期供过于求等。当前，尤其要关注劳动合同不依法规范，劳动合同流于形式的问题。中华全国总工会2007年职工队伍状况调查显示，在签订劳动合同时，与单位协商后再签的职工占50.7%，其中城镇职工与单位协商后再签合同的占42.4%，与2002年85.3%相比降低了一半。国有企业（含国有控股企业）职工与单位协商过的比例最低，为45.7%。劳动定额由企业单方面确定的占52.4%，有23%是企业与职工本人协商后确定，有7.4%是企业与工会（或职工代表）协商后确定。调查显示，"解除或终止劳动合同"是引发城镇职工与单位发生劳动争议的第二大原因。[①]

另外，全国工商业联合会2007年7省市民营企业调查显示，接受调查的742家企业中，对于发生了劳动者群体性事件的情况，受访者认为，最主要的处理方法应当是由争议的劳动者代表与企业协商处理解决，选择此项的受访者占45.59%，认为应当由企业与工会进行集体谈判的，占23.01%。两者的合计达到了近70%，这反映出企业的经营者对于群体性

---

① 参见全国总工会2007年职工队伍状况调查显示有关资料。

事件的解决主要是采取集体谈判的方式，因此，建立集体谈判制度是十分重要的。

（2）工资集体协商制度推进迟缓，劳动者"弱势"地位没有根本改变。自 2000 年 11 月国家劳动和社会保障部发布《工资集体协商试行办法》以来，虽然部分地区工资集体协商制建设取得一定成效，但是从全国范围看，民营企业工资集体协商推进迟缓，劳动者在工资水平确定中的不利地位没有改变，民营企业劳动生产率提高的成果并没有在职工工资增长上得到充分体现。2007 年全国工商业联合会 7 省市民营企业调查显示，接受调查的 742 家企业中，与职工签订了集体合同的仅占 43.24%，开展了工资集体协商的企业仅占 43.69%，建立职工（代表）大会的比例仅为 37.65%，建立职工董事职工监事制度的比例仅为 35.15%。出现这一现象的主要原因：

一是少数企业对开展工资集体协商认识有差距。目前，仍然有少数企业尤其是少数中小企业业主对工资集体协商的认识和理解还存在片面性，认为集体协商的目的就是增加工资，导致一些经济效益增长较慢的企业缺少实行工资协商的积极性。一些业主认为，企业是自己的，职工工资发多少应该由企业主说了算。在企业收益分配上重视资本的分红，而忽视劳动力参与分红；在工资分配的原则上，"重资轻劳"的现象普遍存在，工资分配、收益分配更多地向企业所有者倾斜、向企业经营管理者倾斜，而普通职工群众在工资分配中所占份额呈现明显下降趋势，在收益分配中更是难以得到体现和落实。同时，一些企业职工参与工资集体协商意识不够强，不敢旗帜鲜明地提出要求与企业业主进行工资集体协商共决和工资的正常合理增长，被雇佣的意识比较浓厚。

二是协商双方主体还存在着事实不平等。在法律上，企业工会代表职工与经营者协商的地位应是平等的，但在实际操作中，一些企业的工会很难与企业主实现真正的平等协商谈判。这是因为，企业工会主席虽作为职工方的首席代表，但他们与企业主存在事实上的雇佣与被雇佣关系，使其不可避免地要受制于企业。在职工工资集体协商中，企业工会很难有让对方妥协的筹码。同时，工资集体协商双方的知情权、否决权和陈述权也不完全平等。在工资集体协商中，由于对原材料、产品定价、企业职工工资占企业成本的比例、职工工资在产品销售额中所占比重等都难以掌握,对同行业、工种工资水平也难以全面了解,加之有的企业不愿如实提供相关信息,导致一些企业工会和职工在工资集体协商中时常处于弱势地位。还有一些企业工会干部的业务能力、劳动经济法律素养及协商谈判技巧等素质不够高,特别与企业方相比差距比较大,因此,一些企业工资集体协商的工会代表不敢理直气壮地、也很难有效地维护企业职工的合法权益和切身利益。

三是劳动监察部门的执法监督力度不够到位。在各地实践中,很多法定监督处罚机制很难真正执行,其原因一方面是在工作推进过程中对企业以教育和协调为主,处罚为辅;另一方面是由于劳动监察部门的执法人员人手不够,无法对企业进行直接的查处。执法不到位,实际上放任了一些拒不实行工资集体协商、情节较恶劣的企业,不利于企业职工工资集体协商工作的开展,甚至还会造成负面的影响。

(3) 工会组织建设相对滞后,工会维权形式主义严重。从劳动和社会保障部、中华全国总工会、全国工商业联合会等单位调研情况看,民营企业工会建设方面普遍存在着以下问题:在强资本面前,工会组建工作力不从心;工会组织对在民营企业建立工会组织非常热心,而一些地区的地方政府却缺乏相应的积极性、主动性等。工会组织不能充分发挥维护作用,这种状况反过来影响了工会在职工群众中的威信,影响着工会职能的履行。

建立工会组织的民营企业仍是少数。① 2007 年全国工商业联合会 7 省市民营企业调查显示,接受调查的 742 家企业中,成立工会组织的仅占 31.86%,和小型民营企业相比,大中型民营企业成立工会组织的比例相对较高。大部分民营企业并未建立工会组织,大部分民营企业职工也没有被组织到工会组织中来,民营企业组建工会工作任重道远。民营企业组建工会存在较大难度,主要原因是部分企业出资人担心成立了工会组织,工会会按工会法的规定为职工争夺权力和利益,从而增加劳动成本和管理的难度,因而对地方工会提出的建会要求采取抵触态度;同时,一些民营企

---

① 此数据来自国家统计局:"第一次全国经济普查主要数据公报",《经济日报》,2005 年 12 月 7 日。

业的职工来源于农村,受知识和阅历的限制,很多人对工会的职能与作用并不了解,对组建工会并不感兴趣。这种情况降低了地方工会进厂开展工作,快速建立工会组织的各种努力的效果。

工会维权工作中的形式主义较为严重。这种形式主义是指只顾形式不顾内容的思想作风和行为方式。民营企业工会工作中的形式主义,主要是指建立了工会组织并建立了相应的维权制度的企业,工作缺乏实际内容,工会维权能力薄弱,职能不能充分发挥,职工群众不能得到有效维护的现象。

中华全国总工会2005年的一项调研表明,国有企业近38%的职工并不认为自己是工会会员,私营企业近85%的职工不认为自己是工会会员;企业工会作为劳动者的代言人履行维权职责严重缺失;许多企业工会的依附性是维权职责缺失的根本原因,这不仅造成工会成为"三无工会"(无会员、无活动、无经费),工会在企业内部的维权机制根本无法建立起来。[1]

全国工商业联合会2007年7省市民营企业调查显示,接受调查的742家企业中,对于工会在协调劳动关系和维护职工权益方面的作用,只有26.77%的受访者称"很有作用",37.11%称"作用一般",11.82%认为"基本没有作用",24.30%表示对于工会的作用不了解。

造成民营企业工会工作出现以上问题的原因是多方面的。这既有工会组织自身的原因,也有政府职责不到位的原因,同时,也有理论与实际脱节、理论不能有效指导实践的原因。当前,应当首先解决虚置化的工会不能有效履行维权职责的问题。工会虚置化是指工会在其组织、活动等方面,在相当程度上受到民营企业出资方的控制和制约,在相当意义上是作为出资方的附庸而存在的。[2] 民营企业工会组织从产生开始,就带有强烈的虚置化色彩。工会虚置化是一把双刃剑,对工会组织来讲,有其现实的需要。这是因为自改革开放以来民营企业发展快速,也始终伴随多种挑战

---

[1] 以上资料引自许晓军:"企业工会调查报告",《中国劳动关系学院学报》,2006年第2期。

[2] 中国工运学院工会学系:《向市场经济过渡中的工会工作》,中国大百科全书出版社1993年版,第5页。

和问题,亟需一个稳定的内部环境,工会一般都尽量地适应出资方的要求以不影响企业发展为条件,自然处于虚置化地位。因此,民营企业工会虚置化使其代表和维护职工合法权益的特色被冲淡,失去了职工群众的信任。

(4) 尚未形成普通劳动者工资增长机制,企业发展成果分配不合理。当前,民营企业工资分配的突出问题是缺乏先进工资收入分配理念指导、收入分配制度设计不够科学、工资协议内容空泛。尤其是以下问题对民营企业而言更为紧迫,需要加快解决。

尚未形成普通劳动者工资增长机制。大量民营企业为了达到经济利益最大化,给普通员工确定的工资标准就是政府规定的最低工资标准,而且没有随着经济的发展和企业效益的提高,建立普通职工工资增长机制。以民营企业人数较多的广东省为例,与珠江三角洲年均20%多的GDP增速比较起来,普通职工的工资近十几年来几乎没有什么变化。国务院发展研究中心一份报告显示,最近十几年来,珠江三角洲外来用工人员月平均工资仅增长了68元。据福建省总工会的调查,2005年全省一线职工平均工资为12801元,其中国有、集体企业一线工人平均工资水平14072元,比上年增长5.3%;民营企业11672元,增长2.3%;三资企业13127元,增长6.6%。在所有类型企业中,民营企业职工工资增幅最小。[①] 全国工商业联合会2007年7省市民营企业调查数据显示,32.64%的民营企业工资是由企业领导说了算,39.89%实行了工资集体协商制度,27.48%是由人力资源部门决定的。概括分析,民营企业工资决定中,劳方力量只占20%,而资方力量占了80%。

最低工资制度未能在民营企业得到很好的贯彻执行。部分民营企业无视国家和地方政策法规的规定,以试用期或以提供食宿等福利待遇为由,低于最低工资标准支付劳动者报酬,侵害了劳动者的合法权益。一些企业利用最低工资标准随意压低劳动者的劳动报酬,有些企业为尽可能多地赚取利润,利用劳动者处于弱势地位,不敢大胆维护其合法权益的心理,直接将最低工资标准作为工资发放标准。有些企业虽然表面遵守最低工资规

---

① 根据广东、福建等省工商联2005年、2006年民营企业调查资料。

定，但实际上通过随意提高劳动定额标准、延长工作时间等方式，变相压低劳动者的工资水平。

民营企业发展成果分配不合理。相当多的中小民营企业为了达到经济利益的最大化，给普通员工确定的工资标准就是政府规定的最低工资标准。因此，出现了民营企业发展速度较快，该地区职工平均工资水平增长速度相对慢；而民营经济发展速度较慢，则该地区职工平均工资水平增长速度相对快的结构性增减变化差距。从目前民营企业收入分配的情况看，企业的利润90%以上均被出资人、股东占有。2007年全国工商业联合会7省市民营企业调查显示，接受调查的742家企业中，经营者、技术、销售人员和一线工人拿到的一般是年薪和工资，很少有利润分享。即使出资人获得的利润增多，普通员工仍不能分享企业的发展成果。

当前民营企业工资分配领域出现的问题，主要原因是"强资本、弱劳动"态势长期存在、劳动力市场供过于求、企业用工行为不规范和追求超额利润。当前，尤其应当关注民营企业对工资分配的理念、认识和方法等方面存在偏差。民营企业对现代薪酬管理理念、方法与技术认识不足，在现代薪酬管理理念、方法和技术的把握上更显匮乏。不少民营企业把员工工资收入视为单纯的支出和成本，没有认识到这是一种人力资本投入。很多企业主不了解现代薪酬管理基本理念之一，是员工薪酬水平提升与员工素质提高互动的良性循环，是企业兴旺发达的重要标志。

（5）社会保险关系转移难，民营企业社会保险覆盖面较窄。当前，民营企业社会保险方面的主要问题包括社会保险缴费工资基数管理不规范、社会保险制度不完善、社会保险基础管理和服务还不到位等，尤其是以下问题亟待解决。

社会保险关系转移难阻碍劳动力流动。据不完全统计，目前，全国只有大约三分之一[①]的民营经济参加了社会保险，大约25%的民营企业职工建立社会保险关系。民营企业劳动者流动性强，而大多数社会保险基金实

---

① 根据2007年劳动和社会保障统计摘要以及全国工商业联合会调查报告推算。

行市县级统筹,于是就产生了各统筹区域间社会保险关系转移的问题。一些地方出台形形色色的地方保护主义的土政策,也加剧了民营企业社会保险关系转移难的局面。

根据对各地社会保险实际覆盖情况进行分析,还有大量的民营企业劳动者没有参加社会保险。目前,国有企业社会保险参保率达98%以上,而民营企业社会保险参保率还不到40%①。2007年全国工商业联合会民营企业劳动关系状况调查显示,工伤保险的参保比例最高,达到62.10%。其次为基本医疗和基本养老保险,参保比例分别为50.91%和48.08%。失业保险较低,为41.14%。生育险最低,为34.54%。

民营企业社会保险覆盖面狭窄,意味着有相当数量的劳动者得不到社会保险制度的保障,这是造成劳动关系不和谐的一个风险因素。即使一些民营企业参保,但也存在很多不公平现象,企业内部职工社会保险参保率还比较低,只有少部分人参保(参见表9-7),影响社会和谐。

表9-7　　　　2005年上规模民营企业社会保险参保情况②

企业内部覆盖面(%)	养老保险		医疗保险		失业保险	
	企业数(家)	占调查企业比重(%)	企业数(家)	占调查企业比重(%)	企业数(家)	占调查企业比重(%)
<30%	206	7.66	350	13.02	359	13.36
≤30%<60%	457	17.00	366	13.62	338	12.57
≤60%<80%	400	14.88	282	10.49	250	9.30
≥80%以上	1320	49.11	1129	42.00	1053	39.17

民营企业社会保险问题产生的原因,有制度推行力度和执法力度问题,有企业主和职工的思想觉悟问题,也有制度安排与制度设计问题,还与企业的一些特征相关。2006年全国工商业联合会民营企业大型调查提供的数据线性回归分析表明,对于东部上规模民营企业来说,就全部四种保险的覆盖率来说,有影响的共同因素是企业位于东部地区、企业有工

---

① 根据部分地区民营企业参保抽样调查推算。
② 2005年度全国工商业联合会上规模民营企业调研报告。

会、企业是通过改制产生的,它们都具有显著提高四种保险的覆盖率的作用;中部地区这个因素对私营企业养老保险覆盖率和失业保险覆盖率都有不利影响,也就是说,相对于东部地区来说,中部地区私营企业的养老保险覆盖率和失业保险覆盖都较低。

要及时解决社会保险费率太高影响民营企业参加社会保险的问题。1998年国务院颁布了《关于建立城镇职工基本医疗保险制度的决定》,规定城镇所有用人单位和职工都要参加基本医疗保险,保险费由用人单位和职工双方共同负担,企业缴纳职工工资总额的6%左右,个人缴纳本人工资的2%,退休人员不缴费,并鼓励企业建立补充医疗保险(参见表9-8)。2004年国务院颁布了《工伤保险条例》,规定各类企业和有雇工的个体工商户均应参加工伤保险,由单位或雇主缴费,劳动者个人不缴费。国家还于1988年开始在部分地区推行生育保险制度改革覆盖了城镇企业及其职工,生育保险费由参保单位按照不超过职工工资总额1%的比例缴纳,职工个人不缴费。但是如果民营企业参加全部社会保险,需要缴纳职工工资总额30%以上的社会保险费,民营企业面临巨大压力。同时,个人缴费率在11%以上,影响了职工个人的参保积极性(参见图9-4)。

表9-8　　　　　民营企业和个人社会保险缴费水平[①]

险种	单位缴费	个人缴费
养老保险	20%	8%
医疗保险	6%—12%	2%
失业保险	2%	1%
工伤保险	1%	
生育保险	0.8%	
合计	30%—36%	11%

注:如果企业参加企业年金和补充医疗保险等补充保险,那么企业和个人的缴费率会更高。

---

① 根据《中国劳动保障年鉴2006》、劳动保障部2007年统计信息及劳动保障部有关政策规定列举。

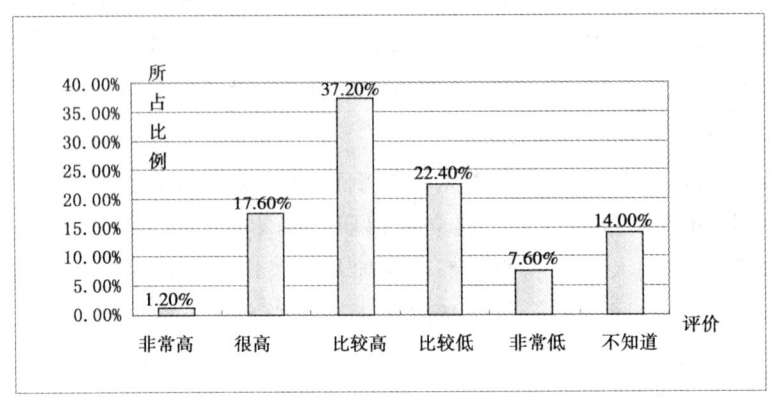

图9-4 上海城镇居民对城镇养老保险个人缴费水平的评价①

（6）民营企业职工劳动保护权益未得到有效维护。伴随着民营经济不断发展，劳动保护问题在民营企业中也日益增加。目前，中国的职业危害的人数，职业病的发病人数和因职业病而死亡的人数都居世界的前列。民营企业生产环境中的职业危害和有害作业工人的职业健康情况尤其令人担忧。

根据卫生部2005年对部分省市（不包括福建、广东、海南、河南、湖南、西藏、新疆）的统计调查可以看出，民营企业在有害环境中作业人数比例（33.98%）较公有制企业（31.04%）高，接触有害作业工人的受检率较公有制企业要低近10%，而检出率则要高出近一倍（71%）（参见表9-9）。2004年全国乡镇企业农村个体工商户职业病危害的诊治资料显示，未申报的职业病企业占28.4%，未配备个人防护用具的企业占17.6%，未开展职业卫生培训的企业占20.9%，职业危害作业场所没有明显的警示标志的占30.2%，违反规定没有向职工进行职业危害告知的企业占24.5%，这些状况表明中国的职业危害问题已经成为一个突出的问题②。据统计，现阶段企业损害劳动者利益的问题大部分存在于民营企业，其中，三分之二以上的伤亡事故、四分之三以上重特大事故和严重

---

① 上海城乡社会保障实施情况的调查报告。
② 卫生部部长高强：《保护职工的健康和安全是企业重要的社会责任》。

职业危害都发生在民营企业①。

表9-9 2005年有害作业工人职业性健康检查情况②

	合计	粉尘	化学	物理	特殊管理	其他职业危害
公有制						
企业职工总数	8770505					
接触人数	2722592	1379016	584768	701411	14880	42517
接触比	31.04					
应检数	2163614	1071076	485498	565708	11044	30288
应检率（%）	79.47	77.67	83.02	80.65	74.22	71.24
受检数	1058829	474139	301421	265397	4254	13618
受检率（%）	48.94	44.27	62.08	46.91	38.52	44.96
检出数	3782	2195	787	650	32	118
检出率（%）	0.36	0.46	0.26	0.24	0.75	0.87
非公有制企业						
职工总数	6956516					
接触人数	2364019	1000058	775375	515980	12584	60022
接触比	33.98					
应检数	2052803	845169	709589	432768	12539	52738
应检率（%）	86.84	84.51	91.52	83.87	99.64	87.86
受检数	803054	286904	348996	144630	3150	19374
受检率（%）	39.12	33.95	49.18	33.42	25.12	36.74
检出数	5728	1300	3639	648		141
检出率（%）	0.71	0.45	1.04	0.45	0.00	0.73

民营企业之所以成为会成为各类事故发生的重灾区主要有以下两个方面的原因：从经济方面分析，生产经营单位片面追求利润，忽视劳动防护设施的投入是造成民营企业事故多发的重要原因。为了追求利润最大化，少数企业主不惜以牺牲从业人员安全生产权利甚至生命为代价，在劳动者的权益和企业的利润之间，放弃的是前者。从劳动关系方面分析，非公制

---

① "保护劳动者健康权益全国人大通过职业病防治法"，新华网，2001年11月2日。
② 卫生部：《中国卫生统计年鉴2006》，中国协和医科大学出版社2006年版。

企业中不平等的劳动关系是劳动者权益受到侵害的重要原因。劳动力市场长期供大于求，企业在选择劳动力时具有广泛空间和可以不顾及劳动者利益的优势地位。企业对劳动者决定权很大，劳动者总是处在被选择的地位。在劳动合同方面，企业主以不签订或签订不合理的劳动合同为保护伞，逃避法律责任。

（7）法律法规不健全，政府监管力度不够。劳动关系方面法制不健全。虽然现行的劳动关系方面法律法规和相关政策对劳动者的合法权益作了许多规定，却未能有针对性地对弱势群体给予特殊保护，为他们提供便捷有效的保护措施和手段。而且，现行涉及工资分配的具体规定只是部颁规章，立法层次较低；这些规章由于无上位法的依据，对工资支付、劳动合同签订、争议处理及违法责任的追究等问题作出具体规定受到限制，如开展工资集体协商工作依据的法规、规章层次不高，且缺乏强制性的规定。对企业一方不接受协商要求，拒不开展集体协商或不严格履行协议内容，现行法律规定没有明确的罚则，造成企业工资集体协商制度建与不建一个样，谈与不谈一个样。此外，政府对工资协议缺乏强制审查的手段。

劳动监察制度是最重要的劳动执法手段，但由于劳动执法人员的严重不足和素质低下，加上执法手段单一，且处罚力度不够，违法成本低，导致不能有效地威慑和遏制用人单位的违法行为，使这项制度难以发挥应有作用。在工资支付方面，对拖欠、克扣工资等行为，只是设定了50%到一倍的赔偿金；对企业主拖欠、克扣工资后逃匿等行为没有强制手段。

至2003年年末，全国共有劳动保障监察机构3223个，配备劳动保障监察员4.3万人，其中专职监察员1.9万人，兼职监察员2.4万人。但面对全国数以万计的各类企业和2.4亿名城镇劳动者，人少案多、执法不力等问题不会很快得到缓解。①

---

① 劳动和社会保障部编：《中国劳动和社会保障年鉴2010》，中国劳动社会保障出版社2010年版。

3. 要从政策上重视民营企业的产业和规模的重大差别，科学运用劳动政策

建立和谐的劳动关系是构建和谐社会的重要基础。民营企业承担社会责任既是构建和谐社会的本质要求，也是民营经济进一步发展的客观需要。构建和谐社会，它要求企业在发展过程中必须处理好企业的社会伦理问题，即企业在进行生产经营中，必须处理好与相关利益者的关系。正确处理经济利益与社会利益、社会的公平、公正的关系，特别要处理好民营企业与员工的利益关系。员工利益是民营企业责任中最直接和最主要的内容。民营企业能否正确处理好与员工的关系，直接关系到民营企业员工积极性的发挥和创新活力的激发，关系到民营企业产品质量和经济效益的提高以及民营企业社会形象的塑造和民营企业长远的社会发展目标与发展前景。这是构建和谐社会的基石。因此，民营企业必须坚持"以人为本、依法经营、诚信友爱、科学发展、服务社会"的经营理念。在此基础上，积极承担民营企业的社会责任，努力构建和谐企业。要从人民群众的根本利益出发来谋发展、促发展，把促进人的发展作为民营企业发展的根本目标。

（1）要切实立足产业和企业规模的重大差别，科学地看待民营企业劳动关系问题。民营经济和民营企业发展时间短，除少数上规模民营企业外，大多数中小民营企业属于劳动密集型企业，而且民营企业平均寿命只有 2.9 年；[①] 经营管理者综合素质普遍不高，大部分民营企业的管理人员学历偏低，民营企业经营者中文盲占 0.3%、小学占 6.4%、初中占 31.4%、高中为 41.7%、大专与本科占 19.5%、研究生为 0.7%，绝大多数的民营企业经营者从未接受过任何系统的管理培训，70% 左右的民营企业经营者不懂财务报表，90% 以上的民营企业经营者不懂英语和计算机，中高层管理者缺乏现代企业管理的基本知识，不懂得按现代企业制度运行企业，专业结构单一，复合型人才少[②]；民营企业职工素质普遍偏低，企

[①] 依据全国工商业联合会 2007 年中国民营企业发展报告数据。

[②] 依据全国工商业联合会 2007 年中国民营企业发展报告、2002 年全国工商业联合会 21 个城市抽样调查等数据测算。

业管理制度普遍不健全,民营经济和民营企业总体上仍然处于"初级发展阶段",因此,要结合经济社会体制和民营经营管理制度都不完善的背景看待民营企业劳动关系问题,要结合民营企业快速发展来看待民营企业劳动关系问题,要辩证地认识到这一问题出现的必然性。

目前,中国民营企业劳动关系总体是和谐的,其中大型民营企业做得较好,问题和矛盾主要集中于中小民营企业。这一方面是由于中小民营企业自身的原因,另一方面,也是中国经济社会体制改革带来的一种结果,因此,要用发展的眼光来看待解决发展中所存在的问题。目前,部分中小民营企业"有劳动没关系",即不签订劳动合同的现象较为突出。"有劳动没关系"的现象,用人单位有责任,劳动者也有责任。由于目前劳动力具有较大的流动性,加上中国目前社会保障体制自身存在的一些缺陷,使得相当一部分的劳动者不愿签合同,怕交了保险享受不到。而有的经营者认为,交了保险调动不了积极性,不如多给点钱管用。

(2) 要科学地解决民营企业劳动关系问题。要充分考虑民营经济尚处于"初级发展阶段"和民营企业现实承受能力,以发展的办法执行并完善有关法律法规。当前,企业尤其是民营负担仍然过重,特别是对于劳动力成本过高的民营企业,如果按照现行要求缴足社会保险费企业就难以生存。如果劳动密集型民营企业出现了难以执行《中华人民共和国劳动法》、《中华人民共和国劳动合同法》、《中华人民共和国所得税法》、《中华人民共和国社会保险征缴条例》的现象怎么办?政府部门应考虑到民营企业现状,使他们既能生存又要守法。违法与倒闭都不行。尤其是对劳动密集型企业、季节性行业,要降低就业门槛,执法要符合实际。就业问题仍然是中国目前需要解决的一个大问题,中国的劳动力过剩,而劳动密集型企业对解决就业的贡献很大。对确实没有能力负担的企业,政府应采取一些措施,如减少税费等,帮助企业渡过初创期的难关。对生存困难的民营企业,政府要采取制度性措施予以帮助。

要科学地进行政府指导。当前民营企业的劳动关系总体上是和谐的,尤其是大型民营企业做得较好,但是,部分中小民营企业存在一些问题,比如普通员工工资增长缓慢或不增长,企业不与员工签订劳动合同、不为员工上保险,劳动保护方面做得不到位等。因此,要对大型民营企业和中小民营企业实施分类指导。要区分大型民营企业和中小民营企业在劳动工资、社会保险、劳动争议、工会建设、劳动保护等方面的不同情况，建立民营企业劳动关系专项指导制度，增强指导或辅导的针对性。例如，劳动合同法多数条文都是以具有一定规模的企业为对象，一般是把中等规模以上的企业作为考虑对象，而民营企业情况千差万别。到 2006 年年底，在工商局登记注册的私营企业 498 万家，内资企业 300 多万家，外资企业将近 30 万家，498 万家私营企业到 2007 年 9 月已经发展到 538 万家。这近 540 万家私营企业中，投资者人数在 1300 万人左右，即每个企业平均有 2.6 个投资者，大约有 5600 多万雇工，平均每户雇工不到 11 个人，如果排除大中型企业，其余私营企业一般只雇几个人。另外，我国私营企业在 20 世纪 90 年代产生时约有 9.8 万家，1995 年达到 65 万家，2000 年达到 178 万家，从 2000 年到现在不到 7 年的时间达到 540 万家，即我国私营企业三分之二以上是近几年建立起来的。① 总体上看，这些企业成立时间很短、规模很小，平均企业销售收入才几十万元。在此情况下，劳动合同法要想对所有的企业按照统一的一种规范实施将产生一系列负效应。如果从 2008 年 1 月 1 日开始执行劳动合同法，对大中型私营企业要求严格是可以的，而绝大多数的小企业将处于非法境地，劳动合同法将难以推行，这将置法于可执行和不可执行之间。

目前，有的机构和个人趁这个机会要培训私营企业家怎样规避劳动合同法，社会上的好事者专门盯一些私营企业，积极准备和职工合谋欺诈私营企业。在这种情况下如果要执行劳动合同法，特别是有些条款要强制执行的话，可能会导致社会上矛盾冲突。现在全国国有单位就业者有 9000 多万人，三分之二以上是正式职工，大概四分之一是劳务工。机关单位也普遍不规范。因此，劳动合同法很多条款规定比较超前，适用对象是大中型私营企业，在小私营企业中推行非常困难。

再如，江苏省宜兴市针对辖区民营企业面广量大、规模大小不一的情况和特点，推行多种工资集体协商协商模式：一是单独性协商，即对 25

---

① 部分数据依据《中国统计年鉴（2006）》及《中国劳动保障年鉴（2006）》有关数据测算。

人以上企业实施单独协商,由企业工会或者职工代表与企业主就工资调整等相关问题进行协商,并经职工代表大会表决进行通过;二是行业性协商,行业协会和行业职工代表进行工资协商,然后签订行业工资协商协议草案,经过行业集群职工代表大会表决通过,并由所属企业签订工资商协议执行书;三是区域性协商,即小企业以自然村、社区和乡镇为区域,组织企业主和职工代表进行集体协商,所属企业签订工资协商协议执行书。这种分类推进的做法,取得了良好的社会效果。

要以科学的方式健全民营企业劳动关系治理机制。要进一步完善政府、工会和企业之间的三方协商机制。工商业联合会是党和政府联系非公有制经济人士的桥梁纽带,是政府管理非公有制经济的助手,三方机制应将工商业联合会纳入其中,使其在建立协调机制、形成和谐劳动关系中发挥应有的作用。在三方机制中,应给与工商业联合会组织法定地位和法定代表权,由工商业联合会代表民营经济和民营企业在三方机制中参与政策审议和政策决策议事。在事关民营经济和民营企业发展的重大问题上,工商业联合会组织应具有决策表决权;在与民营经济和民营企业发展有关的问题上,工商业联合会组织应具有建议权。

4. 经济杠杆与劳动政策、劳动法律等社会管理、政治法律杠杆共同调节,积极推进劳动制度改革,探索建立民营企业新型劳动关系协调机制

和谐企业是和谐社会的细胞,而劳动关系又是构建和谐企业的主要因素。民营企业新型劳动关系建设总体目标就是劳动者和用人单位之间建立规范有序、公正合理、互利共赢、和谐稳定的关系,使劳动关系双方之间实现协商共谋、机制共建、效益共创、利益共享。协商共谋,就是要组织和代表职工,围绕企业改革发展目标和职工切身利益问题,同企业行政积极协商、达成共识;机制共建,就是要通过建立和完善劳动合同制度、平等协商和集体合同制度、以职工代表大会为基本形式的民主管理制度、劳动争议调处制度等,实现劳动关系的和谐稳定;效益共创,就是要形成经营者关爱职工、职工热爱企业的局面,引导职工为促进企业又好又快发展献计出力、多作贡献;利益共享,就是要在企业发展的基础上,切实保障职工的劳动经济权益、民主政治权利和精神文化权利，实现企业和职工的互利共赢。① 民营企业一方面要对环境负责、对客户负责、对产品负责、对合作伙伴负责；另一方面要对自己的员工负责，要处理好内部的劳动关系。民营企业要想处理好本企业的劳动关系，既要善于总结以往经验，勇于进行制度创新，也要学习、借鉴发达国家市场经济体制下的企业劳动关系模式，努力探索建立符合社会主义和谐社会建设要求的和谐稳定的民营企业新型劳动关系协调机制，即充分发挥协调劳动关系三方协调机制的作用，建立政府、工会、工商业联合会和民营企业参与的劳动关系问题联席会议制度、协商制度、监察制度、预警制度等一整套规范的工作制度，完善劳动争议处理机制，形成政府、民营企业和社会共同化解劳动纠纷的劳动争议调解体系。要积极创造条件，政府要发挥引导和支持作用，充分调动民营企业、工会组织、工商业联合会等非政府组织的主动性，进行民营企业劳动关系内部、外部协调机制的改革，努力开拓具有中国特色的创建民营企业和谐劳动关系之路。

（1）运用薪酬（工资）等经济杠杆调整改善民营企业劳动关系。这主要包括：

①加快建立工资增长机制，加强对民营企业工资收入水平的宏观指导和监控。民营企业家要树立正确的价值观、财富观和社会责任感，要保证工资增长与企业效益增长相适应。各级政府和有关部门要采取积极措施，努力寻求企业与员工利益结合点，探索建立正常的工资增长机制，保证工资增长不低于物价增长，使普通员工、低收入人群享受到改革开放、经济社会进步、企业发展带来的成果。要关注普通员工的收入增长问题，特别是农民工的收入问题。

②加强对民营企业工资收入水平的宏观指导、监控和管理。首先，国家要尽快建立工资分配信息发布制度，应根据相关宏观经济信息，发布全国企业年度工资增长指导意见，为建立民营企业工资协调机制、促进民营企业工资水平合理增长提供参考依据。要组织统计、研究等机构定期开展民营企业工资水平、人工成本、物价指数等方面情况的调查分析，及时发

---

① 参考全国总工会2007年职工队伍状况调查有关资料。

布有关信息。其次,在继续做好地区工资指导线制定发布工作的基础上,研究发布行业工资指导线的可行性,加强对行业工资水平增长的指导。同时国家要规定各地区在每年4月前发布工资指导线,以提高其时效性。再次,提高劳动力市场工资指导价位和人工成本信息制定办法的科学性,改变数据采集的来源,从主要依靠企业提供转向通过市场采集,确保其真实可靠,增强指导意义。最后,要按照最低工资规定的要求,根据各地区经济发展水平、职工平均工资水平、就业状况等因素,适时合理提高最低工资标准。同时,加快制定小时最低工资标准,力争在全国各地区普遍发布实施,以适应民营企业用工短期和多样化的就业形式。

③积极推进民营企业工资集体协商制,建立民营企业工资分配共决机制。通过民营企业工资集体协商,不断提高职工的收入水平,有利于扩大消费,拉动经济发展。因此,民营企业工资集体协商制对于民营经济健康发展具有重要现实意义。推进民营企业工资集体协商工作,民营企业是主体,职工是根本,工会是代表,政府是主导。政府是构建民营企业和谐劳动关系的主要推动力,有关部门应充分重视、积极引导和培育民营企业企业工资集体协商机制,通过制定、完善相关政策法规,培育协商主体。政府应履行三方协调机制中的执行主体责任,以保证协商过程的公正、合理,及时解决协商和履行合同过程中产生的争议。劳动保障部门要及时为民营企业提供工资指导线、劳动力市场价位、最低工资标准等信息,通过制定和发布工资指导线,为民营企业自主分配和集体谈判决定工资水平提供客观的依据和标准。政府还要避免在出台相关政策特别是工资政策上的不一致,要统筹兼顾,保持各项政策之间的相互协调,在维护民营企业职工利益的同时维护民营企业及企业主的合法利益,不能为了解决单个问题随意开口子,给民营企业带来不必要的麻烦和负担。在新税法实施后,政府要制定一定的财税奖励措施,调动民营企业开展工资集体协商的积极性和主动性。

(2)运用劳动政策、劳动法律等社会管理、政治法律杠杆参与调节,积极推进劳动制度改革。这主要包括:

①正确引导职工参与,全面推进工会组织能力建设。完善民营企业工会主席及其他干部产生机制。完善民营企业工会主席及其他干部产生机制,把思想政治素质高、热爱工会工作、愿意为职工服务的人选到民营企

业工会工作岗位上，这是民营企业工会建设的重点。一是扩大公开聘任制，鼓励民营企业走社会化公开招聘的路子。二是有序推进民主直选制。民营企业直选对强化工会干部的群众观念，增强职工的会员意识，拓宽民营企业工会干部的选拔渠道，都有积极意义。所以，要认真总结经验，有序推进民营企业工会干部的民主直选，让职工拥戴的人走上民营企业工会主席岗位。三是完善工会干部推荐委派制。乡镇（街道）以上地方工会要建立工会人才储备库，掌握充分的适合担任民营企业工会干部的人力资源，并针对民营企业实际情况及时推荐或委派相关人员到民营企业担任工会干部。四是完善任前考察制。按照分级管理、属地管理原则，在确定民营企业工会干部人选前，上级工会应主动与民营企业党组织或行政联系沟通，认真进行考察。

统筹兼顾，全面提升工会组织能力。对劳动者与工会组织而言，最大的问题是如何增强自身的力量。力量的衡量有许多指标，而不仅仅取决于组建率或入会率。比如：组织设置的科学性、组织的严密程度、会员之间的团结程度、工会干部的组织能力、业务素质和理论水平，以及职工群众的民主意识、参政议政能力、维护自己利益的决心与意志的坚定性等等。这些问题对民营企业的工会组织来讲都是至关重要的。要系统分析，有序推进，全面增强工会组织能力。

工会工作者要树立权益意识，在理论修养以及工作方法上与时俱进，与市场经济的发展要求相适应。工会干部要学会面对与市场经济相关联的"集体谈判"现象，不仅要接受这个的概念，还要学习谈判技巧、斗争技巧，做好与资方、企业进行面对面谈判的准备，为民营企业的职工利益请命，为工会事业的发展而不懈工作。

工会组织要借鉴国外工会组织维护职工权益的理论与实践方法。学习集体谈判、职工民主参与、工资决定、人力资本等方面的理论，会使工会干部的工会工作视野更开阔，工作经验更丰富。

②培育劳动关系主体协商谈判能力，加快完善协调劳动关系三方机制。建设三方机制，是推动民营企业建立和谐劳动关系的重要途径。通过建立有工商业联合会参加的三方机制，可以引导企业方与职工通过协商谈判，确定工资标准、支付形式和工时定额等，保证职工工资随着企业效益

和当地物价水平的提高而增长。工商业联合会可以充分利用自身优势，通过三方机制，推动开展行业性、区域性集体协商，将大多数没有组建工会或者还不具备开展工资集体协商条件的民营企业纳入行业性、区域性集体协商范围。工商业联合会要进一步引导民营企业健全职工代表大会制度，充分发挥职工代表大会作用，积极参与经营，从根本上保护民营企业劳动者合法权益。要确立工商业联合会组织在三方机制中的主体地位，充分发挥工商业联合会在工资集体协商中的作用。对于尚未与工商业联合会建立联系的民营企业，应推动其尽快依法参加当地工商业联合会或行业商会组织，从而更全面发挥工商业联合会的功能。

要以政府召集工会和雇主组织，从源头促进政劳资三方协商机制的建立完善，以出台劳动法律法规、行政规章和三方会签文件和政策等形式，调整和解决劳动关系和劳动者政策中的重大问题，如缩小贫富两极分化、工业化过程中的农民工权益保障等问题。此外，全国人民代表大会也应建立相应的劳动关系专门委员会，对解决重大的劳动关系问题进行立法规划和提出政策动议。

要培育劳动关系两大主体——工会和雇主的协商谈判能力，逐步形成劳动关系自主谈判，决定劳动关系事项的格局。其中，培养工商业联合会组织的自主协商谈判能力和作用至为重要。为此，需要在制度建设上有所突破，要推进工商业联合会的组织体制改革，以形成对其协商谈判机制的有力支持。针对目前部分民营企业与工商业联合会为建立联系，而且，由于自身建设水平的制约和雇主的控制，工商业联合会组织优势很难发挥作用的现实，要求充分发挥行业商会的作用，利用行业商会具有更大的独立性、更便于凝聚劳动者集体力量和更适合于针对中国入世和结构调整对不同产业的不同影响制定突出维权的策略等优势，帮助商会履行职能，建议在一些民营企业较为集中的市县先行试点。①

③加强商会等非政府组织建设，充分发挥其在维护民营企业合法权益方面的重要作用。要加快商会建设，改进商会管理，扩大商会作用与影

---

① 根据调查，一些沿海经济开发区管委会通过正式文件，将合法罢工权赋予工会组织，以利于工会参与协调劳资关系。

响。各级工商业联合会要把深入研究商会问题、发展商会组织作为一项基本任务抓紧抓好，要组织力量认真研究社会主义市场经济条件下商会协会发展的特点和演变趋势。要发展各类行业商会组织。凡是市场和民营企业有需要、符合国家政策法律要求、有利于推动行业繁荣发展的，都要去引导企业建立行业商会。

要健全商会在民营企业劳动关系方面的服务功能，拓展商会相应服务空间，提高商会在这一领域的服务水平。扩大商会在民营企业劳动关系方面的服务功能，要按照突出特色、注重实效的要求，不断总结经验。加强法律服务，要加强仲裁工作制度建设，积极参与仲裁活动，努力化解企业民商事纠纷。组织社会力量，深入研究民营企业风险防范和危机处理问题。拓展民营企业劳动关系方面的服务领域，扩大与典型民营企业的合作，重点是开展民营企业劳动关系方面的交流活动，发挥工商联建立民营企业和谐劳动关系方面的积极作用。

④加强劳动争议预防，完善劳动争议处理制度。在民企全面推行劳动合同制度，促进劳动关系和谐稳定。《中华人民共和国劳动合同法》已经通过，应开展法制宣传活动，使这部法律为民企劳动者广为知晓，并学会应用法律维护自身权利。开展劳动合同制度实施情况的检查，摸清底数，采取有效措施，用三年时间实现各类企业与劳动者依法规范签订劳动合同。

完善劳动争议处理制度，将集体争议事件纳入法律救济途径。完善劳动争议处理制度应从以下几方面进行：增强劳动争议调解制度的刚性，赋予调解协议以合同约束力，扩大第一道防线的辐射和影响，减少和及时化解纠纷，特别是集体劳动纠纷；提高劳动争议信访工作的效率；扩大劳动争议的受理范围，将所有涉及劳动关系的争议均纳入受理范围中；建立专门的集体争议处理机制。集体争议处理机制在处理原则、处理机构、处理期限、处理方式等方面应重新、慎重设计，应由政府建立专门的集体争议调解、调停部门专门处理集体争议，主要运用调解的方式进行；贯彻《法律援助条例》，推进来自民间的劳动法律援助活动，培养劳动者律师，为工人提供收费低廉的法律服务，让他们都能通过劳动争议仲裁和诉讼维护自身的合法权益。

在国企改制民企的过程中，要把职工安置问题放在重要位置，协调处理好涉及职工权益的有关问题。要按照国务院转发的《关于规范国有企业改制工作的意见》和《企业国有资产转让管理暂行办法》等文件精神，在国有资产交易和落实职工合法权益方面实施规范操作。在制定企业改革改制方案时，国有净资产的使用要考虑优先用于安置职工，打足支付职工经济补偿金、清偿劳动债务和为职工接续社会保险关系等方面的费用。尽量减少裁员，特别是对系统性成规模裁员要加以遏制。要充分尊重广大职工的民主权利，规范履行职代会程序。实行管理层收购方式的企业，收购人的确定要引入职工民主推荐。

完善劳工政策，加强劳动争议的预防。要遏制当前民营企业劳动争议上升的势头，促进劳资合作，特别是在经济转型期强资本、弱劳动者的大格局之下，劳动者自身的组织性较差，工会的独立性不强，无法通过劳资自治来达成和谐劳动关系，因而，发挥政府主导的劳工政策的平衡作用最为重要，而当前调整劳工政策的价值取向更是重中之重。

⑤改革创新民营企业弹性参保政策，完善民营企业社会保险立法和监督制度，妥善解决民营企业社会保险关系转移难的问题。从目前情况看，如果不对现行财政体制和社会保险制度作较大改革，则短期内全国统筹难以实现。比较现实的办法是：要积极创造条件，提高社会保险基金统筹层次，先由县级提高到地市级，再提高到省级。值得注意的是，提高统筹层次，也会引出许多利益调整等一系列复杂问题，因此，既要积极创造条件，又要慎重对待，尤其是要寻找提高社会保险基金统筹层次与明确地方政府责任的结合点。

坚持制度创新，实施民营企业灵活的参保政策。民营企业参保机制，无论是缴费基数和缴费比率都要有灵活性和可操作性。降低民营企业参加社会保险的门槛，让更多的民营企业参加社会保险。目前，中国的民营企业目前还处于成长期，民营企业一般规模小，管理水平低，市场竞争力比较差，还需要从政策上扶持发展壮大。目前中国经济发展水平较低，30%的社会保险费率对于广大民营企业来说的确偏高，应该适当调整使之与中国民营经济发展水平相协调，提高民营企业利润水平和竞争力。社会保险制度是否健全、覆盖面是否广泛，不仅关系到百姓生活，也是衡量一个国家和地区社会保障体系是否完善的主要标准。社会保险覆盖面应扩大到各类用人单位及其职工、个体从业人员、灵活就业人员等全体劳动者,但实际上,还有一部分符合参保条件的人员没有参加社会保险,其中很大一部分是民营企业职工。在社会保险政策实施上,要适合民营企业发展的特点,使缴费、待遇水平和民营企业发展水平相适应。要针对民营企业发展的困难和问题,在缴费上可实行"低进低保"的政策,即允许民营企业低比例缴费,同时低标准享受养老保险待遇,在缴费方式上,允许民营企业实行灵活的缴费方式,民营企业可按季或按年一次性缴纳养老保险费。在缴费基数上允许民营企业在当地社会平均工资的60%—300%之内自行选择。对人员较多、一次参保有困难的企业可允许其先为签订劳动合同期限较长的员工办理社会保险关系,对流动大、劳动合同期限较短的职工,通过分步实施,最终实现全覆盖。

⑥加强对民营企业劳动保护的监督,重视监察队伍建设。坚持定期检查和不定期监查制度,劳动保护问题应作为当前及今后劳动保障监察的重点。重点对民营企业存在的工时过长、劳动环境恶劣、安全设施缺乏、劳动者防护装备缺乏等问题加强监察。在制定监察工作计划时,要把乡镇企业、小型企业、劳动密集型企业和职业危害严重的企业作为检察重点,对用人单位与劳动者签订的劳动合同、提供劳动保护用品等情况加强日常巡视检查和专项检查,并进行必要的技术检测和鉴定,严肃查处不按规定提供劳动保护等违法行为,严厉处置给从业人员配备假冒伪劣产品的行为,严格禁止"避责合同"和"生死合同"。

建立信息反馈制度和社会监督机制。企业相关负责人定期向管理部门反馈职业病、伤亡事故情况和劳动保护制度的执行情况;管理部门定期向人民代表大会和社会公布其统计的职业病、伤亡事故情况和劳动保护制度的执行情况。只有监督有效,法律法规才不会流于形式。

加强监察队伍建设,要充实劳动保障监察队伍。要增加监察机构和人员编制,或利用第三方技术检测机构,同时抓好专项培训,全面提高劳动监察队伍的整体素质。

⑦加强法律法规建设,完善劳动保障监察制度。抓紧制定"最低工资法",依法建立最低工资保障制度,着力提高广大低收入劳动者的工资

水平。同时，要积极也予以指导。首先，要指导企业按照按劳分配的原则深化工资分配制度改革；其次，要抓紧研究制定《工资集体协商条例》，积极引导企业建立健全工资集体协商制度，形成企业工资的微观决定机制和利益制衡机制；再次，政府要转变执政理念和管理方式，通过经济、法律等各种手段加强对工资集体协商工作的宏观指导。为维护劳动者的劳动报酬权益，规范用人单位的工资分配行为，在当前拖欠工资问题比较突出、企业工资支付行为疏于规范的情况下，以国务院名义出台"企业工资条例"，明确国家在工资分配宏观调控方面的职责，明确最低工资制定流程和协调机制，保障企业低收入者的基本生活需要，积极推行工资集体协商，明确企业的工资决定机制，建立解决拖欠工资问题的长效机制，切实维护劳动者的合法权益。可以考虑在刑法中增加恶意拖欠工资罪规定，对严重拖欠职工工资的行为给予必要的刑事处罚。此外，《中华人民共和国社会保险法》、《中华人民共和国集体合同法》等法律法规也应抓紧制定，通过进一步健全法律法规体系，更好地保护劳动者合法权益。

完善劳动保障监察制度，规范监察执法行为，增强执法力度。要依据2004年国务院颁布的《劳动保障监察条例》，健全劳动保障监察执法机制，扩大人员编制，提高人员素质。采取日常巡视检查、专项检查、群众举报专查、会同有关部门共同检查以及年度检查等多种工作方式，依法行使国家赋予的监督检查权，加强对社会保险费征缴、劳动力市场秩序、劳动合同和集体合同等方面的监督检查，依法处理各种违反劳动和社会保险法律法规的行为，保障法律法规的有效实施。此外，通过改革劳动行政管理体制，改变劳动执法监督部门受制于地方利益而偏袒资方的局面，做到公正执法。

⑧引导民营企业家树立科学财富观，营造实现"劳资双赢"的社会舆论环境。以非公有制经济人士为主的新的社会阶层是建设社会主义和谐社会的重要力量。政府要引导民营企业家进一步增强社会责任感，以科学发展观为指导做好非公有制经济人士树立正确的财富观，与企业职工共同分享企业财富，实现劳资双赢。中华全国总工会、中国企业家联合会、全国工商业联合会等社会团体要主动联络中宣部、国家新闻出版总署等党和政府部门，推动企业进行文化建设，继续开展"关爱员工、实现双赢"

等活动，不断增强企业凝聚力，为构建和谐劳资关系创造条件。要不断创新方法，整合资源，树立几项层次高、影响大的品牌宣传教育活动，引导社会舆论，倡导"共创财富、公益社会"的理念，增强民营企业社会使命感，努力构建和谐劳动关系，促进民营经济又好又快发展。

9.3 本章小结

基于实现从传统的带有浓厚计划经济特点的经济政策体系向现代国民经济政策体系的历史性跨越，进一步界定了现代国民经济政策体系的概念，分析了现代国民经济政策体系的主要特点，说明了向现代国民经济政策体系转型的必要性和重要现实意义，强调了中国式的现代国民经济政策体系，要更加注重对居于国民经济主导地位的民营经济的调节，更加注重经济政策与社会管理、政治法律杠杆并重。以通过劳动政策调节民营企业劳动关系为例，说明现存经济政策体系社会化的条件下，经济政策与劳动政策、劳动法律等社会管理、政治法律杠杆共同调节所引发的新变化。

第 10 章
改革与政策

【本章导语】

如果说第三方管制作为公共选择的一种新理论在理论上成立,那么,本章要说明的是第三方管制在现实生活中的具体表现形式,或者说,当第三方管制来到我们身边时,它是什么样的。

第 10 章 改革与政策

本章内容以开放为背景，基于初级政治市场、政策供给市场和政策执行市场，结合经济政策公共选择过程的 6 个程序，从宏观、中观和微观三个层面分析第三方管制的运行机制，以此作为第三方管制在现实生活中具有政策上的可行性的诠释。

10.1 中国范式的总体框架

一般认为，开放是指资本、信息、技术、劳动等生产要素的跨国家（或者区域）的流动，以及相关制度约束（障碍）的排除。作者认为，从交易费用经济学分析，开放意味着随着相关制度约束（障碍）的排除，原来单纯为跨国家（或者区域）流动本身而产生的交易费用现在出现了趋向于零的递减。

从经济政策公共选择过程分析，开放的内涵是：（1）在一国的政策市场上，信息在主体之间传递而产生的边际交易费用递减，且可能直至递归为零；（2）不同国家（或者区域）之间，与经济政策信息在主体之间传递而产生的边际交易费用递减，且可能直至递归为零。

这说明随着信息（包括民意信息）传播的加快和便利，进行广义的主体之间民意效用比较的条件日趋成熟，通过个人的对于经济政策的评价（即效用比较），求得经济政策的社会总福利函数是完全可能的。这意味着在开放条件下，政府愈来愈难以漠视居民、企业对经济政策的民意继续进行政策垄断，因为政策垄断的一个重要前提是信息的封闭，即居民、企业难以对经济政策的效果（效用）进行评价。

10.1.1 优化目标

经济政策的价值观从根本上决定了经济政策公共选择范式的优化目标和优化原则的定位。

1. 经济政策的价值观

（1）经济政策的价值观。经济政策的价值观是指经济政策的价值取向。它规定了经济体制的组织设计的总要求、经济政策权力分配的总原则、经济政策制订的总目标、经济政策执行的总依据、经济政策评价的总标准等。

经济政策的价值观的构成要素有两大层面。其一是政策层面，包括经济政策理论；其二是社会心理层面，包括对经济政策的认知，它是人们以概念、判断、推理等心理形式对国家经济政策体系（或者制度、经济政策）的看法和观念。

经济政策的价值观之所以是经济政策公共选择的指导，这是因为经济政策的价值观制约着经济政策公共选择的形成，规定着经济政策公共选择的性质。经济体制的运行目标、原则和方式，同样必须以一定的经济政策的价值观为依据来确定。

经济政策的价值观贯穿于整个经济政策公共选择过程中。经济政策的制订就是将社会问题转换成经济政策问题，什么样的现实问题能经过议程成为经济政策，是由作为经济政策制订者的政府部门选择的。这种选择既取决于政府部门掌握的信息、经验、知识，也取决于经济政策价值标准。

（2）经济政策权力分配。经济政策权力可以被认为是主体将自己的意志（通过政策）施加于他人（经济政策客体）意志之上，影响他人，获得他人服从，从而改变他人的心理和行为的能力。政府可以采用各种手段来控制和运用自己的经济政策权力：劝导，包括欺骗性的劝导和真诚劝导；压制，对权力作用对象至少意味着某种利益的净损失；交易，交换的基础是双方均能受益，互惠、金钱收买等都是交换的方式；强制，施用权威的前提是权力作用对象对权威的认可并由此产生自觉服从的关系。

对经济政策过程公共选择起决定性影响的因素是经济政策公共选择权力的归属，权力和服从的关系构成了经济政策公共选择的基本框架和经济政策公共选择分类的基本标准。

2. 优化目标

（1）一般分析。确定 21 世纪的国家经济政策公共选择改革的目标，要考虑以下几个前提：一是中国经济政策体系的根本任务，二是中国经济政策的经济基础，三是中国的社会制度，四是中国的政治体制。

上述四个前提决定着经济政策公共选择改革要着力实现的三个目标：一是发展，二是人权（含经济政策权、参与权），三是福利收益。经济政策要把实现人权作为重要的责任和目标。人权问题的解决又是福利收益问题解决的前提。社会公众对不公平的承受能力是有限的，否则就会造成严重的社会冲突和秩序混乱，最终效率也保不住。对于一个代表最广大的人民群众利益的党和以最终实现共同富裕为目标的政府来说，其经济政策更需要以促进人权（经济政策权）为目标，这是不言而喻的。

（2）优化目标：基于 MPEOG 组织系统的分析①。

①主体要素。多元主体参与经济政策公共选择过程。

②政策市场要素。稳定运行：经济政策的供求总体上保持基本平衡；有序运行：各种行为受到法律和法规的规范；公开运行。

③政治环境要素。行政体制改革得到推进；政府决策体制改革有序进行；政治管理机制优化受到重视。

④行政决策机制开放程度要素。规范的行政审批制度的建立；优化的政府内部人力资源管理制度；行政决策的公开化、程序化。

⑤政府偏好要素。理性政府；周密的政府管理改革计划；反对政府寻租的体系化制度。

---

① 参阅本文第 4 章关于 MPEOG 要素系统的论述。

10.1.2 改革定位

为了实现上述三个目标,根据中国现实经济政策特点及对经济政策体系(或者制度、经济政策)功能正反两方面的分析,中国经济政策公共选择过程的优化必须从适应社会主义市场经济的要求、充分发挥市场的作用出发,从改革经济政策决策的权力配置和经济政策形成机制入手。

1. 程序化

经济政策程序化是指经济政策公共选择运行过程中,由传统的经验决策向科学决策转变。包括经济政策的提出程序化、制订程序化、审议程序化、执行程序化、评价程序化和主体民意表达制度的程序化管理等。

2. 分权化

分权化就是经济政策决策权的适度分散。适当分权可以使政府部门贴近主体的需要,使政府具有比较准确的成本和收益感觉,切实履行为主体服务的责任,从而更好地实现资源配置效率;适当分权可以减少"搭便车"的问题,减少寻租和腐败;适当分权可以培养主体参与经济政策的自主治理精神。经济政策的市场化的实质就是分权,即经济政策资源配置权力在政府、市场和社会之间进行分工。这里的分权是指在经济政策体系内部决策权上的纵向分工,主要是中央和地方的分权。

在经济政策中,处理好中央和地方的分权和集权的关系,其基本思路是:

(1)坚持经济政策的分权化管理方向,不能因为分权的负作用而走回头路;

(2)严格界定经济政策中的中央和地方的决策权限。宏观上的经济政策制订和调控权应集中于中央,经济政策法律法规决策权统一于中央,保证政策市场的统一规范,经济政策基金的所有权归属中央,委托地方负责一部分税费征缴事项。政策的执行和其他具体业务由地方分支机构负责。

3. 市场化

市场化管理是指要根据市场经济的要求，准确界定政府在经济政策中的作用范围，并在经济政策资源配置上，以提高配置效率为目标，划定经济政策作用范围。

4. 立法化

经济政策公共选择过程的立法化改革主要有三个内容：

（1）建立与经济政策公共选择过程的配套法律法规。经济政策权力结构要纳入法治化轨道，包括以法律的形式规定各级各类公共选择过程主体的经济政策权力，实行合理分权，建立起多方位、多层次的合理经济政策权力分配格局。以法律的形式将经济政策公共选择过程固定下来，成为稳定的"游戏规则"。建立健全经济政策中的职务责任制，明确规定官员的法律义务和责任，使之对其经济政策行为负责。规定参与经济政策制订过程的路径和政策制订的参与者的资格、权力和义务，保障居民参与经济政策公共选择过程的权益，并使经济政策咨询特别是专家咨询制度化，这可以借鉴香港的强制咨询的做法。

（2）依法行政。政府在经济政策公共选择运行过程中的依法行政包括两个方面：一是政府所制订的所有经济政策都不能违背宪法和法律。虽然法律具有一定的稳定性和刚性，而经济政策具有一定程度的灵活性，但任何时候任何地区的经济政策都只能在法律所允许的范围内灵活变通。二是经济政策的制订和执行必须遵循法定权力和程序而不能超越，违背法定权力和程序就是违背游戏规则，必然导致经济政策的失误或不公。

（3）经济政策的合法化。经济政策的合法化是指法定的主体为使经济政策方案获得合法地位，必须依照法定权限和法定程序进行经济政策审查、通过、批准、签署和颁布实施。经济政策的合法化并不限定于国家级的经济政策，而是包括各级各类的所有经济政策。

5. 民主化

现实的经济政策的民主化管理必然体现为一个经济政策公共选择过

程，即主体平等的经济政策权力结构。这在本质上是让每一个社会成员都可以直接或间接地平等参与经济政策的形成过程，包括经济政策基本制度的设计和安排、经济政策的制订、经济政策的执行等。这里的民主化管理就是建立经济政策的国际化体制，它是经济政策民主化管理的集中体现。

随着社会主义市场经济的建立，经济政策的制订和实施完全不同于计划经济时期，它更加复杂和困难，对国家经济政策及其运行的国际化提出更高的要求。经济政策公共选择方面的国际化主要包括两个方面：

（1）改变主体的权力结构，扩大居民、企业的选择权和参与度。举措之一就是重塑工会和职工代表大会制度，从组织上保证居民、企业有更多经济政策制订的参与权。举措之二是扩大各级人民代表大会和政治协商会议的经济政策决定权、评议权和监督权。

（2）在经济政策形成方面，要实现制度化和国际化，保证主体的经济政策权落到实处。除了政府、人民代表大会、政治协商会议要根据法定的程序参与经济政策制订外，政府在制订各项经济政策时，尤其是关系到居民切身利益的经济政策制订时，还应当选聘利益相关的民意代表参与或由民众自愿申请参与。

10.2 中长期改革

10.2.1 政策程序立法：第三方管制的宏观机制

建立和完善社会范围内的经济政策民意表达制度，应该从建立规则入手。只有在立法上建立了科学合理的程序，才能制约作为组织的政府、利益集团的政策垄断或寻租。从中长期分析，在经济政策中，为了建立针对经济政策的科学、规范、高效的民意表达机制，必须制订和推行经济政策领域的行政程序法（包含针对政策决策过程的规则）。

在经济领域的行政程序立法中，首要内容是理顺政府部门的内外关系和权责界限，以法律法规对其进行严格规范，在此基础上结束经济政策变动的权威约束，代之以法治约束，并辅之以硬性的数量化技术手段，将经济政策变动行为控制在法律制度、技术标准的框架之内。从总体上看，经济政策的管制体系是以行政程序法、政府组织法、编制法等为主的多种法规所构成的政府组织变动的规则约束体系。要从根本上解决经济政策领域的民意表达制度缺位的问题，就必须清晰界定经济政策的提出、制订、审议、执行、评价和监督程序所涉及的全部权责问题，这就要求必须制订经济政策领域的专门的行政程序法。这是其他任何手段都不能代替的。

1. 政策程序立法：将执法问题转换为立法问题

经济政策程序规范的依据，在于程序作为一种判断经济政策中权力、责任和义务归宿的工具，具有不偏向于当事人任何一方的中性特征，而这个中性特征主要来源于布坎南和塔洛克主张的立宪阶段的一致同意规则。作为一种"元规则"，它在制订的时候由于不与任何具体权、责、利关系相联系，又按一致同意原则通过，则所有的人都不能确定规则将来对己还是对别人是有利还是不利，即人们在制订规则时保持了一种"对未来的无知状态"，因此会尽可能将规则设计得公正合理一些。事实上，中国至今没有颁布行政程序法，理论界未深入论及经济政策的程序立法问题。

在现阶段的经济政策中，还没有关于政策程序或程序产生的专门的法律规定。从法理上讲，中国经济政策的公正性缺乏法律意义上的解释，其维护也没有国家层次的终极的法律依据。所以，经济政策的程序立法在国家立法中必须提上议事日程。

经济政策程序立法在很大程度上还可以将经济政策的执法问题转化为立法问题。经济政策程序规定得严格、清楚而合理，包括对干扰经济政策执法活动和不按程序执法的处罚都有确定的规定，则有法不依、执法不严、违法不究现象将大为减少，这一条对治理目前存在的拖延缴纳税费、拒缴税费的现象具有积极意义[①]。

经济政策的立法特别要加强的是程序部分。目前，政府部门极度缺乏政策程序规定的状况应该得到尽快和彻底的改变。经济政策方面的程序立

---

① 丁煌：《政策执行阻滞机制及其防治对策》，人民出版社2002年版有关分析。

法应该包括这样几个要件：

（1）各级政府部门关系程序。在机构变动问题上，做过分工的各级政府部门的管理职能应该以确定的程序给予进一步的规范，真正将各级政府部门的活动纳入法律范围之内，使各级政府部门在政府组织方面的监督管理职能主要通过间接方式得以履行。

（2）政府部门政策变动的申请程序和标准核准程序。这种程序的规定要达到防止随意性和长官意志的效果，因此要在立法过程中充分发扬民主，增大其社会认可程度。

（3）各级政府部门的行政费拨款程序。

（4）经济政策中的违法责任追究和处罚程序。这种规定要做到使任何违法变动政府部门政策的行为都能很快受到制裁。

（5）经济政策中的违法处罚申诉程序等。

经济政策领域的行政程序法应该对所属各级政府部门的权责进行细化的列举式规定，使凡超出法律列举的行为可以被迅速确定为非法。其中，对于经济政策的提出、制订、审议、执行、评价和监督程序，要作准确的描述，清晰界定所涉及的全部权责问题。考虑到经济政策程序的复杂性，列举式规定会使法律修改过于频繁。在这种情况下，可以考虑进行制度创新，只将长远来看最基本程序的权责关系列举出来，而后赋予各级政府部门在一定范围内的解释权和执行变通权，以增加立法对经济政策实践的适应性。同时，经济政策领域的行政程序立法要有较远期的预测性，尤其要考虑国际规范，以适应全球化的要求[①]。

2. 中国经济政策公共选择过程的政府管制基本法律和法规

目前，中国的经济政策立法工作总体上处于"初级阶段"。关于政策的基础性法律（如行政程序法等）尚处于缺位状态，关于经济政策运转程序的立法问题也未提上议事日程。经济政策立法处于"初级阶段"在社会保障等领域表现得十分明显（如表10-1所示）。

---

① 王名扬：《美国行政法》，中国法制出版社1994年版，第2—3页。

表 10–1　　　　　　　　中国社会保障的管制法规[①]

指向范围\类别		社会性管制	经济性管制	颁布时间
社会保障提出程序	1	关于成立劳动和社会保障专家咨询委员会的通知		2000年8月
	2	关于在全国劳动保障系统推行政务公开的意见		2002年4月
社会保障制订程序	3	中华人民共和国工会法		2001年10月
社会保障审议程序	4	宪法		
社会保障执行程序	5	劳动和社会保障部行政复议条例		1999年11月
	6	关于在全国劳动保障系统推行政务公开的意见		2002年4月
	7		社会保险行政争议处理办法	2001年5月
	8	社会福利机构管理暂行办法		2001年12月
社会保障评价（监督）程序	9		社会保险基金行政监督管理办法	2001年5月
	10		社会保险基金监督举报工作管理办法	2001年5月
	11		社会保险费征缴监督检查办法	1999年3月
	12	中华人民共和国工会法		2001年10月

　　鉴于中国经济政策程序的立法条件尚未成熟，作者依据"第三方管制"的原理，主张在现阶段以政府部门的法规替代有关的立法缺位（如

---

① 资料来源：笔者根据劳动和社会保障部等部门的有关法律法规资料汇总。

表10-2所示),以便为将来的正式立法作准备。

表10-2　　　　　经济政策的行政程序体系

指向范围\类别		管制性法规	时间预期
经济政策提出程序	1	行政程序法、政府组织法①	未来5年至10年
	2	关于建立经济政策听证制度的规定	已经在部分行业试行
	3	关于定期进行社会各阶层对经济政策意见的社会调研的规定	短期内
	4	关于经济政策的经济影响的中长期社会调研的规定	短期内
	5	关于定期进行经济政策民意测验的规定	短期内
	6	关于建立常设专家咨询委员会的规定	短期内
经济政策制订程序	7	关于经济政策制订程序公开化的规定	中期内
	8	关于经济政策制订工作的组织办法的规范化的规定	中期内
	9	关于国务院与各部委的经济政策制订权责划分的规定	中期内
经济政策审议程序	10	公共政策(含经济)法	未来3年
经济政策执行程序	11	国家发展和改革委员会行政复议条例	已颁布
	12	关于在国家发展和改革委员会系统推行政务公开的意见	短期内
	13	部门之间经济政策行政争议处理办法	已颁布
	14	国家发展和改革委员会系统行政机构管理暂行办法	中期内
经济政策评价(监督程序)	15	关于经济政策行政监督管理办法	中期内
	16	关于经济政策执行举报工作管理办法	中期内
	17	关于经济政策实施检查办法	中期内
	18	中华人民共和国银行法、税法、行政许可法	已颁布

① 行政程序法作用于经济政策形成的各个程序,在以下的制定、执行、评价等程序中不再重复列出。

10.2.2 以政务公开化制约利益集团寻租

推行政务公开化的主要目标是治理初级政治市场中的政策寻租，尤其是利益集团对经济政策的影响。推行政务公开化，应当以对经济政策中的地方政府、行业部门和中央部门的权责关系的法规化为突破口。

1. 规范经济政策中的地方政府、行业部门和中央部门的关系

从发达国家的现代化发展的进程来看，在处理中央集权与地方、行业分权问题上，经验与启示在于以下几个方面：

（1）从中央集权走向地方分权或权力分散化。从20世纪60年代以来，西方各国经济政策中都出现了一种权力分散化的趋向，导致这种权力分散化的主导力量来自中央集权体制的危机[①]。

（2）政府部门关系的法治化与规范化。在许多发达国家，中央与地方的关系，如中央与地方的法律地位，中央与地方的职责权限，中央与地方关系调整程序等，皆有明确的法律规定。具体体现在：明确各自职能范围和行政关系的法律调节。在中央与地方在经济政策中发生矛盾与冲突时，由司法部门进行裁决。任何改变中央与地方关系的行为都要通过立法的形式。

（3）重视地方政府作用，强化中央权威与监督。在西方国家的经济政策中，地方政府的独立存在受到法律的保障。另一方面，地方政府的经济政策行为又受到中央政府的有力监督，监督的方式主要是包括立法监督和财政控制。

2. 政府部门权责关系的改革目标

国家经济政策的统一性体现在中央级政府部门的作用和职能上，表现为中央级政府部门是唯一具有经济政策分配功能和制订经济政策的主体。地方政府、行业部门经济政策的多样性，体现在地方政府、行业部门

[①] 周志忍：《当代国外行政改革比较研究》，国家行政出版社1999年版有关分析。

的作用和职能上,表现为:地方政府、行业部门有权制订与国家经济政策法律不相冲突的地方或行业部门经济政策法律和行政法规。

经济政策的事权规范与权责明确。职责明确、事权规范,职责、权力、责任、义务的统一与结合是任何组织体系建立和良好运转的准则。一定的权力是承担一定的责任的基础和条件,是达成一定责任的手段;责任是权力主体应尽的义务,同时也是对权力的约束。如果一个政府部门掌握巨大的经济权力而不尽职责和不负责任,就势必出现权力的滥用和对公共利益的侵害。相反,如果只规定责任和义务,而不赋予相应的经济权力和利益,只能导致责任虚置。

由此,在调整中央部门与地方政府、行业部门的经济政策关系时应时刻注意:明确职责范围和作用领域;依据职责范围,明确权限,任何一方都不应拥有非职责要求的权力;规范利益关系,尊重双方的利益要求;在职权范围内,不得干涉;权责划分与承担义务的统一;依法规定中央与地方职权变更的法律程序,保持中央与地方关系的严肃性和相对稳定性;明确各级政府在经济政策中的法律责任。由此可见,尽快制订政府组织法,具体规定双方职权,使之法律化和制度化是极为必要的。

10.2.3 超常规培育非政府组织,推进主体多元化

通过政府管制引导和扶持非政府组织(NGO)的超常规发育,对于培育多元主体,进而促进有效民意表达制度的形成具有积极意义。

非政府组织(NGO)或非营利部门(NPO)[①] 有不同的称谓或相关术语,如"非政府组织","民间组织"、"免税组织"等,它是介于政府与社会、政府与企业之间的一种社会组织,这种组织既不是政府的,也不是企业的代言人,但它又不能完全离开政府的方针政策而独立行为,也不能同企业一样以盈利为目的而行为;它为社会(包括企业)提供各种政府行政机关难以做到的服务;它不是政府的派出机构,而是联系政府与企

---

① 非政府组织 NGO(Non-government Organization 的缩写)或非营利部门 NPO(Non-profit Organization 的缩写)。

业、政府与社会的桥梁和纽带。①

从国外经济政策公共选择过程看，非政府组织等多元主体的参与是一个重要的特征。只有非政府组织等多元主体的参与才能保证经济政策的提出、审议、执行和评价等程序的高效率，才能够保证多元主体之间民意信息交流的顺畅，才能保证对经济政策的比较的有效进行，才有利于打破中国现阶段的经济政策的政府垄断。但是，中国非政府组织的发展面临诸多制约因素，需要政府管制的引导。

1. 非政府组织的现状

自20世纪80年代中期起，各地行业协会迅速发展。但行业协会与政府关系密切，在自我管理、自我服务方面的作用有限。非政府组织的活动方式以信息、宣传为主，为社会提供交流、宣传、培训服务，同时也开展调查研究、资料收集、提供信息和政策建议、提案。这是因为中国非政府组织掌握的资源有限，有些甚至完全依靠志愿者，它不能像政府或企业一样以提供物质服务为主，而更多地以提供信息、宣传服务为主。

非政府组织的规模和财务支出都很小，支出结构也不合理。根据调查，目前非政府组织的支出规模并不大，这些非政府组织仍处于初步发展阶段，能力有限，在整个国家经济中的地位还不高。非政府组织还难以满足更多的社会需要，服务能力有限。由于历史和现实的原因，非政府组织的主要收入来源于政府的项目资金、财政拨款和补贴，这几项收入来源约占总收入的50%以上。其结果是非政府组织缺乏提高效率的激励机制。

2. 非政府组织发展制度障碍的治理需要政府管制引导

由于历史和现实的原因，非政府组织在发展过程中出现了许多问题。具体表现在如下几个方面：

（1）非政府组织的运营缺乏独立性，缺乏人事任免权。有许多非政府组织的主要管理人员来源于政府主管部门的派遣和任命，或是由组织负

---

① 非政府组织是介于政府与企业之间的第三部门。具体而言，政府部门属于第一部门，私人企业属于第二部门，而NGO则属于第三部门。

责人提名,并由组织业务主管部门批准任命。这样,中国的非政府组织实际上是主管单位的下属机构,从而导致非政府组织的管理人员缺乏管理控制权。这也是非政府组织效率低下的原因之一。业务部门通过控制人事任免权进而牢牢控制着非政府组织。未来非政府组织改革的一个重要突破口就是人事任免权问题。只有拥有了人事任免权,才能调动非政府组织领导人员的积极性,谋求非政府组织的有效发展。

(2) 管理混乱。

(3) 非政府组织专业化程度不高。

(4) 对非政府组织的监管机制不成熟。

(5) 非政府组织的社会影响力不大。

由此可见,现阶段的非政府组织还不能成为规范的主体,还不能发挥政府与居民、企业的民意信息传递路径的作用。这是一个政府管制应当涉及的领域。

3. 促进非政府组织成长的中长期对策

(1) 促进非政府组织独立运营,增强其独立性和自主性。国外非政府组织由董事会指导和管理组织运营,董事具有很大的独立性。非政府组织的本质决定了它应该面向社会和面向市场,以社会民意为导向开展活动。这对中国非政府组织的发展具有借鉴意义。

非政府组织首先应该转变观念,认识到非政府组织的生命力在于公众的信任和支持。组织只有加强自身建设,不断增强组织自身的活力和生命力,增强市场观念,从内部激发组织的潜力,真正做到自治、自立、自养,才能保证组织的长期发展。

长期以来,非政府组织形成了行政机关式作风,市场观念不强,过分依赖政府扶持,这既增加了政府的负担,也造成了非政府组织自身的逆效率、低质量和消极思想。如医院作为服务机构,本应以服务患者为己任,但长期以来,参与医疗经济政策体系的很多医院自身定位不准确,服务质量低劣、医药及看病费用过高。随着中国改革开放的深入,医疗改革不断加深,患者将拥有更多的选择权,从而迫使医院摆正自己的位置,提高服务质量。

要提高决策的科学性。非政府组织长期以来以政府为服务导向,由业务主管部门决定组织自身的运营计划,有很多非政府组织不具备人事任免权,这造成了非政府组织的积极性不高、决策水平落后的局面。考察国外非政府组织的决策过程,我们会发现,提高决策水平的一个有效途径就是进行组织内部改革,实行董事会领导下的总经理负责制,将决策责任落实到主体,使决策者权责对等。国外非政府组织的董事会成员不是以其出资多少为选择标准,而是根据其威望和能力来选择,其任务是监督组织运营,把握组织发展方向,而将组织各项工作交给总经理执行。非政府组织可以借鉴这一做法,争取独立的人事权,并实行领导者责任制,从而提高组织服务的质量和竞争力。

(2)促使非政府组织进一步规范化、职业化运作。国外非政府组织实行董事会领导下的总经理负责制,总经理负责执行各项任务。总经理可以是组织内部的成员,也可以从外界聘请而来。董事会将组织服务引向广大的公众,提高组织的服务质量,从而真正为服务对象做好服务,提高组织自身的竞争能力。这种做法可以增强组织自身的规范化和职业化运营水平,因为经理人员具有丰富的非政府组织管理经验,具备职业管理素质。这与中国非政府组织成员整体素质不高的状况形成了鲜明的对比。中国有些非政府组织甚至没有专职人员,更没有专业的管理者。引入专业管理人员的概念,可以促使非政府部门提高管理质量,更好地参与经济政策工作。

另外,国外非政府组织经过长期的发展,已经形成了一套科学的管理机制,这些都是值得正在发展的中国非政府组织学习的地方。

(3)推进评估机制的科学化,形成优胜劣汰的良性循环局面。非政府组织在发展过程中,出现了缺乏资金、人才,人员能力不足,组织效率低下,腐败等问题。导致这些问题的原因主要是非政府组织缺乏公众信任度、组织宗旨不明确、政府监管力度不够、社会监督缺位、组织自律缺乏等。解决这一问题的一个重要手段就是完善非政府组织的评估机制,建立科学、合理的评估框架。

按照第三方管制的原理,为了弥补代议机构和部门监督机制的不足,可以推行一种替代的形式——建立第三方评估制度,淘汰不良的非政府组织,同时促进健康的非政府组织更好地发展。在美国较有影响的独立民间评估机构有"美国全国慈善信息局"、"公益咨询服务部"等。除规范第三方评估机构的法律之外,美国还通过非政府组织自身的互律来保证它们遵循非政府组织的行为规范与准则,包括全国性协会的互律、行业性社团的互律等。

中国建立规范、合理的评估机制,首先必须建立合理的非政府组织统计制度。中国政府对非政府组织的管理制度混乱,必须建立规范的管理机制。据统计,中国目前的事业单位150多万个,其中独立核算事业单位100多万个,纳入政府事业单位编制的人员近3000万人,各项事业经费支出占国家财政支出的30%以上。规范非政府组织市场,便于加强对其管理。其次,对非政府组织进行非盈利性评估,看它是否违背了非盈利准则。因为随着市场经济的发展,非政府组织的市场化加强,这种倾向容易导致非政府组织违背组织宗旨,从而产生贪污腐败等违法乱纪现象。

建立科学、合理的评估机制,有利于形成优胜劣汰的局面。目前在国内的非政府组织存在着消极现象,由于没有科学的评估机制,非政府组织在注册之后,往往运行效率很低。这些组织不但占据着一部分社会资源,而且破坏着整个非政府组织市场,导致了整个非政府组织的公信度低的局面。合理、良性的非政府组织市场秩序,离不开优胜劣汰机制的规范。

10.3 近期改革

10.3.1 初级政治市场的听证制度:第三方管制的中观机制

推进听证制度建设,实现听证制度法规化和规范化,使经济政策的听证制度成为沟通政府与居民、企业的民意信息,以及沟通中央级政府部门[①]与行业部门、地方政府的民意信息的有效路径,将极大地推进中国经济政策公共选择制度建设,提高中国经济政策公共选择的效率。

---

① 中央级政府部门指国务院、国家发展和改革委员会等部门。

1. 现行的听证制度

中国现行的听证制度集中规定在《中华人民共和国行政处罚法》第五章第三节，具体由第四十二条和第四十三条两个条文的内容构筑而成。现行听证程序适用范围，仅限于行政机关作出责令停产停业、吊销许可证或者执照及较大数额罚款等行政处罚决定。

从这个意义上讲，现行听证制度的确还值得我们进一步加以完善，否则，就难以实现这一新制度的再跃迁。

2. 完善经济政策的听证制度的思路

从中国目前的行政执法观念、执法机制来看，尚存在着诸多阻碍听证程序进一步完善的因素。要建立针对经济政策的听证制度，政府要从战略上进行劝导（倡导）。因为公民的经济政策权在行政程序法上集中地体现在听证程序上。即使它在某种程度上会增加执法成本，但是"收益"远远大于"成本"。

中国加入WTO将使制度改革被更加全面地推进到一个全新的、更加深刻的发展阶段，建立包括听证制度在内的种种公正、透明的市场"游戏"规则是符合国际规范的举措。

在关于经济政策的听证程序的设计思路上应对正式听证方式进行司法化设计，因为在中国现阶段的经济政策中，程序观念普遍淡薄。从发展前景看，即使设定了严格的听证程序，它们对非正式程序而言依旧是无约束力的。可以预测未来关于经济政策的非正式听证是大量的、主要的，不必担心程序的规范化会影响听证效率。

基于上述思路，作者就建立针对经济政策的听证制度提出如下构想：

（1）鉴于现行的行政处罚法所设定的行政听证程序过于简单，应考虑在未来针对经济政策的听证制度专门立法。就听证的范围而论，应突破现行规定的限制，不仅适用于具体行政行为（如违反有关经济政策的行为），也应适用于抽象行政行为（如社会保险政策的效果和影响、社会福利政策的优劣、社会救助制度的评价等）。

考虑到听证程序属于行政程序法中的核心内容，世界各国的通行做法是将之规定在行政程序法中。既然中国立法机关已在着手制订行政程序法，显然，将来针对经济政策的听证制度应从行政处罚法中剥离出来，专门设定在行政程序法中①。

（2）建立针对经济政策的听证制度，必须有若干相应的配套措施：一是在事前听证的基础上再设立事后听证方式；二是明文规定可不进行事前听证的特殊条件，如紧急情形下的特殊处置（如政府部门基于财政赤字，临时采取的跨地区资金平衡调剂；对养老保险的财政支持等）；三是在法定听证程序之外规定非正式的任意听证，以简化手续，提高效率。

（3）明文规定经济政策的听证主体的资格条件及权利和义务。

（4）充实针对经济政策的法定听证中的证据制度，如可提供证据的种类、范围、证据展示（包括展示各自证据的地点及方式）、举证、质证的时间、方式、原则及内容、证据审核的内容及原则、方法等。

（5）应明确规定针对经济政策的听证会的听证告知的方式及基本内容。

（6）规定针对经济政策的听证会的预备程序。

10.3.2 政策供给市场（一）：构建政府部门标杆管理制度

为了从制度上克服政府失灵和消除政府寻租，可以制订行政法规，在政府部门有序推行标杆管理。

1. 政策决策部门标杆管理

（1）新型层级管理机制。标杆管理（Benchmarking，亦称"基准管理"）起源于20世纪70年代初的美国。它是指为营造竞争优势，谋求行业领先而选取那些在某方面领先的、具有竞争实力的企业作为标杆，并通过资料收集、分析比较、跟踪学习、实践总结等一系列规范化的程序，找出对象企业在产品、服务或管理工作等方面与之存在的诸如行业差别、环境差别、文化差别和技术差别等差异并对经营绩效的影响进行客观的评

---

① 王名扬：《美国行政法》，中国法制出版社1994年版有关分析。

价，然后根据对象企业的实际情况，对标杆企业的"最佳实践"进行适当修正和完善，并注意将学得的"最佳实践"在整个企业的范围内进行及时推广，从而赶上并超越竞争对手的反复循环行进的过程。自20世纪70年代至今，标杆管理被西方企业认为是改善企业经营绩效、提高全球竞争力最有效的管理工具之一①。

必须指出，自20世纪90年代中期开始，美国等西方国家开始在公共部门应用标杆管理，总体上取得了良好的效果，在不同程度上提高了政策决策部门的工作效率。

政策决策部门标杆管理可以分为以下3类：

①流程标杆管理，即以最佳工作流程为基准进行的标杆管理。任何政策决策部门或领域都有最佳的工作流程，流程标杆管理是类似的工作流程，而不是某项业务与操作职能或实践。

②职能标杆管理，即以领域领先者或某些政策决策部门的优秀职能操作为基准进行的标杆管理。这类标杆管理的合作者常常能相互分享一些管理和市场信息，标杆管理内容中具体规定的基准是外部的政策决策部门（但非竞争者）及其职能或业务实践。由于没有直接的竞争者，合作者往往较愿意提供和分享技术与市场信息。不足之处是费用高，有时难以安排。

③内部标杆管理，即以政策决策部门内部操作为基准的标杆管理。它是最简单且易操作的标杆管理方式之一。通过确立内部绩效标杆的标准，即确立内部标杆管理的主要目标，可以做到政策决策部门内信息共享。确立政策决策部门内部最佳职能和流程及其实践，然后推广到组织的其他部门，不失为提高政策决策部门绩效最便捷的方法之一。除非用作外部标杆管理的基准，单独执行内部标杆管理的政策决策部门往往持有内向视野，容易产生封闭思维。因此在实践中，内部标杆管理应该与外部标杆管理结合起来使用②。

---

① 王咸武、李如林：《标杆管理及其在现代企业中的应用》，《现代管理科学》2003年第2期。

② [美] 帕特里夏·基利等：《公共部门标杆管理》，中国人民大学出版社2002年版有关论述。

当然，每个政策决策部门应仔细评价自己的方方面面，根据自己的实际情况选择不同的标杆管理的类型。开始标杆管理过程的唯一有效方法就是首先确定是为财务需要还是为满足顾客的需要。任何类型的标杆管理，如果能正确地应用，都将使政策决策部门受益。

（2）实施步骤。标杆管理作为一种管理方法，有一套逻辑严密的实施步骤，其步骤为：

一是确定最佳的标杆。这是进行标杆管理的第一步。在大量搜集有关信息和相关专家学者参与的基础上，针对具体情况确定不同的比较目标：可以在政策决策部门内部寻找绩效好、效率高的部门作为标杆，也可以在领域内寻找其他先进政策决策部门作为标杆目标。不过一般情况下，标杆管理都是寻找内部的优秀政策决策部门作为标杆[①]。

二是确定标杆项目。确定标杆并不是要学习标杆所有的方面，而是还要确定合理的标杆项目。运用科学的方法进行实际的调查，获取需要得到的标杆目标的数据和资料，整理、加工分析获得的数据和资料，然后与政策决策部门现有的管理范式进行比较，找出差距，确定标杆项目，为政策决策部门找到改进的目标。

三是制订缩小差距的计划和行动，这是实施标杆管理的关键。一方面要创造一种环境，使政策决策部门中的人员能够自觉和自愿地进行学习和变革，以实现政策决策部门的目标。另一方面要创建一系列有效的计划和行动，通过实践，赶上并超过比较目标，这是打造政策决策部门核心竞争力的关键之所在，因为标杆本身并不能解决政策决策部门所有的问题。

四是执行和评估结果：实施标杆管理不能一蹴而就，而是一个长期的过程。每次学习完成时，都有一项重要的反馈和后续工作，即重新检查和审视标杆研究的假设和标杆管理的目标，进行评价，为以后进一步改进打下更好的基础。

（3）标杆管理应注意的问题。借鉴学习西方经验，目前我国政策决策部门需要注意以下几个方面的问题：

[①] 周卓儒、王谦、李锦红："基于标杆管理的 DEA 算法对公共部门的绩效评价"，《中国管理科学》2003 年第 3 期。

①必须具备完善的经济政策信息系统。进行标杆管理的关键是寻找比较目标，目标找错了，整个工作将徒劳无功。要找到正确的比较目标，经济政策信息具有十分重要的作用。除非政策决策部门充分掌握了经济政策信息，否则政策决策部门不可能从标杆比较中得到最大的价值。事实上，不用经济政策信息，标杆也不可能形成。

②比较目标的选择要恰当。大多数政策决策部门最初都会在本领域内寻找比较目标，这一做法在某些情况下非常有效。然而，在多数情况下，更理想的比较目标应是完全不同领域的政策决策部门，原因之一是与自己的直接竞争对手比较，谁都会感到有些不自在，而且获得完全的信息也不太可能。

③要与比较目标建立起互利互助的合作关系。随着标杆管理越来越流行，许多政策决策部门发现寻找理想的比较目标越来越困难。本领域的政策决策部门都是竞争对手，如何让第一流的政策决策部门愿意让另一政策决策部门学它的经验呢？关键在于互惠互利、双赢合作。双赢的含义就是要确保每一方都感到虽然他们向其他政策决策部门提供了信息，但他们自己同时也得到了信息。要充分发挥标杆管理作用，同时做好配套工作，采取多种方法弥补标杆管理的缺陷，促进政策决策部门的发展。

2. 案例

依据标杆理论，科学选择考核指标，进行指标合理分组和科学计算，形成社会保障政策决策部门各个层级（级别）部门之间新型考核管理机制——标杆化考核机制。通过标杆化考核机制在不同级别的政策决策部门之间形成一种业绩考核上的"淘汰机制"，并在成熟阶段上升为经济政策行政立法。

以下结合国务院、地方政府之间的博弈关系具体说明国务院各个层级（级别）部门之间标杆化考核机制的主要运作思路和关键环节。

关于国务院、地方政府的博弈关系的本质内容，当前还没有一个全面、清晰的权威定义，作者认为：国务院、地方政府的博弈关系的本质在于，在法定考察期末国务院针对一定管理范围内的地方政府，按照双方事先约定的标杆合约——具体形式可以为行政法规（或者行政规则、约定）——进行考核、排序，并按照一定的比例对部分排入后列（或者不合格）的地方政府给予相应制度性惩罚，如责任人的降级、降职等，剥夺其获得政策收益（行政组织奖励，如行政职务晋升、行政表彰等）的资格。

（1）分析假设。本节将国务院、地方政府之间的博弈关系具体化为委托代理关系。在这种关系中，根据博弈对象的不同，存在两种不同的博弈关系：一方面，地方政府总希望以最小的付出获得最大的政策收益，国务院总希望以最小的成本获得最大的收益，于是形成了国务院、地方政府之间的博弈关系；另一方面，地方政府为了不被淘汰，必须通过选择努力程度使经济政策服务提供量超过部分其他地方政府，于是形成了地方政府之间的博弈，在理性地方政府条件下，选择的依据完全取决于各自的收益，双方的收益是影响各自选择的唯一因素。

①地方政府之间的博弈关系。地方政府之间的博弈，可以看做是同时选择的，而且双方对各自的收益完全了解，因此该模型为完全信息静态博弈模型。地方政府之间的博弈为非合作型博弈。

通过对比两个地方政府对各自收益进行分析的过程就是博弈分析。显然，无论对方地方政府如何选择，一方选择遵守与国务院达成的标杆合约（或者规则、约定）对自身有利；同样，另一方也会作出同样的选择，结果是两个地方政府都会选择遵守与国务院达成的标杆合约（或者规则、约定）。当双方都有"占优策略"时，双方都采用占优策略，任何一个地方政府都不会单独改变策略，这样就达到纳什均衡。①

②国务院、地方政府间的博弈分析。

假设：A. 经济政策服务提供量的多少只与地方政府的努力程度和风险有关；B. 国务院的成本只有地方政府的政策收益一项；C. 国务院的收益 = 经济政策服务提供量 - 地方政府的政策收益。

其中，经济政策服务提供量可以表现为经济政策服务的产量、服务的质量或其他指标，地方政府的投入表现为官员体力和脑力的付出，付出会

---

① 简兆权、李垣："战略联盟的形成机制——非零和合作博弈"，《科学学与科学技术管理》1998年第9期。

在心理上产生负效用，负效用与地方政府付出的努力程度正相关。由于经济政策服务提供过程中存在不确定因素，使得地方政府在经济政策服务生产过程中付出的努力程度不同会直接影响满足经济政策的地方级（或者行业级）政策决策部门所要求的经济政策服务的概率。

在经济政策服务过程中，经济政策服务提供量 $R(e)$ 随着努力程度 e 的提高而增加，增加的幅度是递减的；而地方政府的负效用 $g(e)$ 随着努力程度 e 的提高而增加的幅度是递增的。

随着 e 的增加，曲线 $R(e)$ 与曲线 $\omega[R(e)]$ 之间的距离表现为先增后减，在 $e=e^*$ 时，曲线上两点间连线的距离最大。同时 $e=e^*$ 所对应的点 $g(e^*)$ 在经济政策服务生产可能性区域内，国务院的收益最大，所以，该点为满足国务院、地方政府双方收益的均衡点。

$$R'(e^*) = \omega'[R(e^*)] = g'(e^*) \quad (10-1)$$

$R'(e^*)$ 是曲线 $R(e)$ 在 $e=e^*$ 点的切线，表示在 $e=e^*$ 时地方政府努力的边际经济政策服务提供量；$g'(e^*)$ 是曲线 $\omega[R(e)]$ 在 $e=e^*$ 点的切线，表示在 $e=e^*$ 时地方政府努力的边际成本，也是努力的边际负效用。根据以上分析，可以得到这样的结论：若存在经济政策服务生产可能性区域，则一定能找到这样一个满足双方收益的均衡点 $g(e^*)$，在该点上，国务院的收益最大，努力的边际经济政策服务提供量等于边际成本，等于努力的边际负效用。

（2）博弈模型。根据以上关于国务院对后列（或者不合格）地方政府将进行淘汰（即取消其获得政策收益的资格）的定义，假设国务院在一定范围内对 n 个地方政府进行考核、排序，排在最后的 m 个地方政府将被淘汰，则淘汰率为：$P_v = \dfrac{m}{n}$。为简化问题，只考虑每次只有两个地方政府参与考核的极端情况，$P_v = 50\%$。同时，假设地方政府只能选择努力或机会主义（即偷懒），地方政府在选择努力的情况下负效用为 g_h，经济政策服务提供量可能达到 R_h 的概率为 P_l，并满足：$P_h \geq P_l$，$P_h > 1 - P_l$，$1 - P_l > P_l$。假设国务院确定两种政策收益标准，经济政策服务提供量高为 R_h 时，地方政府能够得到的政策收益为 ω_h，经济政策服务提供量低为 R_l 时，则政策收益为 ω_l，该地方政府被淘汰。经济政策服务提供量相同时，采用掷硬币的办法决出胜负。

①基本模型。可以将国务院、地方政府、地方政府和地方政府之间的博弈过程分成3个独立的阶段（如图10-1）①。

在第1阶段，由国务院进行选择，可供选择的策略为是否选用（即是否选择某一地方政府参与标杆化考核，并在考核期末给予政策收益），选择的依据取决于国务院的收益：$R(e) - \omega[R(e)]$；在第2阶段由地方政府选择是否接受该项工作（即接受工作，参与标杆化考核），接受工作的条件取决于地方政府的收益状况：$\omega[R(e)] - g(e)$；在第3阶段由地方政府选择努力程度，是努力还是偷懒，选择的条件仍然取决于地方政府的收益 $\omega[R(e)] - g(e)$。

这样，所得到的后列（或者不合格）标杆化模型就是一个在第3阶段具有同时选择，随机停止重复博弈的具有完全、完美信息的3阶段子博弈模型。

②各阶段的收益和约束条件。采用逆推归纳法，首先分析第三阶段，假设地方政府在第二阶段选择接受工作，第三阶段的基本博弈为具有同时选择性的静态博弈，重复博弈次数取决于地方政府选择的努力程度和掷硬币获胜的概率，根据上面的分析，每个地方政府的最终收益可以用收益矩阵表示，见图10-2，由于两个地方政府的情况完全相同，故只列出地方政府1的收益。P为随机情况下的获胜概率，$P = 1 - Pv$。

要使每个地方政府所选择的最佳策略一定是努力，可以得到在第3阶段使地方政府选择努力而非偷懒的满足箭头方向的激励相容约束条件：

$$(P_h - P_l) \times (\omega_h - \omega_l) \geq 2(g_h - g_l) \qquad (10-2)$$

在第2阶段，地方政府只有在得到的政策收益（行政组织奖励，如行政职务晋升、行政表彰等）高于曲线 $\omega[R(e)]$ 的区域才能接受工作。而国务院总是期望用低的成本来使地方政府努力工作，即有：

$$\omega_h + \omega_l \geq 2\overline{U} + 2g_h \qquad (10-3)$$

在第1阶段，国务院只有满足委托约束线 $R(e) - \omega_i[R(e)] \geq 0$ 才会参与，从中可以得到满足国务院要求的委托约束条件为：

---

① 张世英等：《非均衡经济计量建模与控制》，天津出版社2002年版有关分析。

第 10 章 改革与政策

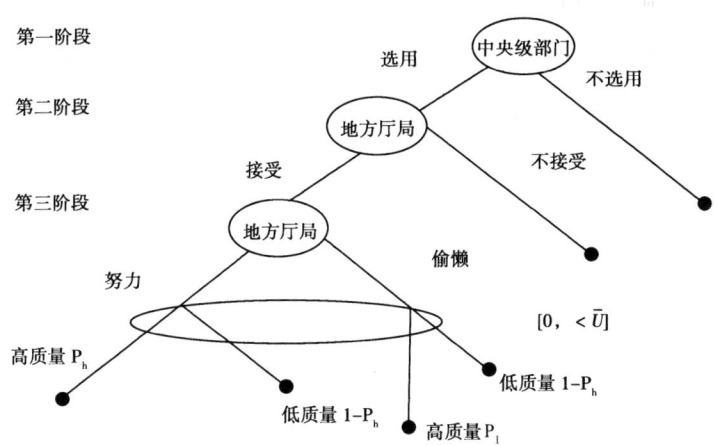

$$[R(e)]-\omega[R(e)], \omega[R(e)]-g(e)]$$

图 10-1　地方政府博弈基本模型

	执行部门 2	
	努力	偷懒
执行部门 1　努力	$\frac{1}{2}(\omega_h+\omega_l)-g_l$	$(P_h+(1-P_h-P_l)\times P)\times\omega_h+$ $(P_l+(1-P_h-P_l)\times P)\times\omega_h-g_h$
执行部门 1　偷懒	$(P_h+(1-P_h-P_l)\times P)\times\omega_h+$ $(P_l+(1-P_h-P_l)\times P)\times\omega_h-g_h$	$\frac{1}{2}(\omega_h+\omega_l)-g_l$

图 10-2　地方政府的收益矩阵

$$R_h\times R_h+(1-P_h)\times R_l-\frac{1}{2}(\omega_h+\omega_l)\geqslant 0 \qquad (10-4)$$

（3）博弈模型的分析。

①均衡点的选取。根据公式（10-1），在经济政策服务生产可能性区域内一定能找到这样一个满足国务院、地方政府双方收益的均衡点 $g(e^*)$，在该点上，国务院的收益最大。

同时根据 3 个约束条件，对其联合求解，我们可以得到以下的关系式：

$$\omega_h-\omega_l=2(g_h-g_l)/(P_h-P_l) \qquad (10-5)$$

299

$$2[P_h \times P_h + (1 - P_h)XR_l] \geq \omega_h + \omega_l = 2\overline{U} + 2g_h \tag{10-6}$$

在满足理性地方政府的前提下，可以得到在均衡点的政策收益为 $\omega[R(e^*)] = \frac{1}{2}(\omega_h + \omega_l) = \overline{U} + g_h$，则有：

$$g(e^*) = g_h \tag{10-7}$$

即：每个地方政府都会付出努力程度为 $e = e^*$，产生的负效用为 $g_h = g(e^*)$，相对应的高经济政策服务提供量的概率为 P_h。上式说明选取的均衡点实际就是国务院所希望地方政府选择努力时的负效用，该点对应的政策收益为平均政策收益。在无限次重复博弈的情况下，地方政府都选择努力，胜负取决于各自的经济政策服务提供量；如果经济政策服务提供量相同，则胜负取决于掷硬币的结果，对于选择努力的两个地方政府来说，获胜的概率相同，都为50%，每次的平均收益为：

$$\pi_t = \frac{1}{2}(\omega_h + \omega_l) - g_h \quad (t = 1, 2, \cdots) \tag{10-8}$$

②随机停止重复博弈的收益。由于随机停止重复博弈与无限次重复博弈很相似，因此，可以先用无限次重复博弈来进行分析，得到地方政府无限次博弈预期收益的现值公式后，再分析随机停止重复博弈的情况。在只有两个地方政府，淘汰率为50%的情况下，假设地方政府的博弈次数为 n，地方政府的收益现值为：

$$\pi = \sum_{t=1}^{n-1} \delta^{t-1} \pi_t + \delta^n \pi_n \tag{10-9}$$

其中：$\delta = \frac{1}{2(1+\gamma)}$，$\pi_t = \omega_h - g_h$，$\pi_n = \omega_l - g$，$\delta$ 为贴现率，γ 为利率。

③满足后列（或者不合格）标杆制模型的均衡条件。通过公式（10-1），经计算首先确定均衡点 $g(e^*)$，并且有 $g_h = g(e^*)$。然后根据公式（10-2）、（10-3）和（10-4）就可以得到满足后列（或者不合格）标杆制模型的各阶段纳什均衡的条件，归纳上述各条件，进而可以得到满足后列（或者不合格）标杆制模型的子博弈完美纳什均衡解。

同样可以运用逆推归纳法对结果进行验证，首先验证第三阶段，将所得到的政策收益（行政组织奖励，如行政职务晋升、行政表彰等）参数代入图 10-2 的收益矩阵中,满足激励相容条件,该阶段博弈达到纳什均衡(Nash Equilibrium)。

在第二阶段中地方政府的收益有以下两种情况:

a. 对于获胜地方政府,收益为 $\omega_h - g_h = \overline{U} + \frac{g_h - g_l}{P_h - P_h} > \overline{U}$,满足参与条件。

b. 对于被淘汰的地方政府,收益为 $\omega_h - g_h = \overline{U} - \frac{g_h - g_l}{P_h - P_h} < \overline{U}$,不满足参与条件。

当地方政府博弈的次数 n=1 时,地方政府的收益小于 $\overline{U}$,获胜地方政府的额外收益等于被淘汰地方政府的收益损失;当 n=2 时,地方政府的收益等于 $\overline{U}$;当 n>2 时,地方政府的收益大于 $\overline{U}$。前面分析的是只有两个地方政府、淘汰率为 50% 的极端情况,在实际应用中,后列(或者不合格)标杆制淘汰率一般都低于 10%,地方政府每次获胜的概率大于 90%,淘汰率越小,可重复次数越多,地方政府的总收益就越高,最佳策略就越稳定。

在第一阶段,国务院的收益为:$P_h^* \times R_h + (1 - P_h^*) \times R_l - \frac{1}{2}(\omega_h + \omega_l) > 0$,满足委托约束条件。

10.3.3 政策供给市场(二):政府人力资源管理变革

政府管制一般原理说明:组织内部的规定在通常情况下,并不属于政府管制的范畴。但是,如果是对一个领域(如行业或部门)的组织内部普遍的一类问题作出的统一的法规层面的规定,其目的是消除某一种政府中普遍存在的外部负效应,这显然具有了第三方管制的本质性质。正是从治理现阶段政府普遍存在的由人力资源管理制度不科学和不规范导致的负效应(如政府寻租等)的角度,作者将政府的人力资源管理制度创新作为一种普遍的制度安排现象列入了第三方管制探讨的范畴。

1. 政府人力资源管理的问题

（1）缺乏科学的用人机制。目前，中国政府普遍缺乏人力资源观念，缺乏一种科学、严密的用人机制。一个良好的人才生存空间必须具备组织配置和市场配置相结合的公平、平等、择优的选拔作用机制。在组织结构与人员配置上往往并不是根据部门发展的需要来确定。复杂的政府部门人事关系网导致不公正现象严重，并影响人的积极性、主动性及创造能力的发挥与提高。这种靠"内部输血"的用人机制易形成近亲繁殖，使得传统的观念和思维方式沿袭下来，而组织往往由于缺乏新鲜血液而缺少活力与适应性①。

（2）存在精英淘汰与择劣机制。政府的生存发展，离不开人才，而人才的存在需要有自己的生存空间。在中国社会中存在着一种无形的"淘汰精英"的机制，儒家文化是这种精英淘汰现象的文化根源，它向人们灌输的是群体化和等级化的生活准则，往往鼓励人们形成崇尚传统、唯上是从的心态和行为习惯，由此也扼杀了个人对于领导或权威的怀疑，人的创造性受到了极大的约束。

（3）政府的新型人才管理理念有待培育。人才管理理念宣扬的集中点就是——以人为本，人与人之间的互相信任与相互尊重，互相以此约束，最终实现政府效率的最大化。

（4）政府内部的人力资源管理机制缺位。政府内部对在职教育和培训的投入不足。

2. 政府人力资源管理的改革思路

（1）确立"能力本位"的核心价值观。文化价值观要由过去的权本位和亲情本位转向能力本位。政府领导者要树立正确的用人观念，否则在一个制度和文化都不健全的企业中，领导者的人格弱点往往会放大成为企业的弱点。

---

① ［美］马克·G. 波波维奇：《创建高绩效政府组织》，中国人民大学出版社2002年版有关观点。

（2）实施政府内部的文化创新，建立学习型组织，创建开放、和谐的文化氛围。政府是一个文化体系，认同对于官员具有越来越重要的作用。某一政府部门要取得卓越成功，唯一途径就是以人本主义的价值取向重塑组织文化和组织行为，在为人们提高收入的同时，充分展示出一种人性化的组织氛围。因而，面向21世纪，必须拥有学习精神，实施文化创新，建立一个不断突破自我的学习型组织，才能适应未来的新环境。

10.3.4 政策执行市场（一）：工会与职代会职能重塑——第三方管制的微观组织

充分就业是宏观经济政策的首要目标，就业政策也是宏观经济政策的重要内容。表达政府就业政策是否有效，需要构建经济政策领域的民意表达制度，可以将工会和职工代表大会作为微观的组织基础，形成第三方管制的微观运行机制。这在客观上要求重塑工会和职工代表大会的职能，而在这一进程中第三方管制不可或缺。

1. 工会职能机制重塑

（1）工会改革的突破口。现阶段工会工作的突破口是深入贯彻劳动法和工会法。把贯彻劳动法和工会法，协调劳动关系作为突破口，就是抓住了工会工作的最本质内容。具体地讲，现阶段工会工作的突破口是落实劳动法和工会法规定的工会的代表权、参与权和监督权。

①工会的代表权。工会是工人阶级的群众组织。职工群众的意志和利益需要由工会来集中和表达。工会代表职工的本质是表达和维护职工的权益。因此，工会作为职工合法权益的代表者和维护者，是工会组织的性质所决定的，得到了国家法律的承认。《企业法》第十一条明确规定："企业工会代表和维护职工利益。"《劳动法》第七条进一步规定："工会代表和维护劳动者的合法权益。"当前，中国工会的代表权集中地体现在建立

集体协商谈判、签订集体合同上①。

②工会的参与权。中国工会法和劳动法赋予工会参与协调劳动关系的权限主要体现在两个层次上：

第一，对政府的参与表现为：在形式上，各级地方政府通过适当形式，向工会通报政府的重要工作部署和与工会工作有关的行政措施，研究解决工会反映的职工群众的意见和要求。在内容上，县级以上各级政府制订国民经济、社会发展计划，研究制定工资、物价、安全生产、劳动保护、经济政策等重大政策措施时，同级工会有权参与。

第二，对用人单位的参与主要表现为：工会组织职工依法通过职工代表大会或其他形式参与本单位的民主管理；工会有权参加企业、事业单位制定涉及职工切身利益的规章制度以及召开研究劳动用工、劳动报酬、劳动条件、生活福利、社会保险等问题的会议；工会有权参加劳动争议的调解；企事业单位发生停工、怠工事件时，工会有权参与做好调解工作，并与有关方面共同协商解决职工提出的合理要求，等等。工会在上述范围内若能有效地行使参与权，对于维护职工的合法权益，建立协调、稳定的劳动关系是相当必要的。

工会的参与权，从一般意义上来说是来源于劳动者权益的理论（即劳权论）。国家应在探索试点的基础上，及时对各类经济形式的用人单位工会参与权所涉及的一系列问题，诸如职工民主管理的形式、途径、内容，职代会行使的职权，参加监事会、董事会的职工董事、监事的产生方式、发挥作用、拥有权限等分门别类地作出规定，并采取有力措施使之落到实处。

工会参与权的实现，必然要求国家赋予工会立法提案权。全国人民代表大会1982年通过的《全国人民代表大会组织法》规定，有权向全国人民代表大会提出法律草案的只限人民代表大会主席团、常委会、国务院、中央军委、最高人民法院和最高人民检察院等七个机构，中华全国总工会未被列入，这是很值得研究的。

---

① 张喜亮："论工会在集体合同制度中的角色"，《工会理论与实践（中国工运学院学报）》1993年第3期。

③工会的监督权。工会的监督权是指工会依法对与职工合法权益有关的问题实施监督的权力。工会实施的监督，在国家整个监督体系中属社会监督范畴。工会代表和组织职工群众实施有效的社会监督，是工会维护职工合法权益的又一重要途径。中国法律赋予工会的监督权是多方面的：在职工经济政策权方面，工会有权参与监督社会保险基金的管理。在职工劳动保护权方面，工会对于企业、事业单位违反国家规定的工时制度和休息休假制度的，有权提出处理意见。对于用人单位经营管理者违章指挥，强令职工冒险作业，或者在生产过程中有明显重大事故隐患和职业危害，危及职工身体健康、生命安全的，工会有权提出建议，用人单位应当及时予以答复和解决。

中国的工会法中缺乏明确的"法律责任"的规定，人们无法得知违反了《中华人民共和国工会法》应承担何种法律后果，因而导致了虽有工会法，但却可依可不依的局面。建议中国的立法机关对工会法作修订，增设"法律责任"的规定，加强工会工作的法律保障。同时，还应积极构建上下连体群众性的执法监督机制。

总之，工会工作总思路的贯彻有赖于工会权力的实施。而工会权力的有效实现又需要在中国的经济与政治体制改革中不断为其创造条件，以在良性循环的发展中实现党的中心任务。

（2）改革方向。

①通过集体协商谈判、签订集体合同的管制强化主体民意表达制度的微观基础。在中国建立现代企业制度、劳动关系逐步企业化的过程中，必须建立一套与之相适应的公共主体民意表达的新型微观机制。从发展趋势看，这一机制的完善主要包含3个层次：一是代议机构和部门制定的劳动基准法，它从总体上调整全国的主体民意表达；二是工会代表职工一方，与企业或行业、地区建立平等协商、签订集体合同的制度，以协调企业或行业、地区内的主体民意；三是劳动者与用人单位签订劳动合同，以规定双方的行为、协调双方民意。上述3个层次中，集体合同具有承担两头的协调作用，它既可将国家的劳动基准法在企业具体化，同时又可作为劳动合同的标准。可见，工会代表职工与用人单位或行业、地区签订的集体合同，是从整体上协调劳动关系，维护职工合法权益的关键环节。抓住了

它，也是抓住了贯彻实施劳动法的要害。

②建立劳动关系的四方协商（谈判）机制。建立劳动关系四方协商机制，即工会代表职工（劳动者）与企业（经营者）协商谈判，协商劳动关系，政府通过必要的手段适时介入调整，符合立法规定的中介组织提供优化方案。这种四方机制符合市场经济发展的要求。既然是根据四方性原则建立的四方机制，那么，工会代表职工与企业协商劳动关系的同时，必然会涉及政府。例如，劳动法规定政府的劳动行政部门应对用人单位执行劳动法律法规行使监察权。假如劳动行政部门监察不力，处罚不当，甚至出现严重失职，营私舞弊，就会损害职工的合法权益。近年来，这类职工状告政府的某些管理机构因失职行为而导致侵权的行政诉讼案时有出现。这时工会的代表权若能到位的话，则工会便可代表职工通过适当途径依法与政府的有关行政部门进行协商，维护职工的合法权益。这样不仅能降低此类案件的发案率，而且能及时有效地避免极端事件的发生，有利于社会稳定。因此，有必要在中国的工会立法上明确规定：在政府面前工会代表职工，双方通过各种适当形式与途径，协商解决职工的劳动权益。

由劳动关系四方格局引出的第一个基本结论就是，工会在市场经济条件下的实际地位是职工群众（劳动者）利益的社会代表，工会在政府和企业面前代表职工群众的社会地位和社会角色必须进一步明晰起来。这可以说是工会改革的先决条件，必须首先正确认识和解决工会的地位和身份，才能正确地认识和解决工会改革的一系列问题。

③完善关于工会领导体制的法规。工会自身改革和建设的目标是实现群众化、民主化。脱离职工群众是工会工作的最大危险。因此，工会的自身改革和建设一定要把握工会组织实现群众化、民主化这一目标。首先，工会要突出工人阶级组织的特色。其次，工会要做执行民主的模范。一是要按时换届。工会各级代表大会的代表和委员会的产生，都要充分体现选举人的民意，任何组织和个人，不得以任何方式强迫选举或不选举某个人。执行工会法和工会章程。二是要认真坚持和贯彻民主集中制的原则。

现阶段《全国总工会关于企业集团建立工会组织的试行办法》对企业集团工会组织领导关系的规定，是符合工会产业与地方相结合的组织领导原则和企业集团的实际情况的，应认真贯彻执行。当前，需要关注以下

若干问题:

　　A. 明确工会领导机关的主要职责。

　　B. 组织机构的设置要与工会履行基本职责相适应。

　　C. 在工会领导机关建立起职责分明、工作有序的运行机制,逐步建立起决策机制、执行机制、代表服务机制、激励竞争机制、自我保护机制和监督机制,并且确保运行机制有效地运行。

　　D. 要把机构改革同深化干部人事制度改革、调整机关干部队伍结构结合起来,积极试行干部聘任制、试用制和领导干部公开招考制、公示制等制度,建立能上能下、能进能出、有利于优秀人才脱颖而出的干部人事机制。

　　④地方工会与产业工会的关系法规化。中国工会实行地方和产业相结合的原则,并且明确除铁路、民航、金融、邮电等少数几个行业以产业领导为主外,其他都以地方领导为主。地方工会在履行维护、建设、参与、教育职能的同时,突出维护这一基本职责,并对地方各级工会和产业工会实施统一领导;产业工会应侧重强化调查研究,参与本产业职工利益相关的产业政策的制定及职工关心的其他重大问题,抓好带有产业特性的维权工作,开展具有产业特点的活动。在机构设置上要根据担负的任务来确定,不一定要上下对口,省以上的多数产业工会不直接领导基层,而市以下产业工会则直接领导基层,在机构设置、人员配备上应有所不同。

　　⑤制订全国统一的乡镇、街道工会编制法规。近些年来,江苏、山东、湖北、福建等省,就乡镇、街道工会的编制问题先后作出规定。各地应从实际出发,争取地方编制部门的支持,形成适合本地实际的具体规定,并积极创造条件,争取一个经中央编制部门批准的方案。在研究制订方案时,一定要考虑各地经济发展的水平和工会工作的实际需要,区别不同情况。

　　⑥将工会和中国共产党各级组织的关系和权责法规化。工会是劳动关系中劳动者的代表,是劳动关系中劳动者的劳动权力、利益的代表。这一界定既明确了工会的身份,又明确了企业中的中国共产党组织与工会的分工关系及中国共产党对工会的政治领导关系。中国共产党各级组织应该超越劳动关系双方,代表共同利益。就代表劳动者来说,中国共产党各级组

织应该代表劳动者的政治权力、利益,而劳动权力和利益由工会来代表和维护。既然中国共产党代表劳动者政治权力和利益,仅对工会实行政治领导,而不干预工会的具体事务。

2. 职代会职能重塑

以职代会为基本形式的职工民主管理工作在经济政策的制定和执行中发挥着重要作用。依据上述职代会理论基础的探讨,矫正长期以来以生产资料公有制作为职代会立法依据的状况,以"劳资同权、劳资平等"作为职代会的立法依据。这一立法不仅有助于构筑职代会的法律地位,而且也与中国的国情、政权的基础、社会主义制度的内涵要求相一致。

基层单位还根据企事业单位领导体制和企事业单位劳动关系变化的新情况积极拓展职代会的工作内容和领域,一个时期突出一两个重点,先后推行企事业单位业务招待费向职代会报告、平等协商、集体标杆合约,以及职工董事、监事和单位事务公开等制度。职代会工作内容的不断深化,改善了干群关系,维护了职工合法权益和企事业单位的稳定,促进了企事业单位领导班子和党风廉政建设,从而推动了企事业单位的改革、发展。

职工代表大会制度的结构性问题是:

(1) 按照现行法律规定,职代会的范围局限在生产资料公有制企事业单位。而原来建有职代会的企事业单位,在进行公司制改造时,以不同形式淡化职代会的作用,或者以各种理由取消职代会。职代会甚至被利用成职工下岗分流的工具,让谁下岗在职代会上由职工代表打勾决定。这主要来源于法律规范的不完善和法规内容的不统一。按照劳动法,对于不同所有制企事业单位职工民主参与管理的形式,职代会只是可选择项。公司法甚至没有职代会组织法律地位的明确表述,只是确定公司监事会及独资公司的董事会中应有适当比例的职工代表参加。职工参与权利的性质只是规定在提出意见和建议上。

(2) 尽管职代会制度在中国企事业单位中有很长的发展历史,但它的组织性质一直是咨询、审议性的,在企事业单位中的地位并不高,只是作为党的群众路线和工作方法的组成部分。由于有经营者和职工代表双方人员参与,职代会形式上看似一种共同决策制度,但除审议决定职工福利基金使用、住宅分配及其他生活福利事项外，其他方面只限于提供建议，最终决策权在企事业单位管理责任人（或者部门经理）手中。职代会制度的流于形式，从职工代表的构成人员就能清楚地看出①。

（3）随着企事业单位的改制，劳资关系的矛盾日益激化，因此政府部门要求，实行职工裁员、分流、安置时，必须听取职代会的意见。另外，随着非政府组织、中介组织的增加，局限于企事业单位的职代会有必要扩大其制度的实施层面。

中国推进非公有部门的民主管理制度，其目的是协调劳资关系，防止矛盾激化。还可以把劳动者的要求吸收到一定的机制内来诱发劳动者的积极性从而提高经济效益。对非公企事业单位实行民主管理的根据是，无论是公有制经济还是非公有制企事业单位，职工的主人翁地位不变。但是，非企事业单位（中介组织等，下同）的民主管理在内容和方法上，都有别于国有企事业单位。按照常熟市的经验，非企事业单位的民主管理权限有三个变化：一是对非公企事业单位生产经营决策只"议"不"决"；二是对劳动关系重大事项应体现共商共决；三是应由对企事业单位干部的评议监督转为对非公企事业单位执行劳动法律法规的监督。由此可见，其内容大大缩小了参与的政治性质，劳动者对经济问题的参与幅度在建议和同意的层次上，而且从上海市的经验可知，非公企事业单位的民主管理实行，主要取决于其主要负责人的受教育水平、整体素质和意识。

另外，在企事业单位改制以后，经营者的素质和能力成为决定企事业单位效率的一个关键因素，因此，职代会民主评议干部的功能发挥得比较突出，但这只限于国家控股有限责任公司，由于评议双方对民主评议工作认识不足，而且民主评议与干部考核脱节，所以评议权威难以树立。面对企事业单位改制过程中的这种现实，工会主张职代会存在的根本依据在于"劳动权"。但是，执政党—国家主导下难以实行的职代会制度，在市场主导下行使其权限更为困难。

中国通过扩大基层民主范围和中介组织的双重作用，试图解决社会经济中的不满和工人的参与问题。同时，这种"自上而下"的形式制约着

---

① 张德："深化改革与劳动关系整合"，《中国劳动科学》1995年第12期。

"下层"部门和人员的参与，必然会诱发相应的异议。

要以职工代表大会制度促进主体民意表达制度的微观机制培育。职代会制度是中国推进基层民主政治建设的一项基本制度。这是由党的工人阶级先锋队性质和国家的社会主义制度所决定的。中国的宪法和企事业单位法、公司法、工会法、劳动法等法律法规都对职代会制度作了明确规定。因此，在新形势下，必须毫不动摇地坚持和发展职代会制度，以职工代表大会制度促进主体民意表达制度的微观机制培育。

10.3.5 政策执行市场（二）：政策决策与执行的监督制度创新

重视经济政策决策和执行责任追究的制度建设，建立起经济政策决策和执行责任追究的有效机制，是当前中国制度建设的紧迫任务。目前，当务之急是加强对经济政策决策的有效监督。加强对经济政策决策的有效监督，最主要的监督途径就是将其纳入司法监督和行政复议的范围，这是当前理论界和实际工作部门十分关注的问题。而研究这一问题得出的结论，其基本精神也适用于对经济政策决策执行行为的责任追究。因此，后者我们将不过多展开讨论，只在相关地方顺便提及。

1. 把经济政策决策纳入司法监督和行政复议范围的必要性

这既是实行法治、保护主体合法权益的必然要求，也是监督政府依法行使职权的必要保障。把公共政策纳入行政复议范围，从 1990 年起草《行政复议条例》起就有学者这样主张了。随着修改《行政复议条例》工作逐步展开，理论界的呼声再度高涨，其理由是：第一，从公共政策本身的性质考虑。公共政策是针对普遍对象作出的，适用的效力不止一次，具有反复性，加之层次多、范围广，因而产生的影响要远远大于具体行政行为。一旦违法，将会给众人造成损失。如果复议机关不能受理对违法政策提出的复议申请并予以撤销，那就有可能导致这一违法不当的政策所造成的侵害在一定范围内连续发生，使更多的相对人蒙受损失。第二，是为了改变经济政策决策违法现状。经济政策决策违法问题日趋严重，但是因为立法明确排除对抽象行政行为的复议，其他监督机制又难以奏效，要改变这一点，就要将经济政策决策纳入复议范围。

对经济政策决策进行司法监督之所以必要，根本原因在于行政权力的所有者与行使者之间的分离。从中国的政治体制看，国家权力均属于人民所有，但在具体形式上则实行代议制、委托制，以间接民主的方式实现全体人民当家做主的权力所有者地位。代议制和委托制的实行造成了权力的所有者与行使者的相分离。由于一切有权力的人都容易滥用权力，因而，代议制和委托制也可能引起政治失控，即政治权力不是按照权力所有者的整体意志，而是凭借着权力行使者的意志和情绪而运行，以致出现政治异化即政治权力在运行中发生异变，权力的行使不利于权力所有者或者偏袒部分所有者。因此，对以公共权力为后盾的经济政策决策进行司法监督，对其产品进行行政复议，是十分必要的。

鉴于中国尚无明文规定对经济政策决策进行司法监督，因而加快这一法治化进程就显得尤为迫切。在行政监督方面，对具体行政行为的监督很不彻底。填补司法监督在抽象行政行为方面的空白，构建司法机关对抽象行政行为的监督体制，充分发挥国家专门法律监督机关的作用，也是十分迫切的。

2. 把经济政策决策纳入司法监督和行政复议范围的可行性

对经济政策决策进行司法监督的主体是人民检察院和人民法院。从宪法对人民检察院是国家专门的法律监督机关、为保证法律统一和有效的贯彻实施而履行监督职能的规定看，检察机关应该有权对旨在贯彻实施法律的经济政策决策进行监督；从《中华人民共和国行政诉讼法》表明的关于人民法院正确、及时地审理行政案件以保障主体、法人和其他组织的合法权益，维护和监督行政机关依法行使行政职权的立法目的看，审判机关既然有权审查具体行政行为，为了同一目的，也应当能够对制订公共政策的抽象行政行为加以监督[①]。

---

① 陈晖："论行政复议与行政诉讼的关系"，《南京理工大学学报（社会科学版）》1999年第6期。

将经济政策决策及其产品纳入行政复议范围也是可行的。因为现行法律提供了复议机关对行政规章、命令、指示监督审查的法律依据。《行政复议条例》实施以来，已经在审查具体行政行为方面积累了一定成功经验。这为今后审查抽象行政行为奠定了基础。特别是复议机关在审查依照违法不当的抽象行政行为作出的具体行政行为时，有权在职权范围内撤销、改变违法不当的抽象行政行为。这种对抽象行政行为间接复议审查的尝试说明，对抽象行政行为的复议审查不仅是必要的，也是可行的。将抽象行政行为纳入复议范围，意味着相对人不仅对依照抽象行政行为作出的具体行政行为有权申请复议，而且对抽象行政行为本身可以直接申请复议，这可以在更大范围内保护相对人合法权益，督促行政机关依法行政。这些经验都为我们把经济政策决策过程纳入行政复议范围奠定了必要的基础。

3. 行政审批制度的改革思路

实施针对经济政策决策的行政审批制度改革，必须科学确定行政审批制度改革的指导思想、原则和项目清理依据。实施行政审批制度改革，实质上是政府机关的一场自我变革、自我完善，是为建立现代化行政管理体制而破旧立新的一项艰巨工程。这项改革几乎涉及政府所有部门，贯穿政府管理经济和社会的各个领域，其广度、深度和难度可想而知。要顺利推进这项改革，必须科学确定行政审批制度改革的指导思想、原则和基本依据，还得有一整套制度与之相配套。

（1）行政审批制度改革的要求。行政审批制度改革的总体要求是：不符合政企分开和政事分开原则、妨碍市场开放和公平竞争以及实际上难以发挥有效作用的行政审批，坚决予以取消；可以用市场机制代替的行政审批，通过市场机制运作。对于确需保留的行政审批，要建立健全监督制约机制，做到审批程序严密、审批环节减少、审批效率明显提高，行政审批责任追究制得到严格执行。

（2）行政审批制度改革应遵循的原则。在原则的确定上，要立足于充分体现转变政府职能的基本要求，实现政府、市场和企业从旧体制转到新体制，以及加强权力监管，防止寻租现象等方面。

要确定市场取向的原则，要遵循合理原则。设定行政审批，要符合社会主义市场经济发展的要求，有利于政府实施有效管理。凡是通过市场机制能够解决的，应当由市场机制去解决；通过市场机制难以解决，但通过公正、规范的中介组织、行业自律能够解决的，应当通过中介组织和行业自律去解决。有关经营性土地使用权出让、建设工程招标投标、政府采购和产权交易等事项，必须通过市场机制来运作。对虽符合合法原则，但不符合上述要求的行政审批，也应当取消。

要确定强化监管的原则。赋予经济政策行政管理部门行政审批权，要按照公开、公平、公正的原则，明确行政审批的条件、程序，并建立便于主体和其他组织监督的制度。行政审批的内容、对象、条件、程序必须公开；未经公开的，不得作为行政审批的依据。行使行政审批权的经济政策行政管理部门应当建立健全有关制度，依法加强对被许可人是否按照取得行政许可时确定的条件、程序从事有关活动的监督检查。按照管理到位、监督到位、服务到位的要求，对保留的行政审批事项，加强审批全过程的监控及后续监管，逐步建立审批责任追究和检查监管制度[①]。

（3）推进行政审批制度改革，强化管制的配套建设。从立法条件上看，目前颁布《中华人民共和国社会保险法》具有不少有利条件。至2009年6月，全国基本养老保险参保人数达到22413万人，提前完成了"十一五"规划确定的2.23亿人的约束性扩面任务；参加失业、医疗保险的职工也接近2亿人。同时，国务院和地方已制定了多项社会保险行政法规和地方法规，积累了不少社会保险方面的立法经验。1997年以来，国务院已先后颁布了社会保险费征缴暂行条例、失业保险条例、工伤保险条例，出台了《关于建立统一的企业职工基本养老保险制度的决定》、《关于建立城镇职工基本医疗保险制度的决定》等规范性文件。

围绕经济政策中的行政审批制度改革，加强配套管理制度的建设，可以保证行政审批制度改革工作顺利进行，并有效巩固改革成果。

要分层次清理现行的有"问题"的行政法规。行政审批事项的设立是以行政法规为依据的，因此要改革行政审批制度，就必须与清理行政法规同步进行。从一些地方的改革实践来看，有的地方对国家和省规定的审

---

① 王健：《关于行政审批制度改革的若干思考》，《广东行政学院学报》2001年第6期。

批事项不敢触动,其原因是既怕违规违法,又怕影响上下关系。这势必与改革行政审批制度的要求不相适应。因此,要坚决对现行的行政法规进行自上而下的清理,保证行政审批制度改革工作的顺利进行。

要建立对审批行为的监督和事后监管制度。建立和完善监督约束机制,是确保政府部门依法行政、规范行使审批权的关键。审批部门不仅自身要加强经常性的监督检查,而且要将审批行为置于社会和舆论的监督之下。

政府要积极引导,实现行政性便民服务的管制化。行政审批制度改革与政府机构改革密切相关,是转变政府职能,做到政企分开、政事分开的重要举措。因此改革具有统一性和一致性,要改进审批方式,提高办事效率,建立便民服务制度。对涉及多部门的审批事项,建立主办部门责任制,采取一个部门主办、有关部门协办的方式进行审批,也可采取联合审批或"一条龙"、"一站式"审批方式。对审批频率较高、直接面向投资者或群众的事项,实行集中办事制。对审批业务多或审批业务涉及内部几个科室的部门,可以推行"窗口式办公"制度。对特殊事项实行承诺办理制,凡需要其他部门审核或现场办理的特殊事项,承办部门应视情况作出承诺,严格按承诺时限办理。同时要加快采用新科技,改进审批手段,统一规划并逐步实施政府各部门的电脑联网,通过互联网实现政务信息共享,探索国务院联网审批等新的范式。

10.4 本章小结

本章从政策的角度,论证了中国范式下的经济政策公共选择的实现机制,目的是说明这一范式在实践中是可行的。本章提出了中国经济政策公共选择范式的优化目标、优化原则(如程序化、分权化、市场化、法治化、国际化等),为中长期和短期政策分析提供了约束条件。

在中长期政策分析中,旨在构建经济政策的民意表达规则的程序立法可以作为第三方管制的宏观运行机制,这直接决定了经济政策公共选择过程中初级政治市场的态势和未来走向。以经济政策公共选择过程的公开化消除利益集团的外部效应、超常规培育非政府组织促进经济政策主体多元化等政策也是从初级政治市场的角度提出的。

在短期政策分析中,作用于初级政治市场的政策包括:建立旨在促进利益集团及其他主体民意协调的听证制度(即第三方管制的中观运行机制)、经济政策决策的制度创新。

作用于政策供给市场的政策包括:国务院的标杆管理、国务院的人力资源管理制度创新。

作用于初级政治市场和政策执行市场的政策是把工会与职工代表大会塑造为居民、企业民意表达的高效率组织(即第三方管制的微观运行机制)。

第11章
结　　论

【本章导语】

　　为了克服经济政策制订过程中由于政府行为不当产生的逆效率，要在代议机构、政府、居民、企业和中介组织之间形成合理的民意表达制度和利益妥协机制。作者基于公共选择理论提出的第三方管制是解决以上问题的一种方案。这一方案包括了理论和实践两个方面的创新。

第二章

绪 论

第11章 结　论

在本章，作者对理论和政策方面的观点和创新进行了归纳和总结。

11.1　理论创新

1. 首次针对宏观经济政策决策提出了第三方管制的概念

第三方管制是对传统政府管制理论的突破，是一种新的管制形式。

经济政策公共选择过程是指在国家经济政策体系中，主体（居民、企业、中介组织、政府等）的权责分配结构和围绕经济政策的提出（投票规则）、审议、制订、执行、监督、评价等所涉及的程序、规则的总和①。

经济政策公共选择本质上是一种在国家经济政策体系中使居民、企业、中介组织、政府等主体把民意（偏好）转换成制度安排的依据的一种机制，这种机制在多大程度上表达了居民、企业、中介组织、政府等广义的主体的真实民意直接影响制度安排的总体效果和政策资源的配置效率。

经济政策公共选择范式是指在政策市场中，针对经济政策的提出（投票规则）、审议、制订、执行、监督、评价，在多元主体——既包括作为需求者的居民（或者公民、消费者）、利益集团（地方政府、行业管理部门等），也包括作为供给者的政府（此处指中央政府）——依据合法

---

① 参阅本书第1章9.3关于经济政策公共选择过程、公共选择范式的概念，第7章基于经济政策公共选择的第三方管制的概念。

319

的路径表达各自民意（偏好）过程中，多元主体之间存在的多种关联关系所具有的规律性特征的总和。也就是说，经济政策公共选择范式是对经济政策公共选择过程的规律性特征的一种抽象概括。

第三方管制概念核心思想是指在经济政策制订过程中，代议机构和部门通过立法制约政府行为，政府和企业、居民、利益集团依据法律途径或手段，替代一部分尚未发育、残缺或运行失效的制度安排，影响经济政策的民意选择和经济政策的决策、执行、评价和监督等程序。第三方管制的目的在于通过确立一种制度安排或规则，在民意、政策决策过程和政策运作等方面建立起相应的相对完整的法律法规。

2. 论证了政策市场的局部均衡和一般均衡

在居民（或者消费者）、收入、经济政策价格、私人物品价格既定，其他公共物品供应为零，居民（或者消费者）作为主体的抽象代表的假设下，可以形成政策市场局部均衡。

只有在私人物品和纯经济政策可供最后消费，生产可能性组合既定，私人的民意既定的假设下，可以形成政策市场一般均衡。

虽然政策市场均衡模型有赖于诸多限制性的假设，但是仍然不失为解释经济政策领域的现象和问题的有效分析工具。

通常情况下，第三方管制下的政策市场可以实现价格均衡和政治市场均衡。

在此之上，进行了经济政策公共选择效率的评价标准分析。经济政策公共选择的效率指由于采取了某种过程后而增加的收益与该过程运行所花费的成本之间的比较。用公式表达是：

$$MP = \frac{PR}{PC}$$

式中：MP 指经济政策公共选择的效率；PR 指经济政策公共选择过程收益；PC 指经济政策公共选择成本。

经济政策公共选择的效率概念体现了这样一个基本思想：把经济政策公共选择看成一个相对独立的政策投入产出过程，并通过对投入产出的比较，说明经济政策公共选择的效率。

评价经济政策公共选择的优劣时,可以使用一组经济政策公共选择过程标准。经济政策公共选择过程通常是主体结构状况、政策市场运行状况、行政决策机制开放程度水平、政治环境、政府偏好等共同作用的结果,用公式表示是:

$$\sum CR = f(MF, PF, EF, OF, GF, NF)$$

式中[①]:CR(Course result)——过程结果;

MF——主体因素;

PF——政策市场因素;

EF——政治环境因素;

OF——行政决策机制开放程度因素;

GF——政府偏好因素;

NF——其他因素。

帕累托最优标准为评价经济政策公共选择的效率提供了一个单一而精确(至少以它自身的形式而言是如此)的尺度。

3. 建立了经济政策公共选择组织系统:MPEOG

MPEOG 系统是指以主体(M)、政策市场(P)、政治环境(E)、行政决策机制开放程度(O)、政府偏好(G)等五个问题为中心,由形成 MPEOG 问题的各种因素相互作用、相互影响和相互制约并在一个具体的经济政策公共选择过程中复合而成的一个紧密联系的统一体。

4. 对经济政策公共选择范式的分类

从不同角度研究经济政策公共选择范式,可以归纳为不同的类型。对经济政策公共选择范式进行了划分与组合。应用决策科学理论研究经济政策公共选择过程。从经济政策形成的流程分析,经济政策公共选择过程在总体上可以划分为 6 个运行程序和 5 个协商(或者谈判)过程。同时,

---

① 式中:MF(major player of the public choice factor),PF(product market of the social security factor),EF(political environment factor),OF(openness extent factor of the administrative decision-making mechanism),GF(government preference factor)。

将经济政策、政治市场与经济政策公共选择过程相结合。在政治领域中存在着类似市场的政治交换活动，如政府部门之间的矛盾、利益集团的冲突、政府部门内部的寻租、场外游说、互投赞成票、选票贿赂等。这种活动在经济政策公共选择过程中带有普遍性，类似市场交易活动。经济政策公共选择过程中政治市场的普遍存在，是这一领域中政治交易费用存在的前提。作者将制度经济学的交易费用与经济政策公共选择的效率相联系，以经济政策公共选择成本与经济政策公共选择过程产出相比较说明经济政策公共选择过程效率的高低。

5. 对经济政策中利益集团的博弈分析

通过博弈分析得出以下结论：由政府管理部门对政策进行垄断的局面不利于经济政策的完善。如果不能允许一个包括多元主体存在，在理论上，政府管理部门就必须面对"丧失经济政策公共选择的政策公平性"问题，而直至今日，似乎政策公平性问题还没有引起政府的足够重视。对此，作者在结论中已经阐述，这里再次强调。

另一个政策推论是：控制经济政策政府管理部门的规模和数量是关键性的。适度的规模和机构数量的经济政策政府管理部门体系是制定符合整个市场利益的公共选择政策的基本前提。

在多利益集团情况下，集团间竞争未必带来福利上升。竞争的好处往往体现为经济政策政府管理部门租金的上升，而不一定是居民剩余的增加。因此，只要非透明管理制度存在，任何适用于真正市场经济的命题就不一定适用于中国的情况。目前，实行经济政策政府管理部门工作公示制度是极其必要的。

在此基础上，提出了对经济政策的完全公开化范式的分析。完全公开化范式的主要缺点是经济政策产出的交易成本过高并且交易成本有随着谈判、协商的时间延续而递增的可能，排除谈判、协商引致的直接费用，时间成本本身也是一项高额的交易费用。因此，这种范式不可能行之于经济政策之中。但是，提出针对经济政策公共选择过程的完全公开化范式，对于更好地认识和理解经济政策公共选择过程中出现的现象和问题，具有理论借鉴价值。

11.2 政策观点

1. 中国经济政策制订过程的逆效率已经产生了严重的负效应

（1）从初级政治市场看，民意表达的制度短缺的表现十分显著。政策民意表达的制度短缺的成因有：政府忽视居民对政策的民意，使居民政策权益极不平等；政府忽视企业对政策的民意，导致负担不平等，直接影响政治环境；中央政府制定政策时未充分考虑地区间差异，导致各个地区负担不平等，直接损害着地区之间的公平竞争，进而阻碍着制度的统一。

企事业单位对政策的民意表达存在制度约束。现阶段工会发展面临诸多管制约束：工会的代表权和维护权缺乏管制保障；对工会领导体制的管制有待完善；工会组织体系不完善、组织结构不合理；产业工会的发展面临诸多制约。职工代表大会为基本形式的企事业民主管理制度的成长障碍：法律法规严重滞后，职工代表大会组织设定的依据不准确；法律法规内容不统一；职工代表大会现行五项权力对全民和集体企事业单位以外的其他所有制类型的企事业单位不适用，对改革中的公有制企事业单位本身也难以适用。20世纪90年代以来，随着加强推进以股份制为中心的现代企事业单位制度建立，职工代表大会制度面临着危机。

在政策市场上，利益集团在经济和社会上具有影响力，中国政策公共选择事实上存在一定的"生产者保护"性质。第一，机构数量少，但垄断了几乎全部政策渠道；第二，影响力巨大。一个由政府管理部门对政策进行垄断的局面不利于制定政策的水平提高。如果不能允许一个包括多元主体的局面存在，在理论上，政府管理部门就必须面对"丧失政策公共选择政策公平性"问题，而直至今日，政府似乎对政策公平性问题还没有引起足够重视。

（2）从政策供给市场看，政策中政府失灵的表现。政府"越位"与决策主体的"单调"；政策的决策程序管制化程度低；中介组织极度不规范、不发达导致政策的设计失败。

经济政策公共选择过程中政府寻租表现：政府通过政策配置和经济政策资源的范围过大，计划经济体制下的政策垄断尚未根本消除；经济政策的制订和执行缺乏监督和评价机制；在经济政策决策的权力系统中，权力过度集中于中央级的政府管理部门；政策制订和执行过程中政府管理部门之间缺乏有力的权力制约和监督。

（3）从政策执行市场看，经济政策执行的监督制度缺失。代议机构（如人民代表大会）没有发挥应有的效能，很多行政法规缺位，部分行政法规形同虚设。

2. 要高度重视分析解决经济政策的公共选择问题

第三方管制是指在经济政策公共选择过程中，政府通过法律途径或手段，替代一部分尚未发育、残缺或运行失效的管制，直接介入（或干预）主体对政策的民意选择、政策的决策、执行、评价和监督等程序，自觉地组织政策公共选择过程，促进政策的合理配置和有效运用。对中国这样的发展中国家而言，第三方管制的目的在于通过确立一种制度安排或规则，在主体民意、政策决策过程和政策运作等方面建立起相应的相对完整的法规，以推动政策公共选择制度和机制的发展。

要借鉴国外经验教训，分析解决中国经济政策的公共选择问题。对经济政策公共选择进行国际比较，可以归纳得出以下典型范式：（1）完全公开化范式——一种纯粹理论范畴的探讨；（2）美国范式——多元主体谈判；（3）原苏联及东欧社会主义范式——一元主体封闭；（4）新加坡范式——有限元主体谈判。

要治理中国经济政策公共选择的逆效率，应进行系统研究。第三方管制是中国经济政策公共选择的范式定位。在第三方管制下，政策市场可以实现价格均衡和政治市场均衡。第三方管制作为经济政策公共选择过程的一种具体形式，具有非均衡耦合结构的特征。从中长期和短期、宏观和微观、直接管制和间接管制、经济性管制和社会性管制等不同角度进行研究是必要的。

3. 要推动经济政策的行政程序立法

为制约政策垄断和政府寻租、建立针对经济政策的规范的民意表达机制，必须制定和推行经济政策领域的行政程序立法。

与经济政策有关的行政程序立法，首要内容是理顺政府部门的内外关系。在现阶段的经济政策中，还没有关于政策程序或程序产生的专门的法律规定。从法理上讲，中国经济政策中的公正性缺乏法律意义上的解释，其维护也没有国家层次的终极的法律依据。所以，经济政策的程序立法在国家立法中必须提上议事日程。

经济政策程序立法在很大程度上还可以将经济政策的执法问题转化为立法问题。经济政策方面的程序立法应该包括如下要件：（1）各级政府部门关系的程序化；（2）政府部门组织变动的申请程序和标准核准程序；（3）各级政府部门的行政费拨款程序；（4）经济政策中的违法责任追究和处罚程序；（5）经济政策中的违法处罚申诉程序等。

4. 要以听证制度构建经济政策民意表达的重要路径

建立针对经济政策的听证制度，政府必须坚持一种大战略、大思路的观点，推行这一被社会实践所反复验证的行之有效的制度。因为公民基本的经济政策权集中地表现在听证程序上。即使它在某种程度上会增加执法成本，但无论如何，都是"收益"绝对远远大于"成本"的。中国加入WTO，将使制度改革被全面推进到一个全新的发展阶段，坚持包括听证制度在内的种种公正、透明的市场"游戏"规则，将是正确的选择。

5. 要以标杆管理推进政策决策部门管理的社会化、公开化

标杆管理作为一种管理方法，有其特有的一套逻辑严密的实施步骤，其主要步骤是：确定最佳的标杆；确定标杆项目；执行和评估结果。

中国政府部门在运用标杆管理过程中，需要注意以下问题：必须具备完善的经济政策信息系统；比较目标的选择要恰当。

依据标杆理论，科学选择考核指标，进行指标合理分组和科学计算，形成政府社会保障部门各个层级（级别）之间新型考核管理机制——标

杆化考核机制。通过标杆化考核机制在不同级别的政府部门之间形成一种业绩考核上的"淘汰机制",并在成熟阶段上升为经济政策行政立法。

6. 重塑经济政策的决策与执行的监督制度

进行经济政策决策和执行责任追究的制度建设,建立起经济政策决策和执行责任追究的有效机制,是当前中国制度建设的紧迫任务。目前,当务之急是加强对经济政策决策的有效监督。加强对经济政策决策的有效监督,最主要的监督途径就是将其纳入司法监督和行政复议的范围。

对经济政策决策及其产品进行司法监督之所以必要,根本原因在于行政权力的所有者与行使者之间的分离。对以公共权力为后盾的经济政策决策进行司法监督,对其产品进行行政复议,是十分必要的。

鉴于中国尚无明文规定对经济政策决策进行司法监督,加快这一法治化进程就显得尤为迫切。

7. 要以经济政策公共选择过程的公开化消除利益集团的外部效应

超常规发育非政府组织推进主体多元化。从国外经济政策公共选择过程看,非政府组织等多元主体的参与是一个重要的特征,因为只有非政府组织（NGO）等多元主体的参与才能保证经济政策的提出、审议、执行和评价等程序的高效率,才能够保证多元主体之间民意信息交流的顺畅,才能保证对经济政策的比较有效进行,才有利于打破中国现阶段的经济政策的政府垄断。但是,中国非政府组织的发展面临诸多制约因素,需要政府管制和政府引导的支持。

8. 民营经济在事实上成为我国国民经济的主体,要求现存的经济政策体系转型为以民营企业为主要服务对象的现代国民经济政策体系

民营经济事实上已经成为我国国民经济的主导力量和核心竞争力。这在客观上要求我国经济政策的调节机制和政策体系必须适应这种国民经济的结构性变化,改变现存的以国有经济和国有企业为主要调控对象的带有浓厚的传统计划经济色彩的经济政策的调节机制和政策体系,逐步转型为以民营经济和民营企业为主要服务对象的符合当代市场经济规范的体现

"国民待遇"的经济政策的调节机制和政策体系。

9. 要实现经济政策的社会化,经济政策要与社会管理、政治法律杠杆并重,且把中小企业作为服务的主要对象

我国现行的经济政策体系并不是现代的国民经济政策体系,它与现代经济政策体系存在重大差别。现代国民经济政策体系的形成,其重要特征是,在全社会范围内已经培育形成了稳定的中小企业主导的经济结构,全社会从价值观上逐步认同对中小企业消费权益的保护和培育,政府在使用税收、投资、利率、汇率等经济杠杆调节消费和投资的同时,更加注重使用社会、政治等政策工具调节和实现教育、医疗、住房、社会保障、就业和人权等社会、政治资源的对中小企业的公平分配,同时建立了实现消费和投资的公平分配所必须的较为合理的社会管理机制和社会政治制度基础。

11.3 本章小结

作者在进行社会实践调查和国际政策比较的基础上,针对"中国经济政策公共选择范式"这个理论命题,结合政府管制和政府经济学理论,初步构建了一个关于"中国经济政策公共选择范式"的体系性理论框架。

目前,国内经济理论界对于经济政策公共选择的研究是零散的、局部性的,普遍缺乏系统性和完整性,甚至还没有人从理论上提出"经济政策公共选择范式"的概念。依据作者检索和查阅的国内外文献,对于经济政策公共选择范式的研究尚属一个理论研究的"空白"领域。作者的研究成果将为中国经济理论体系增添新的内容。

附 录

（注释：本图说明第 4 章第 1 节中的基于 MPEOG 系统的经济政策制定模型的主要步骤）

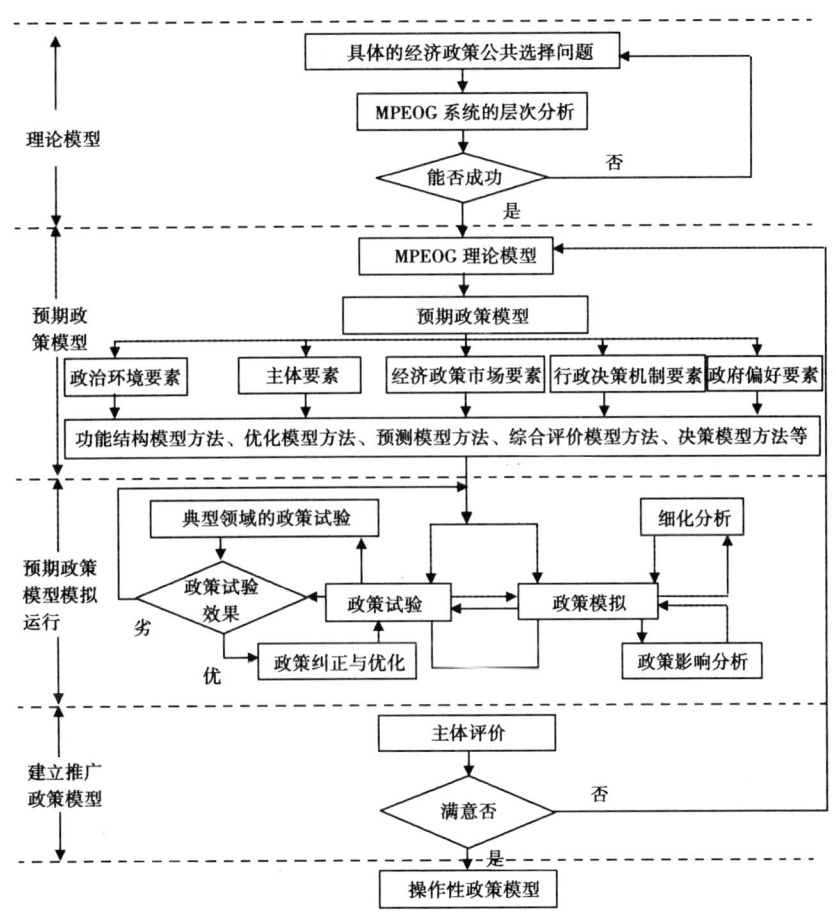

图附 1 经济政策组织系统模型

参考文献

[1][美]詹姆斯·M.布坎南：《同意的计算——立宪民主的逻辑基础》，中国社会科学出版社2000年版。

[2][美]奥利弗·E.威廉姆森著，王健等译：《治理机制》，中国社会科学出版社2001年版。

[3]奥利维尔·琼·布兰查德：《宏观经济学》，北京科学出版社1992年版。

[4][美]福克纳著，王琨译：《美国经济史》，商务印书馆1964年版。

[5]凯恩斯：《就业、利息和货币通论》，商务印书馆1983年版。

[6]方福前：《公共选择理论》，中国人民大学出版社2000年版。

[7]胡鞍钢：《就业与发展——中国失业问题与战略》，辽宁人民出版社1998年版。

[8]康士勇主编：《社会保险管理与实务》，北京经济学院出版社1997年版。

[9]李强：《当代中国社会分层与流动》，中国经济出版社1993年版。

[10]厉以宁：《凯恩斯主义与中国经济》，黑龙江人民出版社1991年版。

[11]林齐宁：《决策分析》，北京邮电大学出版社2003年版。

[12] 林玳玳:"产业结构与就业结构的变化",《上海劳动》1996年第6期。

[13] 刘世锦:《经济体制效率分析导论》,上海三联书店1993年版。

[14] 刘元春:《交易费用分析框架的政治经济学批判》,经济科学出版社2001年版。

[15] 鲁照旺:《政府经济学》,河南人民出版社2002年版。

[16] 孙来祥:《规范经济学与社会选择理论》,北京大学出版社1990年版。

[17] 田国强主编:《公共选择理论导论》,上海人民出版社、智慧出版有限公司1993年版。

[18] 汪祥春:《当代西方宏观经济学》,东北财经大学出版社1990年版。

[19] 谢百三:《中国当代经济政策及其理论》,北京大学出版社2001年版。

[20] 杨体仁:《现代劳动经济学原理》,红旗出版社1991年版。

[21] 杨宜勇:《就业理论与失业治理》,中国经济出版社2000年版。

[22] 袁伦渠:《劳动经济学》,东北财经大学出版社2002年版。

[23] 袁志刚:《失业经济学》,上海三联书店、上海人民出版社1997年版。

[24] 杨燕绥:《劳动与社会保障立法国际比较研究》,中国劳动社会保障出版社2002年版。

[25] 曾湘泉:《劳动经济学》,复旦大学出版社2003年版。

[26] 郑杭生等:《社会运行导论》,中国人民大学出版社1993年版。

[27] 周镇宏、何翔舟:《政府成本论》,人民出版社2001年版。

[28] 周天勇:《劳动与经济增长》,上海三联书店1995年版。

[29] Buchanan, James M, Brnnan G. *The Reason of Rules* [M]. Cambridge: Cambridge University Press, 1985.

[30] Buchanan, James M. , Tollison R D ed. *The Theory of Public Choice* II. Ann Arbor: University of Michigan Press, 1984.

后 记

本书的写作历时 10 年。

2001 年，从攻读博士学位伊始，在我的导师——著名劳动经济学家、国务院参事袁伦渠教授的启发下，我开始关注中国宏观经济政策的制定过程、外部影响和政府的非理性行为等问题。因为当时尚不具备开展这一研究的条件，主要是理论准备不足，我自知是无法完成关于宏观经济政策和公共选择这种交叉研究的。但是，在宏观经济政策的制定过程中，政府说谎、政府偷懒、政府出错——怎么办？这些问题始终萦绕在我的心头。其间，袁伦渠教授和许多专家学者的教诲和鼓励，更促使我不断思考，不断积累，不断探索，直至取得今天的阶段性成果。

可以说，攻读博士学位期间的学习使我在解决这一问题上受益良多。我在这一段时期的理论研究始终是在我的导师袁伦渠教授的悉心指导下完成的。袁伦渠教授渊博的知识、敏锐的思维、民主而严谨的作风，使我受益匪浅。尤其是袁教授关于我国社会保障政策逆效率的分析和研究使我在理论积累上深受启迪。

赵人伟、林毅夫、钱颖一等著名专家学者给了我极有裨益的教诲和指导。赵人伟先生是我博士论文答辩委员会的主席，他对我的博士论文提出了很好的修改意见和建议。我在攻读博士学位期间，参加了一个由中国社会科学院、中国人民大学、北京交通大学等十几位学友组成的经济学爱好者研究小组。这个研究小组组织了很多研究活动，使我深受裨益。我曾参加这个经济学研究小组在林毅夫先生办公室举行的学术讨论，林毅夫先生对中国宏观经济政策的很多观点使我深受启发。在一次小组讨论中，钱颖一先生关于要注重经济学论证严密性的强调，使我至今记忆犹新，犹如昨日。

今天的研究成果，也凝聚了其他老师、同窗及亲朋的心血。清华大学的杨燕绥教授，中共中央党校的董德刚教授，北京交通大学的荣朝和教授，人力资源和社会保障部中国劳动保障科学研究院的田小宝院长，人力资源和社会保障部劳动工资研究所原所长、中国劳动学会副会长苏海南研究员等，在百忙中对我的理论研究给予了不同方式的关心和帮助，或悉心指导，或提供资料，或精神鼓励，殷殷之情，扪心感奋。同时，我的女友张熙悦对我的无微不至的关心，使我生活无忧，潜心学海，亲情环绕，如沐春风。

在此尤其感谢著名慈善家、企业家、中国侨联常委、怡海置业控股有限公司董事长王琳达女士，她的帮助、支持和鼓励促成了本书的出版，她倡导的慈善精神，更感召着我为了正义的使命而不息求索，不辍前行！

我参考了学界同仁的很多研究成果，一并致谢。虽倾力注释，但仍恐纰漏，望雅涵。

中国人是富有创造性的，因此，中国经济学必将是富有创造的经济学。目前，历经改革开放 30 多年的洗礼，中国经济学在理论上已经基本完成了向西方经济学的学习模仿阶段，正在走向一个本土经济学的创新发展的新阶段。本书是我在国内外首先提出的政策经济学的开山之作，尚需继续雕琢。我有志再接再厉，把政策经济学构建成令中国学人骄傲的中国的本土经济学，以不负师友的厚爱。

是为记。

岳公正

2011 年 10 月于北京清华园